도해 圖解

타이완사 臺灣史

도해 圖解

타이완사 臺灣史

선사 시대부터 **차이잉원 시대까지**

궈팅위 郭婷玉
왕핀한 王品涵
쉬야링 許雅玲
좡젠화 莊建華 지음

천쓰위 陳思宇 감수

신효정 옮김

글항아리

차례

4장 일본 시대

일러두기

이 책에서는 역사 용어를 사용할 경우, 역사적 사실에 근접하고 역사 현장을 재현하는 것을 원칙으로 했다. 논쟁의 대상이 되는 용어는 다음과 같이 표기했다.

1 '명나라'와 '청나라'는 당대에 모두가 사용한 정식 국명이다. 당시 사람들이 주로 사용한 용어를 채택하여 역사적 사료에 나타난 시대 환경에 더 접근하고, 예부터 당연시되어 온 '중국 중심적 사고'에서 탈피하고자 했다. '청조'나 '청대'와 같은 용어는 중국 왕조의 연속성이라는 개념을 함축하고 있으며 아직 '중국은 과연 왕조 계승 국가인가'라는 학술적 논란이 진행 중이기 때문에 이 책에서는 이 용어를 사용하지 않았다.

2 일본 통치 시대를 '일치日治' '일거日據〔일본 점령기〕' '일본 시대' 등 어떤 용어로 규정할 것인지에 대해서는 줄곧 의견 대립이 있었다. 그중 '일본 시대'라는 단어가 실제 역사와 가장 가깝고 중성적이다. 또한 일본 통치 시대를 살아 온 타이완의 옛 어른들 상당수는 '일본 시대'라는 명칭에 익숙하기에 이 용어를 선택했다. 반면 '일거'라는 단어에는 일본과 적대적인 국민당 정권의 입장, 즉 일본이 타이완을 불법 점령했다는 비판의 뉘앙스가 있다. 이는 청나라와 일본이 정식으로 국제 조약을 체결하여 타이완에 대한 주권을 이양한 역사적 사실과 일치하지 않는다. 최근 학계에서 일반적으로 사용되는 '일치'는 '통치' 또는 '관리'와 같은 중립적 의미를 내포하고 있지만, 처음부터 '일거'라는 잘못된 표현을 바로잡기 위한 용어로 사용되었으며 긍정적 평가를 내포하고 있다는 점에서 사용을 피했다.

3 '국민당 정부'와 '중화민국 정부' 표기. 중화민국 건국 이후, 1925년 '이당영정以黨領政(당이 정치를 통솔한다)' 또는 '이당치국以黨治國(당이 국가를 통치한다)'을 이념으로 한 '중화민국 국민 정부'가 수립되었고, 이를 '국민 정부' 또는 '국부'라고 줄여 표현했다. 국부는 1948년 중화민국 정부로 개편되었고, 국민 정부 '주석'은 '총통總統'으로 명칭이 바뀌어 지금까지 사용되고 있다. 1987년 계엄 해제 전까지 사실상 국민당이 나라를 통치하고 있었기 때문에 1948년부터 1987년까지의 중화민국 정부는 아직도 '국민 정부' '국민당 정부' '국당 정부' 등으로 불린다.

더 나은 독립 국가를 향하여

이 책을 위해 자료를 찾고 글을 쓰는 1년여 간의 과정을 돌이켜보니 정말 긴 시간처럼 느껴집니다. 하지만 임무를 완성했다는 기쁨과 뿌듯함이 더 큰 것 같습니다.

타이완 역사에 관한 우수한 도서들이 쏟아져 나오고 있는 오늘날 읽어볼 만한 책을 출간하고 싶었습니다. 먼저 타이완 역사에 대한 출판사의 열정 그리고 한 역사학도에 대한 신뢰에 감사의 말씀을 전합니다. 책을 집필하면서 틀린 내용은 없는지, 잘 전달하지 못한 부분은 없는지 전전긍긍하는 날이 많았습니다. 그럴 때는 과거 1년간 타이완 역사 과목의 보조 교사로 일하면서 집필을 결심하던 때를 떠올리곤 했습니다.

저는 중학교 때 처음 타이완 역사에 대한 완벽한 해설을 접했습니다. 10년여 세월이 흐르고 난 뒤에는 타이완 역사 박사 과정을 공부하게 되었고 초심자 수준을 벗어나 역사를 '밥벌이'로 삼게 되었습니다. 나름대로는 타이완 역사를 꽤 오래 공부했다고 여겼으나 보조 교사로 활동하는 동안 학생들의 간단한 질문에도 머뭇거리는 저를 발견하면서 아직 부족한 점이 많다는 사실을 깨달았습니다. 예컨대 청나라는 타이완을 점령했는데 왜 명나라는 타이완을 점령하지 않았나요? 청나라 때 타이완 사회에서는 반란이 자주 있었나요? 황민화 운동 당시 타이완인들은 일본인에 완전히 동화되었나요? 장징궈는 민주화의 원동력이었나요? 학생들의 이런 단순한 질문 속에는 사실 심오하고 복잡한 배경이 담겨 있으며, 현재를 살아가는 지금까지도 영향을 끼치는 문제입니다.

　이러한 질문을 받게 되면 그에 관련된 새로운 토론이나 연구가 진행되고 있는지 알아본 후 그 내용들을 정리해서 전해주곤 했습니다. 그 과정에서 나 자신의 부족한 면을 깨닫는 한편 타이완 역사에 대해 자주 받는 질문들을 정리해볼 수 있었습니다. 결국 이 책에 담은 내용은 제가 보조 교사로 일하는 동안 배우고 확인한 내용을 가다듬은 것이라 할 수 있습니다. 전문적이고 깊이 있는 학술서는 아니지만, 타이완 역사에 관심 있는 독자들과 함께 걸어갈 수 있는 책인 것은 분명합니다. 타이완 역사를 이제 막 접한 학생들 또는 사회생활을 하고 있지만 타이완 역사에 대해 궁금한 점이 있는 성인도 이 책과 함께 타이완이 걸어온 길을 돌이켜본다면 앞으로 걸어가야 할 길도 볼 수 있을 것입니다.

　물론 저 혼자만의 힘으로는 이 책이 만들어질 수 없었을 것입니다. 누군가는 "감사해야 할 사람이 너무 많다면, 하늘에 감사하라"고 했지만, 집필진의 한 사람으로서 이 페이지를 빌려 감사한 마음을 전하고자 합니다. 먼저 저를 보조 교사로 채용해주신 리원량, 뤼샤오리 선생님께 감사드립니다. 두 분의 신뢰가 이 책의 시작이었습니다. 제게 귀감이 되어주신 두 분의 가르침에 존경의 마음을 전합니다. 1년 동안 수업을 들으면서 호응하고 질문해준 학생들에게도 감사를 드립니다. 비록 한 명 한 명의 이름을 모두 나열할 수는 없지만 여러분이 타이완 역사에 대해 관심을 가져주어 얼마나 감동했는지 모릅니다. 쉬페이센 선생님, 책을 쓰는 과정에서 많은 도움을 주시고 본업인 논문 작업에 소홀함이 없도록 때때로 충고해주셔서 감사합니다. 정링이·훙샤오양·천스팡 선배님, 아낌없는 고견을 들을 수 있었기에 더 풍부하고 깊이 있는 내용을 집필할 수 있었습니다. 함께 이 책을 완성해 준 쓰위 선배님 그리고 원고가 늦어져도 너그럽게 받아주고 제가 이 책을 완성할 수 있도록 격려해준 원칭·

핀한·야링·젠화 선배님께도 감사의 마음을 전합니다. 책을 쓰는 동안 늘 억지로 이야기를 들어야 했던 친구 링야오 그리고 슈쥔, 너희의 질문이 있었기에 여러 허점을 보완할 수 있었어. 정말 고마워.

대학원 시절 내내 제가 버틸 수 있도록 도와준 가족에게 감사합니다. 묵묵히 제 생활비를 지원해주신 아버지, 제가 배불리 먹고 따뜻하게 지낼 수 있도록 신경 써주신 어머니, 늘 역사 수업의 학생이 되어준 언니와 동생, 이모에게 작고 따뜻한 손 내밀어준 쉬안과 루이…… 마지막으로, 오랜 시간 동안 저와 함께해준 역사에게 감사합니다. 역사는 지금 우리가 살고 있는 세상은 당연히 주어진 것이 아니며 배경에 끊임없이 변화하는 복잡한 요인들이 얽히고설켜 있다는 사실을 일깨워줍니다. 그러한 역사로부터 사고력과 변별력을 키우면서 우리의 현재와 미래에 대해 관심을 갖는다면 타이완은 분명 더 나은 독립국가로 나아갈 것이라 믿습니다.

타이완대학 역사학연구소

궈팅위郭婷玉

물음의 끝에는 역사가 있다

타이완 역사를 싫어했던 적이 있습니다. 피눈물로 얼룩진 것도, 비참한 과거도, 억울하고 울분에 차 분개하는 것도 싫었습니다. 슬프고 화가 나서가 아니라 무기력함을 느끼게 하기 때문이었습니다. 그래서 본 척도 들은 척도 하지 않았던 시절이 있었습니다. 머나먼 미래에는 그 과거가 흐려져 사라지길 바랐습니다. 그렇게 나(우리)에게 완전히 새롭고 무한한 가능성의 시대가 펼쳐지길 바랐습니다.

그러나 나이 들면서부터 우리 사회가 근본적으로 과거와 밀접한 관계가 있다는 것을 깨닫게 되었습니다. 사회는 사람과 같아서, 아픈 과거가 있었기에 지금 우리가 살아가는 세상이 있을 수 있다는 사실을 인정하게 된 것입니다. 사회생활을 하면서 묻지 않고는 넘어갈 수 없는 많은 문제들을 직면하게 되었고, 그 물음의 끝에는 항상 '타이완 역사'라는 키워드가 있었습니다. 천천히, 저는 마음을 열기 시작했습니다. 타이완에 대한 연구가 깊어질수록 상처만 들여다보는 일은 없어졌으며, 책을 읽을수록 역사의 편린들과 그림자를 관찰할 수 있었습니다. 그리고 오늘날 우리의 세상이 그러하듯 과거에도 기쁨이 있으면 슬픔도 있고 행복이 있으면 불행도 있었다는 사실을 조금씩 깨달았습니다. 이전까지 저는 역사라는 코끼리를 더듬어보는 눈 먼 자였습니다. 피눈물로 얼룩진 부분을 더듬어보고는 다른 아름다운 부분이 있을 수 있다는 생각을 하지 못한 것입니다. 다행스럽게도 스승님과 선배님들이 챙겨주신 덕분에 여러 책과 논문들을 읽을 수 있었습니다. 역사는 변함이 없었지만 제 시선은 변화되었습니다.

"물 한 방울의 은혜라도, 넘치는 샘물로 보답하리點滴之恩, 湧泉以報"라는 말이 있습니다. 제가 은혜를 갚을 수 있는 방법은 배운 것들을 다른 사람에게 나눠주는 것이었습니다. 그래서 원칭과 쓰위가 이 책의 기획을 제안했을 때 스스로 부족한 부분이 많다고 생각하면서도 조금이나마 힘을 보태고 싶었습니다. 지구력이 부족한 제가 이걸 해냈다는 사실 자체가 저에겐 큰 의미가 있습니다.

저를 믿어준 출판사 그리고 기획하고 제안해준 쓰위와 원칭에게, 그리고 글을 쓰지 못해 끙끙대고 있을 때 격려해준 공동 저자 팅위, 야링, 젠화에게 감사드립니다. 또 세심하게 지도해주시고 항상 따뜻하게 보살펴주신 황메이어 지도교수님께도 감사의 뜻을 전합니다. 그런 교수님을 저의 롤모델로 삼지 않을 수 없습니다. 교수님을 만나지 못했더라면 저는 지금 이 길을 걷지 못했을 테고, 이런 서문을 쓸 기회도 얻지 못했을 겁니다. 제가 내린 모든 결정에 찬성해주시진 않았지만 나 스스로를 위해 결정할 수 있도록 깊이 믿어주고 항상 제 곁을 지켜주신 부모님께도 감사드립니다. 동생, 고맙다. 넌 최고야. 바쁜 와중에 짬을 내어 보잘것없는 글을 읽고 조언해준 친구 위지에, 리루에게도 고마운 마음을 전합니다. 마지막으로, 타이완 역사를 알기 위한 창구로 이 책을 선택해주신 독자 여러분께 감사드립니다.

타이완대학 타이완문학연구소

왕핀한王品涵

교과서 바깥에 있는 흥미로운 역사를 찾아서

대학원 시절, 초등학교 동창회에 나간 자리에서 한 친구에게 질문을 받았습니다. "교과서에서 다 배운 거 아닌가? 더 연구할 게 있을까?" 당황한 저는 그 친구에게 무어라 대답해야 할지 퍽 난감했습니다. 대학에서 오랫동안 역사학 연구에 몰입해 있던 저는 역사 교과서란 정부, 편집자, 출판사, 학교가 서로 의견을 조율한 내용을 바탕으로 치밀한 구조로 서술되기 때문에 모든 역사적 사건을 다룰 수 없다는 것을 알고 있었습니다. 그런 이유로 저는 친구의 질문을 받고 당혹감을 느꼈던 것입니다.

그런데 그 친구와 같은 생각을 지닌 사람은 꽤 많았습니다. 역사학과에 진학한 이후로 친구들을 만날 때면 "역사학과에서는 대체 뭘 배우는 거야?" "너희 과는 수많은 인물과 연표를 외워야 하지?"라는 질문을 받곤 했습니다. 아예 역사 전공자를 이겨볼 셈으로 "×× 사건이 몇 년도에 발생한 사건인지 알아?"라며 문제를 내는 이들도 있었습니다. "아는 것을 안다고 하고, 알지 못하는 것을 알지 못한다고 말하는 것이 바로 아는 것이다知之爲知之, 不知爲不知, 是知也"라는 말이 있듯, 그들의 물음에 곧바로 대답할 수 없을 때면 성실한 자세로 다음과 같은 말로 대신했습니다. 역사학과에서 얻는 지식은 중고등학교 때 교과서로 배운 것과 큰 차이가 있으며, 중고등학교 때는 암기에 치중하지만 역사학과 전공자는 사료와 문헌을 해석하는 방법, 다양한 정보를 통합하는 방법, 제한된 정보를 이용해 사건의 원인과 개요를 이해하는 방법 등에 치중한다고 말입니다. 쉽게 말해서 역사학과의 훈련은 우리를 걸어 다니는 역사 사전으로 만들기 위한 것이 아니라 역사적 사건이 일어난 배경에 대해 사고하고 문헌의 맥락을 분석하고 자료를 수집 정리하는 능력을 기르기 위한 것입니다.

이처럼 학문을 탐구하는 과정에서 외부로부터의 도전과 자극에 직면하다 보니 어떻게 하면 내가 습득한 지식을 남들에게 쉽게 이해시키고 흥미 있는 지식으로 전달할 수 있을까 고민하게 되었습니다. 이런 고민은 논문을 쓰기 시작하면서 더욱 깊어져서 일반인과 전공자 사이의 간극이 더 크게 느껴지기도 했습니다. 그런 반면 역사 문헌을 힘들게 읽는 과정에서 꽤 흥미로운 사실을 발견하기도 했습니다. 예를 들어 청나라 말기의 신문 자료를 뒤지며 타이완과 중국 연안 지역의 무역 통계를 살피던 중, 당시에 많이 유통되던 비료 상품인 '갱사坑沙'가 사실 사람의 분뇨를 말려 납작하게 만든 것이라는 사실을 알게 되었습니다. 그렇게 만든 비료를 중국 전역에 유통시키고 판매했던 것입니다. "기름진 물은 다른 사람의 논에 흘려보내지 않는다肥水不落外人田"라는 말은 들어봤지만 역사 문헌을 통해 대소변이 상품화되었다는 사실을 접하게 될 줄은 꿈에도 몰랐기에 눈이 번쩍 뜨이고 말았습니다.

논문에 담아야 할 내용은 따로 있었기에 이 재미있는 이야기를 논문에 써먹지는 못했지만 결코 교과서에서는 볼 수 없는 내용이었습니다. 저는 다시금 예전에 친구들에게 받았던 질문에 대답하고자 합니다. 교과서에서는 볼 수 없는 너무나 많은 사건들이 역사의 흐름 속에 존재한다고 말입니다.

대학원을 졸업한 뒤, 저는 진학과 취업 사이에서 꽤 오랜 시간 고민했습니다. 결국 박사 졸업 후 눈부신 취업률을 보면서 취업 전선에 뛰어들기로 결정했고, 인생의 방향을 틀어보기로 했습니다. 2015년 친구의 소개로 내용력 에이전시에 입사했고, 천싱출판사와 합작 도서인『도해 타이완사』기획에 참여하게 되었습니다.

    내용력 에이전시의 동료들은 대부분 저처럼 인문 사회과학 분야에 몸담았던 석사·박사 출신입니다. 근대 동아시아 지역에서 발생한 흥미로운 사건이나 역사를 연구하고 널리 알리기 위해 회사를 설립했고, 원소스 멀티유즈(출판·번역·영상·에이전시) 방식으로 인문 사회과학 분야의 지식을 보급하고 있습니다. 저 또한 그러한 사업에 참여함으로써 예전에 연구를 하며 꿈꿨던 혹은 상상만 하던 것을 실제 결과물로 만들어내는 작업이 얼마나 보람 있고 즐거운 도전인지 깨닫게 되었습니다.

    이 책의 집필진 역시 역사학 연구 경험이 있는 학자들입니다. 지식을 탐구하는 과정에서 그들도 제가 앞서 고백한 문제에 맞닥뜨렸을 겁니다. 최근 들어 타이완 역사에 관한 심도 있는 연구가 활발하게 이루어지고 있습니다. 이러한 학계의 최근 연구 성과를 쉽고 재미있는 글로써 풀어내고 풍부한 사진과 해설을 곁들인 이 책이 일반 대중들에게 타이완 역사를 알리는 첫 단추가 되기를 바랍니다. 이제 막 세상에 나온 역사학도들의 글에 부족한 점도 없지 않겠으나 독자 여러분의 혜량을 부탁드립니다.

2016년 10월 19일

쉬야링許雅玲

1장
선사 시대

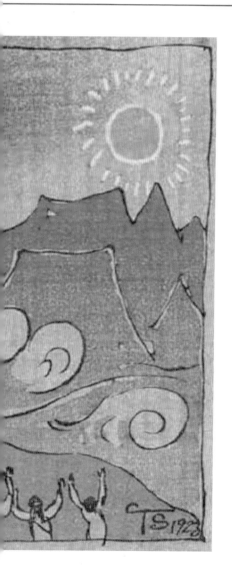

일본 시대 화가 시오즈키 도호鹽月桃甫의 작품(자료
『생번전설집生蕃傳說集』)

선사 시대의 타이완은
어떤 모습이었을까?

지금으로부터 약 4700~7700년 전, 중국 남부 연안으로부터 새로운 이주민들이 유입되었다. 그들은 이미 신석기 시대에 접어들었고 남도어계南島語係 Austronesian languages의 초기 문화인 다번컹大坌坑 문화를 발전시켰는데, 그 문화적 함의는 창빈長濱 문화 또는 왕싱網形 문화와 전혀 다르다. 관련 유적지로는 신베이新北시 바리八里구의 다번컹 유적지, 타이베이臺北시 스린士林구의 즈산옌芝山岩 유적지, 타이난臺南시 난커南科 공업단지의 고고 유적지, 타이난시 구이런歸仁구의 바자八甲 유적지, 펑후澎湖 제도의 궈예菓葉 유적지, 가오슝高雄시 린위안林園구의 펑비터우鳳鼻頭 유적지 등이 있다.

선사 시대란 무엇인가?

역사란 '과거에 일어난 사건을 문자로 기록한 것'을 의미합니다. 바꿔 말해 '문자'의 유무에 따라 역사 시대와 선사 시대로 구분되는 것입니다. 타이완의 역사 시대는 약 1624년의 '네덜란드 식민 시기'부터 시작되었으며, 그 이전까지는 선사 시대에 속합니다.

펑라이 운동

약 600만 년 전 필리핀판의 화산섬들이 유라시아판과 충돌하면서 오늘날의 타이완섬이 생겼다. 지질학자들은 이를 '펑라이蓬萊 운동'이라고 부른다.

타이완은 어떻게 생겨났을까?

지진이 일어났을 때 어떻게 반응하시나요? 바로 책상 밑에 숨거나 문을 박차고 나가시나요? 아니면 인터넷에 '지진이다!'라고 글을 올리시나요? 지진이 났을 때 타이완인은 그 어느 나라 사람들보다 침착합니다. 왜 그럴까요? 지진에 익숙하기 때문입니다. 사실 타이완이 생겨난 것도 지진과 아주 밀접한 관계가 있습니다. 필리핀판과 유라시아판이 서로 밀어내면서 지각이 상승했고, 그 결과 1500~1600만 년 전 타이완섬이 생겨난 것입니다. 이러한 현상은 오늘날까지 계속되고 있고, 타이완 사람들이 지진에 익숙한 이유도 바로 여기에 있습니다. 흥미로운 점은, 알아차리기는 어렵지만 중앙中央 산맥이 조산造山 운

1999년 9월 21일 새벽 1시 47분 타이완에서 강진이 발생했다. 단층 파열로 인한 광푸光復중학교의 지진 피해 흔적이 921지진교육원구에 보존되어 있다.

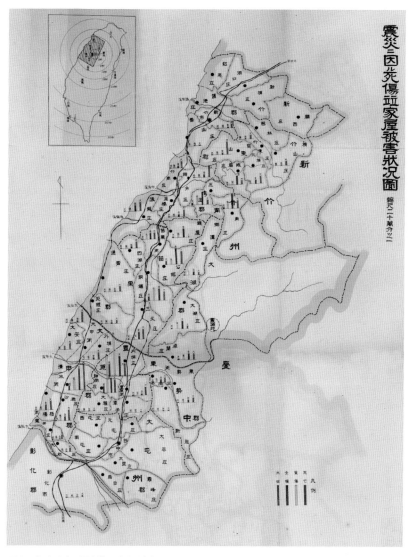

1935년 타이완 신주新竹, 타이중臺中 지역의 지진 피해 상황

1 박물학자인 가노 다다오鹿野忠雄는 1934년 쉐산雪山과 난후다산南湖大山 빙식지형 논문을 발표하여 타이완 빙하 유적을 최초로 발견했다. 그림은 쉐산 동북쪽 산등성이에서 바라본 카르Kar(빙하에 의해 생겨난 반원상의 오목한 지형)다.

2 쉐산 동북쪽 산등성이에서 바라본 북쪽 봉우리

3 쉐산 최고봉에서 바라본 북쪽 봉우리(두 봉우리 사이의 능선)

4 쉐산 산봉우리에서 바라본 카르

빙하 시대

최근 들어 지구 온난화가 중요한 환경 이슈로 떠오르고 있다. 그런 가운데 온난화가 인류의 활동에 의해 일어난 현상인지, 아니면 단순히 지구가 '에너지를 방출'하고 있는 현상인지에 대한 논쟁이 끊이지 않고 있다. 연구에 따르면 10만 년마다 빙하기가 반복된다고 한다. 빙하기가 시작된다는 것은 대량의 물이 얼음으로 바뀌는 것을 의미한다. 즉 전 세계적으로 해수면이 수십 미터에서 수백 미터까지 낮아지는 것이다. 그러나 타이완 해협에서 가장 깊은 지점의 수심은 약 70미터밖에 되지 않기 때문에 빙하 시대의 절정기(현재보다 수위가 130~150미터 낮은 시기)에는 타이완 해협이 사라진다. 이는 타이완과 아시아 대륙이 밀접하게 연결되어 있음을 의미하기도 한다. 가장 최근의 빙하기는 지금으로부터 약 1만8000~2만5000년 전으로, 이후 기온이 상승하면서 타이완 해협이 다시 모습을 드러냈다.

동으로 인해 해마다 0.5~1센티미터씩 '높아지고' 있다는 것입니다! 또한 격렬한 조산 운동, 아열대성 기후, 풍부한 강우량으로 인한 침식 작용 결과 타이완은 다양한 지형과 아름다운 자연환경을 갖추게 되었습니다.

선사 시대 문화:
석기와 철기를 사용한 시대

선사 시대는 문자 기록이 부족하기 때문에 주로 도구를 만드는 기술에 따라 시대를 구분합니다. 크게 석기 시대와 금속기 시대로 구분되는데, 석기 시대는 구석기와 신석기로, 금속기 시대는 청동기와 철기로 나뉩니다.

석기의 제작 과정과 사용 방법 그리고 생활양식에서 신석기와 구석기는 큰 차이를 보입니다. 구석기 시대에는 주로 투박하게 만든 돌 도구를 사용했는데, 그 형태가 단순하며 수렵과 채집 생활에 적합했습니다. 더욱 다양하고 정교한 석기들이 등장하는 신석기 시대에는 토기를 제작하고 농사를 짓기 시작했습니다.

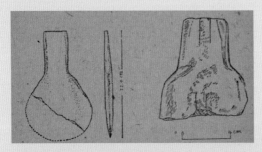

관두關渡, 젠탄劍潭 지역에서 출토된 석기
인 유견석부有肩石斧〔어깨가 있는 돌도끼〕

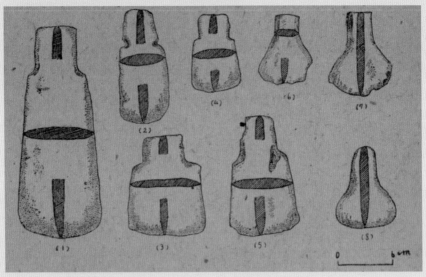

(1)(2)(3)(4)(6)(7)(8)은 위안산圓山, (5)는 신주에서 출토된 유견석부

이미 불을 사용했던 구석기 시대:
신비로운 창빈 문화

타이완에서 최초로 발견된 호모사피엔스의 흔적은 1968년 타이둥臺東 창빈의
바셴八仙 동굴에서 발견된 선사 시대 문화, 즉 창빈 문화입니다. 창빈 문화는
현재 타이완에서 가장 오래된 선사 시대 문화로, 타이완 동부와 최남단 지역
인 헝춘恒春 반도 사이에 유물이 분포하고 있습니다. 출현 시기는 지금으로부
터 대략 5000~5만 년 전으로 추정되며, 당시 타이완은 아시아 대륙과 연결
되어 있었습니다.

인류가 아프리카에서 유라시아 대륙으로 이동한 경로를 볼 때 창빈 문
화를 일으킨 민족은 간빙기에 아시아 대륙에서 타이완으로 들어온 것으

복원된 즈산옌 고고학 유적지. 즈산옌 문화사적 공원의 고고학 발굴 전시관(후원칭胡文靑 제공)

로 보입니다. 그들은 어렵과 채집을 기반으로 해변의 동굴과 바위그늘에서 생활했습니다. 농경과 목축 활동 그리고 토기 제작 단계에는 이르지 못했으나 '이미 불을 사용할 줄 알았던' 것입니다.

그렇다면 그들이 오늘날 원주민의 조상일까요? 고고학적 증거에 따르면 현재 타이완의 원주민은 약 6000년 전 중국 남부 지역에서 바다를 건너 타이완으로 넘어왔으며, 창빈 문화를 탄생시킨 민족과 직접적 관련은 없는 것으로 알려져 있습니다. 사실 그들이 타이완에 거주한 시기가 어느 정도 겹친다고 해도 서로 만난 적은 없을 가능성이 큽니다.

창빈 문화는 아시아 대륙으로 진입하기에 쉽지 않은 타이완 동부에서 발생했는데, 그곳에는 창빈 문화뿐만 아니라 마우馬武 하천 일대의 샤오마小馬 유적도 있습니다. 그렇다면 서부에서는 구석기 시대의 유적을 찾아볼 수 없는 것일까요? 그건 아닙니다. 1984년 먀오리苗栗현 다후大湖향 신카이新開촌의 보궁룽伯公壟 유적지에서도 구석기 시대의 유물이 발견되었습니다. 고고학자들은 이 유물에 '왕싱網形 문화'라는 이름을 지었습니다. 여러 문화층을 포함하고 있는 즈산옌 유적지에서도 후기 구석기 시대의 석기가 발견되었는데, 이는 타이완 북부의 창빈 문화로 추정됩니다. 그러나 이 구석기 시대의 인류가 오늘날 원주민의 조상인 남도어족과 관련이 있는지는 확실치 않습니다. 그들은 어디서 온 것일까요? 정체는 무엇일까요? 좀더 연구해볼 필요가 있습니다.

1930년대 즈산옌의 모습

토기를 구웠던 신석기 시대:
영리했던 다번컹 문화

앞서 말했듯이 구석기 시대에 거주한 사람들은 현재 타이완에 살고 있는 이들
과는 아무 관련이 없습니다. 그렇다면 오늘날 타이완 사람들의 선조는 언제
이곳에 정착한 것일까요?

지금으로부터 약 4700~7700년 전 중국 남부 연안 지역에서 새로운 이주
민들이 유입되었습니다. 그들은 이미 신석기 시대에 접어든 인류로서 남도어
계의 초기 문화인 다번컹 문화를 발전시켜 창빈 문화나 왕싱 문화와는 전혀
다른 면모를 갖추고 있었습니다. 관련 유적은 신베이시 바리구의 다번컹 유
적, 타이베이시 스린구의 즈산옌 유적, 타이난시 난커 공업단지의 고고 유적,
타이난시 구이런구의 바자 유적, 펑후 제도의 궈예 유적, 가오슝시 린위안구

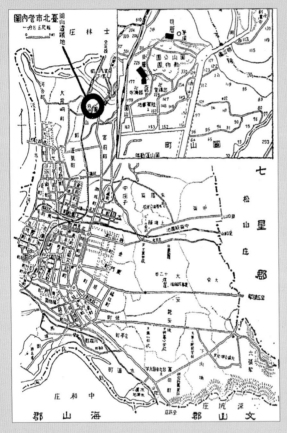

위안산 조개더미가 있는 곳

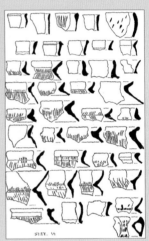

위안산 조개더미에서
출토된 토기

의 펑비터우 유적 등 타이완 전체에 걸쳐 분포되어 있습니다.

이와 같은 다번컹 문화 유적의 규모와 문화층의 형태를 통해 원주민들이 주로 강이나 호수, 바다 근처에 살면서 수렵과 어로·채집 생활을 했다는 사실을 확인할 수 있습니다. 이들은 농경을 시작한 것으로 보일 뿐만 아니라 토기 (주로 단단하지 않은 사발과 단지)를 구울 줄도 알았습니다. 토기들은 대개 검붉은 색이나 연한 갈색을 띠고 있으며 새끼줄 무늬가 새겨진 것이 많습니다.

그 후 약 3500~4500년 전 다번컹 문화를 기반으로 한 '새끼줄무늬토기 문화 유적지'가 생겨났습니다. 다번컹 문화의 분포가 그러하듯 새끼줄무늬토기 문화도 연안 지역에 널리 퍼져 있으며, 후기에는 골짜기를 따라 내륙으로 이동한 흔적이 있습니다. 새끼줄무늬토기 문화는 각 지역에 따라 뉴마터우牛罵頭 문화, 뉴처우즈牛稠子 문화, 쉰탕푸訊塘埔 문화, 동부 새끼줄무늬 문화 등으로 나뉩니다. 당시 농경이 시작되긴 했으나 여전히 수렵·어렵의 생활방식이 우세했습니다.

약 2000~3500년 전의 유물에서는 후기 신석기 문화를 확인할 수 있습니다. 북부에서는 즈산옌·위안산·즈우위안植物園 문화가, 중부에서는 잉푸營埔·다후大湖 문화가 형성되었습니다. 남부에서는 펑비터우 문화, 동부에서는 베이난卑南·치린麒麟·화강산花岡山 문화 등이 발생했습니다. 이 무렵 타이완은 크게 번성했다고 볼 수 있습니다. 잉푸 문화는 뉴마터우 문화로부터 발전했으며, 펑비터우 문화는 중국 탄스산曇石山 문화의 영향을 받았습니다. 즈산옌 문화에서는 중국 저장성 남부와 푸젠성 북부의 선사 시대 문화와 비슷한 점이 발견되었으며, 즈우위안 문화에서는 중국 민난閩南 지역의 특색을 찾아볼 수 있습니다. 베이난·치린·화강산 문화가 다른 나라의 문화와 직접적인 연관이 있는지는 알 수 없습니다. 그러나 타이완 동부에서 만들어진 정교하고 아름다운 연옥軟玉 장신구들이 타이완 전역의 선사 유적지와 필리핀 등 동남아 지역에서도 출토된 것을 보면 당시 중국 해안 지역이나 동남아의 신석기 문화와 교류가 있었을 것으로 짐작됩니다.

월형 석주:
신비한 타이완의 스톤헨지

세계적으로 유명한 영국 선사 유적인 스톤헨지의 용도에 대해서는 학자들 사이에서도 의견이 분분합니다. 그런데 타이완에도 영국의 스톤헨지처럼 크고 신비한 석주 유적이 있다는 사실을 아시나요? 바로 타이둥의 월형 석주月形石柱입니다. 베이난 문화공원에 자리한 월형 석주는 현재 유일하게 본래의 형태를 유지하고 있는 선사 유물입니다.

　3000년 역사를 자랑하는 이 석주의 특징은 점판암으로 만들어졌다는 것입니다. 이 점은 무척 특별합니다. 베이난은 점판암이 나지 않는 지역이라서, 이 돌을 캐려면 먼 중앙산맥까지 가야 했기 때문입니다. 선사 시대라는 까마득한 옛날에 베이난인이 이렇게 커다란 암석을 어떤 방법으로 운반했는지는 아직

쭤전인左鎭人

1970년대에 화석 연구자, 고고학자, 지질학자들이 타이난 쭤전 차이라오菜寮 하천에서 2만~3만 년 전 것으로 추정되는 고대 인류의 화석을 잇달아 발견했다. 타이완에서 발견된 가장 오래된 인류로 여겨지는 이 화석 인류의 이름은 '쭤전인'이라 지어졌다. 그러나 2015년에 연대측정법이 개선된 후 쭤전인 화석의 연대는 3000년 전의 것으로 정정되었다. 이곳에서 발견된 것은 두 개골 화석뿐으로, 문화 관련 유적이 발견되지 않았기 때문에 쭤전인이 어떤 문화에 속하는지 현재로서는 파악할 수 없다.

까지 확인되지 않고 있습니다. 뿐만 아니라 월형 석주의 용도에 대해서도 의견이 다양합니다. 석주의 윗부분은 원래 원형이었는데 훼손되어 현재의 형태가 된 것입니다.

원래 월형 석주는 홀로 세워지지 않았습니다. 1896년 일본인 학자 도리이 류조鳥居龍蔵가 답사 도중 최초로 석주를 발견하여 사진과 기록을 남겼습니다. 1920년대에는 가노 다다오鹿野忠雄, 그 뒤로는 가나세키 다케오金關丈夫, 고쿠부 나오이치國分直一 등 학자들이 베이난에서 1.8~4.5미터 크기의 다양한 석주들을 봤다는 기록을 남겼습니다. 첫 번째 기록을 보면 월형 석주 본래의 형태를 알 수 있고, 두 번째 기록에서는 월형 석주에게 동료가 여럿 있다는 사실을 알 수 있습니다. 다만 토지 개발로 인해 지금은 문화공원 안에 홀로 있을 뿐입니다. 현재까지는 월형 석주 외에 4개의 석주가 있었던 흔적이 확인되었으며, 모두 동쪽으로 30도 가량 치우친 북쪽을 향해 세워졌음을 알 수 있습니다. 수천 년 전 신석기 시대 사람들은 어떻게 이토록 정확하게 측정할 수 있었을까요? 이러한 점 때문에 월형 석주의 용도에 대한 논의에서 가장 힘을 얻고 있는 가옥구조설 외에도 고대의 천문학 측정법과 연관을 짓는 학자들이 있습니다. 진실은 무엇일까요? 영국의 스톤헨지처럼 더 많은 인원과 자원을 동원하여 깊이 연구한다

베이난 문화공원 전시관의 석주

베이난 월형 석주의 현재 모습(후원청 제공)

베이난 문화공원(후원청 제공)

면 알아낼 수 있으리라 봅니다.

　이렇게 으리으리한 석주가 존재하는 베이난 유적지는 그 자체만으로도 굉장히 놀랍습니다. 현재 타이완에서 가장 큰 규모를 자랑할 뿐만 아니라 환태평양 지역을 통틀어 가장 온전히 보존된 유적지로, 정부는 베이난 유적지의 세계문화유산 등재를 추진하고 있습니다. 유적지의 면적은 약 80헥타르로, 베이난 하천, 베이난산, 베이난족의 성스러운 산이라고 불리는 두란산都蘭山을 포함하고 있습니다. 베이난 유적지를 포함한 선사 시대 문화를 베이난 문화라고 부릅니다.

　화둥花東 지역에도 수많은 베이난 문화 유적지가 있는데, 하이안海岸 산맥과 화둥 중구縱谷 남쪽 평원의 유적지에서 출토된 농기구의 형태나 크기를 보면

선사 시대 베이난인의 생활 모습을 재현한 모형(후원청 제공)

당시 농경 문화가 매우 발전했다는 사실을 알 수 있습니다. 또한 해안 지역의 유적지에서 출토된 많은 어렵 도구들을 보면 농경과 더불어 어렵이 중시되었음을 알 수 있습니다. 고분에서는 시신의 몸에 딱 맞게 제작된 점판암 석관이 발견되었고, 석관 내부와 근처에서 출토된 정교한 옥 장신구가 당시 발달한 베이난 문명의 수준을 말해줍니다. 베이난 문화는 기원전 약 2000년 전에 스러졌으며, 현존하는 베이난족은 단지 이름이 같을 뿐 베이난 문화를 계승한 부족은 아닙니다.

마지막 선사 시대:
금속기 시대

지금으로부터 약 2000년 전 타이완은 금속기 시대에 들어섰습니다. 타이완 선사 시대 문화가 그야말로 '활짝 꽃피운' 시기라고 할 수 있습니다. 동북부에서는 스싼항十三行 문화, 중부에서는 판즈위안番仔園·다추위안大邱園 문화, 남부에서는 냐오쑹蔦松·시라야西拉雅·구이산龜山 문화, 동해안에서는 징푸靜浦·싼허三和 문화 등이 발전했습니다.

금속기 시대의 특징은 명칭에서 알 수 있듯이 금속을 사용했다는 것입니다. 세계 문명의 변천 맥락을 보면 청동기 시대를 거쳐 철기 시대로 넘어가는

타이완 최초의 유적 공원인 베이난 문화공원 내부 유적지(후원청 제공)

데, 타이완에서는 청동기 시대를 뛰어넘어 곧바로 철기 시대로 접어들고 있습니다. 돌 도구보다 단단하고 오래 쓸 수 있는 철기 덕분에 밭을 갈거나 작물을 재배하기가 훨씬 수월해졌으며 동물 사냥에도 효율적이었습니다. 다시 말해 금속기 시대의 철기 사용에 힘입어 인류의 생산력이 크게 향상된 것입니다. 생산력이 향상되자 인구와 마을이 늘었고, 타이완 곳곳에서 다양한 금속기 문화가 발달했습니다.

약 2000년 전부터 시작된 타이완의 금속기 시대는 역사 시대에 이르기까지 오랜 세월 지속되었으며, 각 지역의 금속기 문화는 다양한 형태로 발전했습니다. 그중 많은 문화들이 훗날 타이완 원주민 문화의 시초가 되었습니다. 예를 들어 스싼항 문화는 카이다거란凱達格蘭족과 카발란噶瑪蘭족에게 영향을 끼친 것으로 보이며, 파포리拍瀑拉족은 판즈위안 문화의 영향을 받았을 가능성이 있습니다. 냐오쑹 문화와 시라야족은 지리적으로 연관이 있으며, 쌴허 문화의 도자기와 석기에서는 오늘날 파이완排灣족이 자주 사용하는 뱀 문양(바이부서百步蛇)이 발견되었습니다. 징푸 문화는 현재 타이완에 거주하는 아메이阿美족 문화의 발원지라고 할 수 있습니다.

금속기 시대의 또 다른 특징은 활발한 무역 활동입니다. 출토된 유적들 중 상당수가 타이완에서 생산된 것이 아니라는 점이 그 증거입니다. 예를 들어 스싼항 문화 유물 중에는 중국 당나라와 송나라의 청동기와 엽전, 도자기 파편들이 섞여 있습니다. 판즈위안 문화, 다추위안 문화, 냐오쑹 문화, 징푸 문

선사 시대 유적지 명칭

고고학에서 선사 시대 유적지를 발견했을 때 유적지 명칭은 일반적으로 해당 지역명을 붙이는 경우가 많다.

화 유적지에서는 동남아시아나 동아시아에서 들어온 유리 제품과 마노 구슬 등이 발견되었습니다. 징푸 문화 유적지에서는 유리와 마노뿐만 아니라 청동기, 토기, 도자기 등 여러 유물이 발견되었습니다. 이로써 당시 타이완 원주민들은 고립된 환경에서 발전한 것이 아니라 활발히 해외를 왕래하며 무역을 펼쳤음을 알 수 있습니다.

고고학의 발굴사:
타이완 고고학사

타이완의 고고학 연구는 1896년 타이베이 즈산옌에서 일본인 학자 아와노 덴노조粟野伝之丞가 발견한 석기에서 시작되었습니다. 이듬해 이노 카노리伊能嘉矩와 미야무라 에이이치宮村榮一가 위안산 조개더미를 발견했는데, 그 안에서 석기와 골각기, 도자기 등이 나오면서 학자들의 관심이 선사 시대에 집중되었습니다. 도리이 류조, 다나카 쇼타로田中正太郎, 모리 우시노스케森丑之助, 가노 다다오, 고쿠부 나오이치 등의 학자들이 타이완의 선사 시대를 연구하기 시작했습니다. 그 결과 1902~1911년까지 10년 동안 총 169개의 유적지가 발견되었으며, 주로 유물의 형태와 문양 그리고 제작 방법과 배경에 대한 분석과 연구가 이루어졌습니다.

1928년 타이베이제국대학은 하버드대학 박사 출신인 우쓰리가와 네노조移川子之藏의 기획으로 '토속인종학' 강좌를 개설했습니다. 그리고 타이완 민족학 및 고고학 관련 현장을 조사하고 표본을 수집하여 이론을 정립하는 활동에 나섰습니다. 이때부터 1939년까지 일본 학자들의 조사 지역은 타이베이 근교에서 동해안과 서남 지역 평원으로 확대되었고 발굴 방식도 조직화되었습니다. 일제 식민 통치가 끝나기 전까지 타이완에서 발견된 유적지는 모두 신석기 시대 이후의 것으로, 당시 연구의 핵심 분야는 유적지를 조사하고 정리하는 것이었습니다.

1945년 일본이 패전했습니다. 타이베이제국대학은 타이완대학으로 개편되었고, 토속인종학 강좌가 사라지고 역사학과에 민족학 연구실이 신설되었습니다. 당시 타이완에 남았던 일본인 학자 가나세키 다케오, 고쿠부 나오이치 등은 타이완 1세대 고고학자인 쑹원쉰宋文薰, 류마오위안劉茂源 등에게 그

현재 난커 공업단지의 고고 유적지에는 다번캉, 니우처우즈, 다후, 냐오쑹, 시라야, 중국 명나라·청나라 한인漢人 문화 등 6개의 문화층이 보존되어 있으며, 시대별 11개 분야로 구분되어 있다. 사진은 난커 공업단지에서 출토된 도자기를 복원하여 고고문물 진열실에 전시한 모습이다.(후원청 제공)

동안 축적된 고고학 지식을 전수했습니다. 1949년 국민당이 패퇴할 당시 고고학자, 민족학자들이 타이완에 유입되자 당시 타이완대학의 학장인 푸쓰녠傅斯年이 교육부에 고고인류학과를 증설해줄 것을 요청했습니다. 이에 기존의 민족학 연구실이 고고인류학과로 흡수되었고 하버드대학 인류학 박사인 리지李濟가 초대 학과장을 맡았습니다. 리지는 하버드대학의 커리큘럼 중 고고학·민족학·언어학·형질인류학 과목을 채택했고, 연구 영역도 세계 각 지역으로 확장했습니다. 뿐만 아니라 일본 시대에 추진했던 수집·정리·연구를 계속 수행함으로써 타이완대학 인류학과는 타이완에서 유일한 고고학 연구 교육기관이 되었습니다. 이 시기에는 각 문화 간의 연관성, 인구가 이동하는

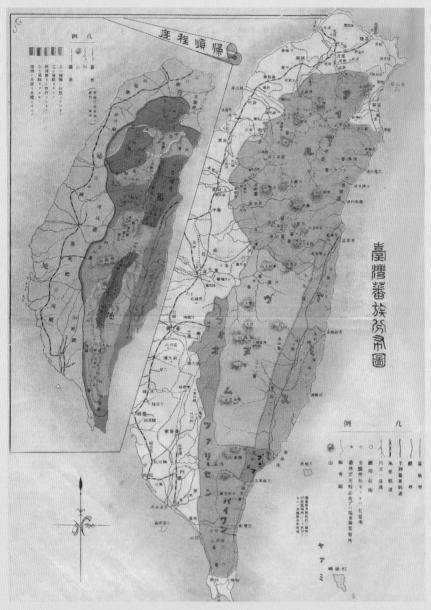

타이완의 원주민 분포를 조사한 지도. 1902~1911년까지 10년 동안 타이완에서 많은 선사 시대 유적지가
발견되자 1928년 타이베이제국대학은 토속인종학 강좌를 개설하여 훗날 타이완 고고학의 초석을 다졌다.

방향, 문화가 전파되는 경로 등을 연구했습니다.

1980년 전까지만 해도 타이완의 고고학 연구는 정부의 간섭과 통제 아래 중국 민족주의적 시각에 사로잡혀 있었습니다. 그러나 이후로는 연구 범위를 넓혀 도구에서 사회 조직으로, 무역에서 취락 계통으로 나아갔고, 선사 시대 문화와 남도민족의 관계 또한 연구의 대상이 되었습니다.

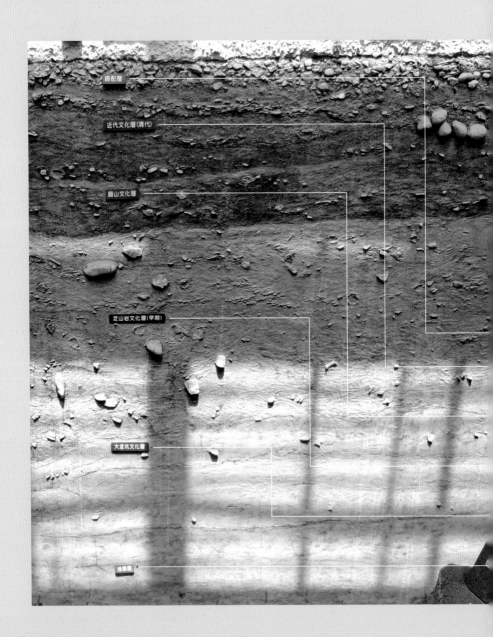

타이완 선사 시대 유적지의 문화층 구성도

1896년 일본인 학자 아와노 덴노조는 우연히 특이한 돌 하나를 발견했다. 연구 결과 그 돌은 선사 시대의 돌도끼인 것으로 밝혀졌고, '작은 위안산'으로 불리던 즈산옌은 타이완 최초의 선사 유적지가 되었다. 7000년 전부터 근현대까지 즈우위안·위안산·즈산옌·다번컹 등의 문화층이 보존되어 있다. 사진은 고고학 발굴 전시관에 복원된 즈산옌 문화층이다.

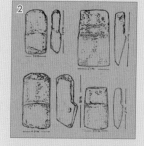

1 표층(현대)

2 근현대 문화층(청나라)
기원전 1700~1950년대

3 위안산 문화층
지금으로부터 약 2500~3000년 전

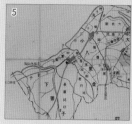

4 즈산옌 문화층(초기)
후기 신석기 시대, 약 3000~3600년 전

5 다번컹 문화층
지금으로부터 약 4500~6000년 전

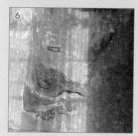

6 퇴적층(쑹산층松山層)
후기 구석기 시대, 지금으로부터 약 6000년 전

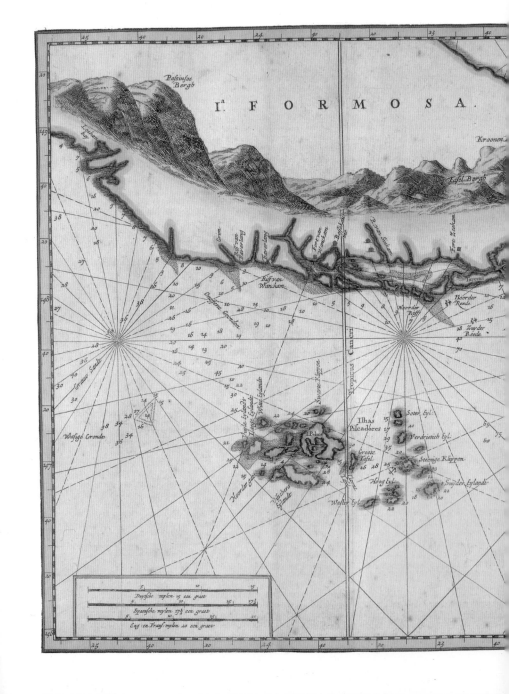

2장
해상 각축의 시대

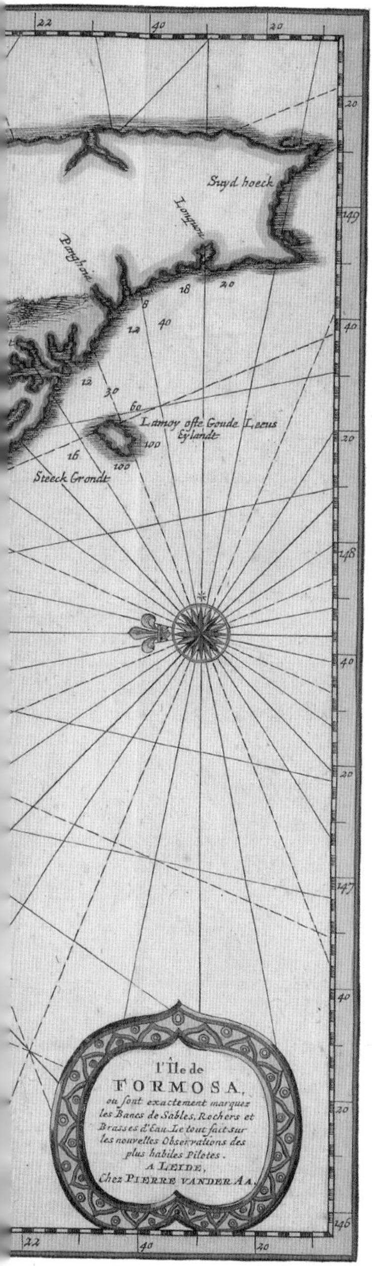

Suyd hoeck
Lamoy ofte Goude Leeus Eylandt
Steeck Grondt
l'Île de
FORMOSA,
ou sont exactement marquez
les Bancs de Sables, Rochers et
Brasses d'Eau. Le tout fait sur
les nouvelles Observations des
plus habiles Pilotes.
A LEIDE,
Chez PIERRE VANDER AA.

18세기의 '포르모사Formosa' 해도

비행기가 없던 먼 옛날 지금의 유럽, 북아프리카의 나라들은 두 가지 방식으로 중국과 교류할 수 있었습니다. 첫 번째는 해상 교역로입니다. 계절풍을 따라 항해하여 지중해를 지나고 홍해나 페르시아만을 거쳐 인도양과 중국해로 들어오는 항로입니다. 두 번째는 우리가 익히 알고 있는 육상 교역로인 실크로드입니다. 지중해 지역에서 출발하여 중앙아시아 내륙과 인도·중국 서쪽의 산맥 지역을 통과하여 중국에 도착하는 루트입니다. 항해술이 발달하기 전 유럽의 상인들은 대부분 실크로드로 이동했지만 관문을 지날 때마다 강도에게 갈취당하는 등 예측할 수 없는 난관을 겪곤 했습니다.

15세기 무렵 베네치아공화국과 오스만튀르크제국 간의 거듭된 전쟁으로 기존의 베네치아에서 통제하던 장거리 무역이 큰 타격을 입게 되었고, 서양의 상인들은 실크로드를 대체할 루트를 찾아야만 했습니다. 당시 유럽에서는 이미 지도학과 항해·조선 기술이 발달하여 원거리 항해가 가능했기 때문에 자연스레 대항해 시대로 접어들게 되었습니다. 1498년 포르투갈 탐험가인 바스쿠 다가마가 인도 항로를 개척했고, 1492년에는 이탈리아의 탐험가인 크리스토퍼 콜럼버스가 스페인 왕실의 후원을 받아 항해를 하던 중 우연히 아메리카 대륙을 '발견'했습니다. 1522년에는 포르투갈 항해가인 페르디난드 마젤란이 스페인과 협력해 원정에 나섰는데 그가 거느린 함대는 세계일주 원정에 성공하는 쾌거를 이룹니다. 이때부터 실크로드는 더 이상 동서 세계를 잇는 유일한 루트가 아니게 되었습니다. 동서양 간의 문화 교류와 무역이 활발해진 동시에 중상주의와 자유무역주의, 식민주의가 등장했습니다.

이때까지만 해도 타이완은 태평양에 위치한 '외딴섬'에 불과했습니다. 16세기 중반 '우연히 지나가던' 포르투갈 선원이 '일랴 포르모사Ilha Formosa(아름다운 섬)'라고 외친 경우를 제외하고는 아직 세상에 알려지지 않은 섬이었습니다.

오늘날 중국과 타이완은 경제·무역·문화 교류가 빈번하면서도 정치적 논란이 적지 않으나, 유사 이래 중국이 줄곧 타이완을 의식해왔다고 보긴 어렵습니다. 명나라 때나 그 이전까지만 해도 중국 권력층은 타이완에 대해 잘 알지 못했으며, 미흡한 항해 기술 및 해류와 태풍의 장애로 인해 타이완에 개입할 기회가 거의 없었습니다. 물론 15세기 초 서양의 지리적 대발견이 시작되었을 때 명나라의 정화鄭和는 일곱 차례에 걸쳐 대원정을 떠났습니다. 이러한 원거리 항해 능력이 있었음에도 불구하고 명나라는 타이완에 눈길을 줄 틈이 없었습니다. 북방의 강적인 몽골과 오이라트에 대적하는 데 주력해야 했고, 체계적인 조공무역 체계를 구축하고 항해 금지령인 해금海禁 정책을 펼쳐 정권의 정통성을 지켜야 했기 때문입니다.

이와는 달리 민간, 특히 동남 연안 지역과의 교류는 활발히 이뤄졌습니다. 16세기 중반 이후 명나라와 일본 사이에 상업 분쟁이 발생하자 명나라는 일본을 조공 체제에서 배제시킵니다. 이제껏 명나라와의 무역에서 막대한 이익을 챙겨온 일본의 다이묘大名들은 몰래 배를 띄워 밀수 행위에 나섰습니다. 연안에서 약탈을 일삼는 '왜구'의 해적질도 밀수 행위나 다름없었습니다. 이 무렵 명나라 조정의 기강이 해이해지면서 지방 관청을 통제하기가 버거워졌고, 동남 연안의 상품경제가 발전함에 따라 해금 정책은 유명무실해지기 시작했습니다. 그러자 남쪽 연안 지역과 동남아 일대에서 일본 해적들의 해상 무역이 전개되었고, 명나라와 일본 상인들은 타이완 북부의 지룽雞籠과 단수이淡水를 거래 장소로 삼았습니다. 뿐만 아니라 특정 계절이 되면 한족들이 타이완에 들어와 잠시 머물면서 물고기나 동물을 잡거나 교역을 하기도 했습니다. 이들은 일이 끝나면 명나라로 돌아갔기 때문에 실질적으로 정착촌을 형성하기는 어려웠습니다. 명나라 당시의 타이완을 비교적 정확하게 묘사했다고 평가되는 진제陳第의 『동번기東番記』 역시 그가 친구인 심유용沈有容과 함께 해적을 소탕하기 위해 타이완에 머물고 있을 때 보고 들은 것을 기록한 정도입니다.

당시 타이완과 가까웠던 동아시아 해역의 상황을 살펴보면 수많은 세력이 존재했음을 알 수 있습니다. 명나라가 해상 활동을 억압하는 해금 정책을 유지하는 동안 한족의 해상 세력은 거침없이 동아시아를 누볐습니다. 바닷길이 열리고 무역이 발달하면서 유럽의 상인 세력인 스페인과 네덜란드 등이 동쪽으로 진출했으며 일본 역시 상업적 이익을 위한 교역 활동에 적극 나섰습니다. 1만 년 전 바다 위로 떠올라 묵묵히 자리를 지켜온 외로운 섬 타이완은 17세기에 동아시아 해상에서 펼쳐진 이 각축전을 통해 드디어 국제무대에 등장하게 되었습니다.

1　네덜란드 통치 시대에 동인도회사의 마지막 총독이었던 프리데릭 코에트가 출간한 책 『't Verwaerloosde Formosa』의 표지
2　일라 포르모사(아름다운 섬)

네덜란드인은
왜 타이완에 왔을까?

17세기 중상주의 국가에서는 금광업과 무역에 가장 큰 비중을 두었으며, 이는 네덜란드도 마찬가지였다. 네덜란드의 동인도회사는 전쟁을 일으켜 스페인과 포르투갈을 몰아내고 동아시아를 식민지로 삼았는데, 평후 제도와 타이완도 그 대상에 포함되었다.

지각한 동인도회사

지리상의 대발견이 이루어진 16~17세기, 대항해 시대를 맞아 1602년 네덜란드에서는 6개 도시(암스테르담, 미델뷔르흐, 엥크하위전, 델프트, 호른, 로테르담)의 상인들이 모여 '네덜란드 동인도회사'를 설립했습니다. 동인도회사는 국가에 준하는 권력을 부여받았지만 실체는 중상주의를 내세운 상업회사였습니다. 따라서 그들이 토지를 점령하는 목적은 식민이나 통치라기보다는 상업의 '거점'으로 삼기 위한 것이었습니다. 동인도회사는 1619년 바타비아(지금의 자카르타)를 근거지로 삼고 1622년에는 평후 제도를 무역 거점으로 삼아 스페인과 포르투갈에 대적하는 한편 명나라와의 무역 기회를 엿보고 있었습니다. 그러나 당시 평후 제도는 명나라의 군대가 주둔하는 명나라 영토였습니다. 명나라 정권은 심유용과 유자고俞咨皋 등의 장수를 파견해 네덜란드인들을 수차례 돌려보냈는데, 네덜란드가 평후 제도에서 철수하는 조건으로 무역 거래를 허용하는 암묵적 합의가 이뤄졌습니다.

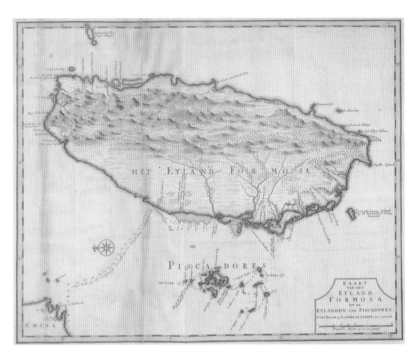

17세기의 포르모사섬과 펑후 제도

네덜란드 동인도회사의 권력

동인도회사는 동인도 지역의 해상 무역을 발전시키기 위해 설립된 것이다. 네덜란드 의회는 동인도회사에게 군사 지휘권과 화폐 발행권, 다른 나라와 조약을 맺거나 특정 지역을 식민 통치할 수 있는 권한을 부여했다. 이러한 권력은 동인도회사의 의사 결정자라고 할 수 있는 17명의 이사회가 장악했다.

안핑의 옛 성에 전시되었던 17세기 네덜란드 동인도회사의 로고(후원청 제공)

1624년 네덜란드는 동아시아 바다를 종횡무진하던 무역상 이단李旦 덕분에 아직 정부가 수립되지 않은 섬 포르모사(지금의 타이완)를 눈여겨보았습니다. 곧이어 다위안大員(지금의 타이난 안핑安平)을 명나라·일본·동남아 지역의 무역 거점으로 삼고, 스페인 식민지인 마닐라를 중심으로 한 기존의 교역로를 차단했습니다. 그러나 동인도회사는 타이완에 쉽게 뿌리 내리지 못한 채 숱한 우여곡절을 겪어야 했습니다. 당시 타이완 내부에서는 일본인 상인들의 중계 무역이 이루어지고 있었고 밖으로는 스페인이 마닐라를 중심으로 개척한 동아시아 무역 루트가 존재했기 때문입니다. 게다가 이단·임봉林鳳 등의 해상 세력을 상대로 동아시아 무역 경쟁을 펼쳐야 했습니다. 네덜란드가 '지각'을 한 셈이라 할 수 있습니다.

앞서 이야기했듯이 네덜란드의 타이완 통치는 스페인의 상업 세력에 대항하기 위한 것이었습니다. 그러나 타이완을 점령한 지 얼마 지나지 않아 일본과의 무역 분쟁인 하마다 야효에濱田彌兵衛 사건이 터지자 일본 막부는 네덜란드와의 교역을 봉쇄했습니다. 난감한 상황에 처한 네덜란드는 사건의 핵심 인물인 네덜란드령 타이완 장관 피터르 나위츠를 일본에 넘겨야만 했습니다. 일본의 '위협'은 1636년 본토에서 쇄국 정책이 실시된 이후에 잦아들었습니다.

네덜란드의 도시 건설 과정

1622년 동인도회사가 잠시 펑후 제도를 점령했을 때 지금의 타이난 안핑 지역에 작은 성을 쌓았다. 이후 1624년 동인도회사가 타이완에 자리를 잡게 되자 이 성을 증축해 '오렌지'라는 이름을 붙였다. 이후 오렌지성은 여러 차례 개축되다가 1634년에 이르러 '제일란디아성'의 모습을 갖추게 된다. 이 성은 네덜란드가 타이완을 통치하고 대외 무역을 펼치는 중심 본부였다. 이 밖에도 성 동쪽에 타이완 거리(지금의 타이난 옌핑延平 거리 일대)와 프로빈티아 거리가 조성되었다. 1652년 곽회일郭懷一이 반역을 일으키자 네덜란드는 이러한 사건이 두 번 다시 발생하지 않도록 곧바로 츠칸赤崁 지역에 프로빈티아성, 즉 오늘날의 츠칸러우赤崁樓를 축조했다.

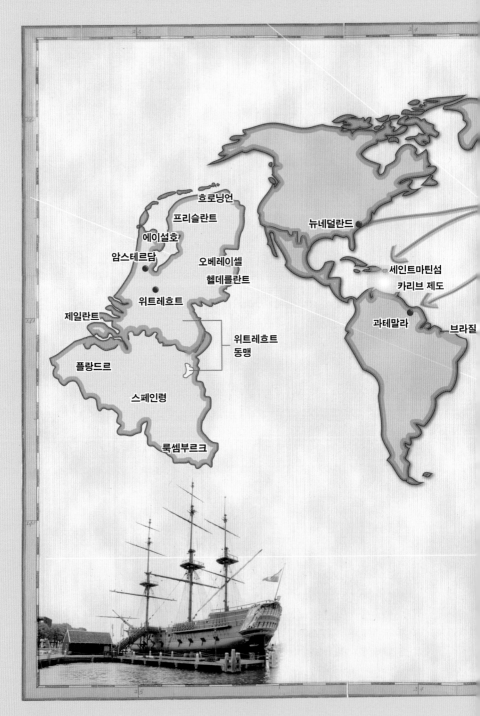

네덜란드의 무역 운송 안내도(네덜란드 암스테르담 항구에 정박한 18세기 상선)

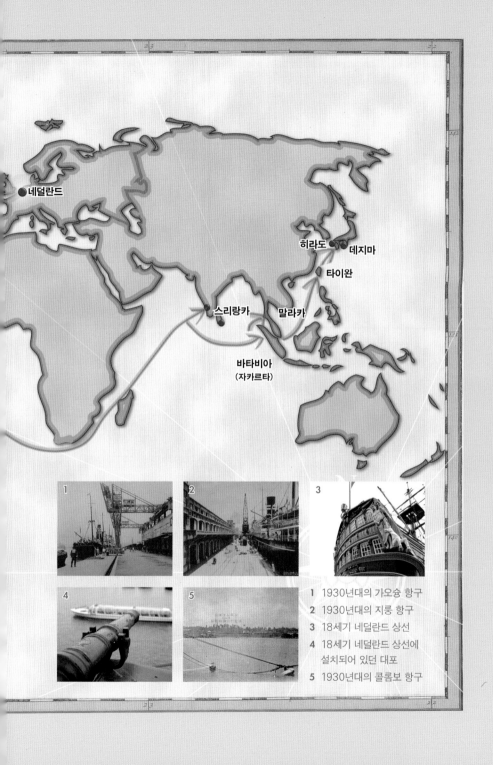

● 네덜란드

히라도 ● ● 데지마

타이완

스리랑카　　말라카

바타비아
(자카르타)

1　1930년대의 가오슝 항구
2　1930년대의 지룽 항구
3　18세기 네덜란드 상선
4　18세기 네덜란드 상선에
　 설치되어 있던 대포
5　1930년대의 콜롬보 항구

하마다 야효에 사건

하마다 야효에 사건을 그린 삽화

하마다 야효에 사건

1626년 일본 상인 하마다 야효에 등이 네덜란드와 무역 마찰을 일으켰다. 이듬해 하마다 일행은 네덜란드인의 통치에 불만을 품고 있는 타이완 신강新港 원주민들을 일본으로 데려가 에도 막부에 소개하면서 네덜란드에 대한 반격을 노렸다. 1628년 하마다는 두 척의 상선을 이끌고 다시 타이완으로 향했다가 네덜란드령 타이완 장관인 피터르 나위츠에게 사로잡히고 말았다. 나위츠 장관은 배에 실린 무기와 화약을 압수한 뒤 하마다를 며칠간 감금했고, 신강의 원주민들을 감옥에 가뒀다. 그 후 하마다를 일본으로 돌려보냈으나 에도 막부는 히라도에 위치한 네덜란드 교역소를 봉쇄했다. 이것이 바로 하마다 야효에 사건이다. 네덜란드는 교역을 재개하기 위해 몇 번이나 일본에 사람을 보내 협상을 시도하다가 결국은 1632년 나위츠 장관을 일본에 보냄으로써 양국 간의 무역 갈등을 해소했다. 1636년 일본이 쇄국 체제로 돌아서자 타이완에 대한 일본인들의 관심이 잦아들었고, 더 이상 두 나라 간에 마찰은 일어나지 않았다.

원주민과 한족의 분리 통치

네덜란드는 다위안을 거점으로 삼아 중계무역을 발전시켰습니다. 명나라의 생사生絲·도자기·설탕·비단을 바타비아와 유럽으로 가져갔고, 타이완의 사슴 가죽을 일본으로 가져가 대량의 은과 맞바꿨습니다. 그 밖에 바타비아의 후추·정향 등 향신료를 명나라의 황금과 교환했고, 다위안과 바타비아를 거쳐 인도로 들어가서는 사라사(인도 특유의 무늬로 직조된 옷감)를 금은과 교환한 뒤 바타비아에서 향신료를 구매하는 데 사용했습니다. 마침내 1649년 동인도회사는 열 군데가 넘는 동아시아 거점을 구축하기에 이르렀습니다. 그 가운데 타이완 무역관은 38퍼센트의 이익률을 거둔 일본 다음으로 많은 수익을 올렸는데, 이는 전체 이윤의 4분의 1에 해당합니다.

네덜란드가 타이완을 지배하는 시기에 행정·종교·군사적 목적으로 타이완에 머물고 있는 네덜란드인은 수백 명에서 수천 명이었으며, 이들은 10만에 가까운 원주민(네덜란드는 이중 절반을 통제함)과 3만 명의 한족을 상대해야 했습니다. 그럼에도 불구하고 동인도회사가 높은 성과를 거둘 수 있었던 비결은 무엇일까요? 이들 군대는 소규모였지만 첨단 무기에 속하던 화승총을 보유하고 있었으며, 그들에게 우호적인 원주민으로부터 1000명에 달하는 병사를 지원받았기 때문입니다. 무엇보다도 한족과 원주민이 서로를 견제하게 하는 '합종연횡' 전술의 효과를 톡톡히 거뒀습니다.

먼저 한족에 대해 말하자면, 그들은 농사짓기에 능하며 인내심이 강해서 네덜란드가 타이완을 통치하는 데 큰 보탬이 되었습니다. 당시 명나라는 내부적 혼란을 겪고 있었기 때문에 연안의 푸젠성에 거주하는 서민들은 가난에서 벗어나기 위해 외부로 나갈 기회를 엿보고 있었습니다. 마침 동인도회사가 장려금을 내걸고 사람들을 모집하여 타이완으로 데려가자 수많은 한족들

제일란디아성

이 위험을 무릅쓰고 해협을 건너는 일이 발생했습니다. 네덜란드는 한족들이 정착하여 농업과 무역에 이바지할 수 있도록 안전과 법률, 토지 소유권과 교역 질서 등을 보장해주었습니다. 한족을 '시민'으로 대우하는 협력적 방식으로써 타이완 식민 체제를 만들어간 것입니다. 그러나 온전히 평등한 관계는 아니었습니다. 1652년 무렵 비싼 식량 가격과 인두세에 대한 불만이 고조되자 곽회일 세력이 반란을 일으키기도 했습니다.

한족에 비해 원주민에 대한 통치는 유럽 봉건 제도의 주종 관계와 유사한 면이 있습니다. 네덜란드의 거점이었던 다위안은 신강·샤오룽蕭壠·무자류완目加溜灣·마더우麻豆 등 원주민 부락과 가까웠습니다. 이들 부락은 1620년대부터 1630년대까지 동인도회사의 비호 아래 서로를 약탈하거나 다른 부락과 합세하여 또 다른 부락을 공격하는 일이 빈번했습니다. 1630년대 중반 일본과의 무역 분쟁이 해결되자 동인도회사는 각 부락에 군대를 파견해 네덜란드의 주권을 내세우면서 조공을 바치도록 압박했습니다. 뿐만 아니라 정기적으로 지역 회의를 열어 등장藤杖〔등나무 지팡이. 동인도회사가 부여하는 권력을 상징함〕을 주고 축포를 쏘아올리고 행군하는 연기를 시키는 등 '기이한 광경'을 연출해 원주민들에게 지배권을 행사하고 두려움을 심어주었습니다.

네덜란드는 무역과 통치 이외에 개신교 사상을 전파시키고자 하는 사명감도 지니고 있었습니다. 이에 개신교 목사들이 동인도회사의 직원으로 근무하면서 행정 효율을 높이기 위해 원주민에 대한 교화 업무를 맡았습니다. 네덜란드 선교사 조지 칸디디우스와 로버트 유니우스 등은 원주민 지역에 교회와 학교를 세웠으며, 원주민들의 발음을 알파벳으로 기록한 문서를 남기기도 했습니다. 그것이 바로 '신강문서新港文書'입니다. 이들은 선교사로 활동했을 뿐만 아니라 원주민의 보호자를 자처하여 마을과 동인도회사 간의 소통을 도왔습니다.

타이완에서의 네덜란드 중계무역

1624~1662년까지 39년간 네덜란드 식민 시기에 타이완은 설탕·사슴가죽·사슴고기·녹용·쌀 등을 수출했다. 한편 바타비아로부터는 향신료·목화솜·금속 등을, 중국에서는 명주실·비단·도기·황금을, 일본에서는 은을 들여와 중계무역을 발전시켰다. 통계에 따르면 1634년과 1638년 사이에 타이완이 일본으로 수출한 사슴가죽은 12만 장에서 15만 장으로 대폭 증가했다고 한다.

네덜란드와 한족의 합작

한족은 타이완에서 사탕수수·벼 등을 농사지어 네덜란드에 수출했고, 동인도회사는 인두세와 관세를 받는 대신 그들의 권리를 보장해주었다. 1640년대부터는 조세 제도를 도입해 원주민 공동체와 도급 계약을 맺어 사슴가죽과 고기를 구입한 뒤 이를 되팔아 이윤을 남겼다.

네덜란드 통치 시대의 영향

동인도회사의 타이완 통치 시대는 1662년에 막을 내리게 됩니다. 내부적으로는 농업 이윤이 줄어들고 한족과의 관계가 악화된 탓이고, 외부적으로는 청나라에 반기를 든 정씨 해상 세력이 타이완을 공격했기 때문입니다. 네덜란드가 타이완을 통치한 기간은 39년이 못 되지만 지배의 흔적은 지금까지도 남아 있습니다. 대표적인 것이 지금 타이완 곳곳에서 재배되고 있는 벼와 사탕수수입니다. 또한 네덜란드 시대 이후로 농업 중심의 한족 사회가 형성되었으며, 원주민은 문자로 고유 문화를 기록하거나 계약서를 작성할 수 있게 되었고 토지 소유권에 관한 법이 제정되었습니다. 이 모든 것이 네덜란드 통치 당시에 시작된 것입니다.

구체적인 예를 들자면, 지금도 타이완은 농지와 토지 면적을 측정하는 단위로 '자甲'(경작지를 뜻하는 네덜란드어 'akker'에서 유래한 발음)를 사용하고 있습니다. 샤오류추小琉球 섬에 거주하던 원주민들이 사라진 사건(1636년 라메이다오拉美島 대학살), 통치자에게 노역을 바치고 '보호'를 받는 방식 또한 네덜란드 통치에서 비롯된 것입니다. 지리적으로 네덜란드와 타이완의 거리는 약

동인도회사·원주민·한족의 인구 비율

네덜란드 식민통치 당시 행정·종교·군사를 명목으로 수백 또는 수천 명의 네덜란드인이 타이완에 머물렀으며, 그중 병사 규모는 500~1000명 정도였다. 이는 당시 타이완에 거주하는 10만 명에 가까운 원주민과 3만 명 넘는 한족에 비해 극히 적은 규모로, 원주민 부락 간에 싸움이 벌어지면 100명도 안 되는 네덜란드 병사가 진압에 나서야 했다. 1642년 스페인 세력을 몰아내는 데 성공했을 때나 1652년 곽회일의 반란으로 5000명의 한족이 폭동을 일으켰을 때도 마찬가지였다. 1661년 정성공鄭成功이 2만여 대군을 이끌고 쳐들어왔을 때 네덜란드의 병력은 고작 300~500명 수준이었다. 바타비아에 병력 지원을 요청했더라도 그 편지는 제때 전달되지 못했을 것이다.

9000킬로미터로, 비행시간으로도 13시간에 달하지만 역사적으로 두 나라는 매우 가까운 관계였습니다.

네덜란드 시대의 프로빈티아성(지금의 츠칸러우)

원주민을 위한 네덜란드의 문자 교육

네덜란드인 선교사 조지 칸디디우스, 로버트 유니우스 등은 샤오룽·마더우 등지에 교회와 학교를 세워 원주민을 모집했다. 네덜란드 개신교의 교리를 전파할 때 처음에는 지역 방언과 구어口語를 사용했으나, 1636년 신강 마을에 학교가 설립된 후로는 문자 소통방식에 큰 변화가 나타났다. 알파벳으로 신강어를 적은 교재나 교리문답이 만들어지고 각종 자전과 교리서가 편찬된 것이다. 그 후 원주민은 알파벳 문자와 중국어를 사용하여 한족과 계약서를 작성하기 시작했는데, 이러한 문서를 '신강문서'라 한다. 선교사들은 타이완에서 원주민 선교에 공을 들였을 뿐만 아니라 마을의 보호자를 자처하여 소통 창구 역할을 했다.

타이완에도
산살바도르, 산토도밍고, 산티아고가 있었다?

1632년 스페인의 배 한 척이 거짜이난蛤仔难에 정박했다. 그리고 아타얄족 원주민에 의해 58명의 선원 모두가 살해되었다. 스페인은 이를 빌미로 군대를 파견해 토벌에 나섰고, 동북 해안까지 세력을 확장했다. 나아가 남부 지역으로 진출하여 신주 일대까지 파고들었다. 1635년 스페인은 단수이 등 3개 지역을 성省으로 구획하고 타이완에서 전성기를 맞이하게 된다.

북부 타이완의 스페인 시대

산살바도르, 산토도밍고, 산티아고는 타이완과 무슨 관계가 있을까요? 인터넷 검색을 해보면 아마도 북아메리카 지역의 항공편에 관한 내용만 볼 수 있을 것입니다. 하지만 이 세 지역과 타이완은 가깝다면 가깝고 멀다면 먼 관계입니다. 타이완에도 세 이름의 지명이 존재한 적이 있기 때문입니다. 어떻게 된 일일까요? 이야기는 먼 옛날인 15세기에서부터 시작됩니다. 이제 1492년으로 거슬러 올라가 이베리아반도로 떠나봅시다!

토르데시야스 조약과 사라고사 조약

1492년은 스페인에게 아주 중요한 해였습니다. 그 해에 이베리아반도의 기독교 세력이 이슬람 세력을 몰아내고 스페인 왕국을 세웠을 뿐만 아니라 스페인과 협약을 맺은 크리스토퍼 콜럼버스가 신대륙 아메리카를 발견했기 때문입니다. 그 후 아메리카를 착취하여 부를 쌓은 스페인은 '무적함대'를 편성하여 찬란한 전성기를 누리기 시작했습니다. 그러나 그 무렵 이베리아반도에서 전성기를 맞이한 나라는 스페인만이 아니었습니다. 포르투갈 역시 항해를 통한 영토 확장에 열을 올리고 있었던 것입니다. 이때부터 '바다 위의 각축전'이 벌어지기 시작했습니다.

세계 곳곳으로 진출한 두 나라의 영토 쟁탈전이 빈번해지자 1493년 교황 알렉산데르 6세는 포르투갈의 국왕 주앙 2세와 스페인의 국왕 페르난도 2세에게 교황자오선Line of Demarcation을 선포하여 각각 점령할 수 있는 세력 범위를 정해주었습니다. 그러나 주앙 2세는 국경선을 조정해줄 것을 요구했고, 1년 뒤 두 나라는 교황자오선을 서쪽으로 270리그(약 1590킬로미터) 옮기기로 하는 토르데시야스 조약을 맺었습니다. 서경 46도 37분을 경계선으로 해 동쪽은 포르투갈이 서쪽은 스페인이 영토를 확장할 수 있게 되었고, 그 덕분에

포르투갈과 명나라

명나라에서는 포르투갈인을 '불랑기인佛狼機人'이라고 불렀다.〔불랑기란 당시 서양인을 통칭하던 'Frank'의 한자식 표기〕 1511년 불랑기인 아폰수 데 알부케르케는 말라카를 점령하여 포르투갈의 동남아 근거지로 삼았다. 3년 뒤에는 무역 편의를 누리기 위해 주장커우珠江口와 툰먼다오屯門島(지금의 홍콩 툰먼)를 점령하여 홍콩의 포르투갈 시대를 열었고, 1521년까지 중국과 무역 거래를 하기 위해 황제 측근의 환관들에게 뇌물을 바치는가 하면 명나라 무종武宗에게 포르투갈어를 가르쳐주는 등 온갖 수단과 방법을 동원했다. 그러나 무종이 세상을 떠난 뒤 제위에 오른 세종世宗은 포르투갈에 대해 강경 방침으로 전환하여 1521년 광둥廣東의 해군 부사령관 왕훙汪鋐에게 포르투갈령 홍콩을 공격하게 했다. 이 싸움은 1522년 첸차오완茜草灣 대전에서 명나라가 승리할 때까지 계속되었고, 명나라에게 툰먼다오 일대를 빼앗긴 포르투갈은 이후 1553년 마카오 체류권을 획득하여 동아시아에서의 이익 활동에 나섰다.

포르투갈은 브라질을 손에 넣을 수 있게 되었습니다. 이때부터 본격적으로 근대 강국의 식민지 개척과 영토 분할의 각축전이 시작되었습니다.

페르디난드 마젤란이 남아메리카를 거쳐 태평양을 횡단하여 지구가 둥글다는 사실을 입증하기 전까지, 유럽에서 아시아에 이르는 유일한 항로는 인도양을 가로지르는 길이었습니다. 그러나 마젤란의 스페인 함대가 마젤란 해협을 통과하여 인도네시아 말루쿠 제도까지 나아감으로써 포르투갈의 세력 범위인 아시아를 침범하는 일이 발생했습니다. 결국 1529년 스페인과 포르투갈은 경계선을 말루쿠 제도에서 동쪽으로 70도 후퇴한 지점으로 이동하는 사라고사 조약을 맺었습니다. 이 두 번째 세력 경계선에 따라 스페인의 아시아 식민지는 필리핀과 타이완을 포함한 태평양 연안지역으로 국한되었습니다.

타이완을 점령하려면 태풍부터 이겨라:
스페인과 태풍의 악연

스페인은 1570년 루손(지금의 필리핀)을 점령한 후 세력을 더욱 확장할 계획이었습니다. 이에 1597년 스페인의 어느 항해가가 국왕인 펠리페 2세에게 타이완이 표시되어 있는 지도를 바치면서 타이완을 공격할 것을 진언했습니다. "타이완은 비옥한 땅을 가진 중국과 일본의 요충지입니다. 그런데 항구가 부족합니다. 일본을 향한 항구가 북쪽에 단 하나 있는데, '지룽'이라 불리는 이 항구는 견고하게 지어졌습니다. 입구가 좁지만 면적이 넓고 수심이 깊기 때문에 이곳을 점령하여 성을 세우고 군사를 300명 정도 보내서 지키게 하면 일본인의 공격을 막을 수 있을 것입니다." 이러한 보고를 받은 국왕은 루손의 총독으로 재임 중인 다스마리냐스에게 타이완 점령을 명령했고, 1598년 다스마리냐스의 명령을 받은 사무디오는 2척의 군함과 200명의 병사를 이끌고 타이완 공격에 나섰습니다. 그러나 함대는 거센 태풍을 넘지 못한 채 허탕을 치고 돌아올 수밖에 없었습니다. 이때부터 스페인은 태풍과 필사적인 사투를 벌이기 시작했습니다.

타이완 점령에 실패하고 상황은 원점으로 돌아간 듯했으나 후발주자였던 네덜란드가 1624년 타이완 남부를 점령하는 사건이 발생하자 루손에 머물고 있던 스페인인들은 위협을 느낄 수밖에 없었습니다. 타이완은 루손과도 가깝지만 그보다는 중국에 더 가깝기 때문에 네덜란드가 타이완을 완전히 장악한다면 향후 스페인의 무역은 큰 타격을 받을 게 불 보듯 뻔했습니다. 게다가 일본 정부가 쇄국 정책으로 돌아서는 바람에 스페인은 일본과의 교역과 선교 모

17세기 타이완 북부에 머물던 스페인 세력

두 불가능한 상황에 처해 있었습니다. 결국 1626
년 루손의 실바 총독은 루손과 명나라 간의 교역
우위를 점하기 위해 카레뇨 제독에게 대형 함선 2
척, 범선 12척, 300명의 병사들을 내주고 타이완
공격을 명령합니다. 루손에서 출발한 함대는 타이
완 동해안을 따라 항해하다가 태풍이 닥치기 전에
속력을 내어 5월 11일에 산티아고(지금의 싼댜오자

『황청직공도皇淸職貢圖』 속
'네덜란드인과 그의 부인'

오즈貂角)에 도착했고, 12일에는 산티시마 트리니다드(지금의 지룽)에 도착했습
니다. 16일에는 서랴오섬(지금의 허핑섬)에 당도하여 점령 의식을 거행했습니
다. 그와 동시에 네덜란드의 침략에 대비하기 위해 산살바도르성을 쌓고 포
대를 구축했습니다. 이로써 태풍과 스페인의 대결은 일대일이 되었습니다.

일본 에도 시대의 쇄국 정책

에도 시대에 일본에 들어온 포르투갈 선교사 프란치스코 사비에르가 선교 활동을 펼치면서 천주
교 신도가 점점 늘어나자 에도 도쿠가와 막부는 위협을 느끼고 금교령을 내렸으며 개종을 거부하
는 자들을 박해하기 시작했다. 갈등 양상이 더욱 심각해지자 막부는 천주교 국가인 스페인, 포르
투갈과의 교역을 끊는 쇄국 정치를 펼쳤다. 다만 중국(명나라와 청나라), 네덜란드와의 교역 장소
를 데지마出島로 지정하고 각 번藩마다 무역 대상을 지정했다. 미국 페리 원정, 즉 '쿠로후네黑船
사건'이 발생하기 전까지 일본은 쇄국 정책을 고수했다.

스페인의 필리핀 총독 실바

인터넷에서 실바 총독의 이름, 즉 'Don Fernando de Silva'를 검색하면 정확한 정보를 얻기
힘들다. 'Don'은 이름이 아니라 '각하'라는 뜻이기 때문이다. 알바Alba 공작 가문의 12대손인 그
의 정식 이름은 'Fernando de Silva Mendoza y Toledo'(1714~1776)로, 산티아고 기사
단에 소속된 기사였으며 1625년 7월~1626년 6월까지 스페인의 필리핀 총독을 맡았다.

서랴오섬의 산살바도르성

서랴오섬

지금은 허핑섬和平島으로 불리며, 지룽항에서 동북쪽으로 74미터 떨어져 있는 작은 만에 위치해 있다. 지룽항으로 들어오는 입구에 있어 군사적 가치가 높은 이 섬에는 '판짜이춰番仔厝' '판짜이랴오番仔寮' 등의 옛 지명이 지금까지 남아 있는데, 이는 카이다거란족의 흔적이다. 판짜이랴오에 있는 선박 제조공장 자리는 원래 카이다거란 원주민들이 제사를 지내던 공동 소유지였다. 그곳에서 발견된 선사 시대의 비석은 카이다거란족의 선조가 세운 것으로 전해지고 있다. 이 땅은 원래 지룽 마을의 숙번熟番[청나라 문화에 동화된 타이완 원주민을 일본이 지칭하던 말]들이 태평천국의 난을 진압할 때 가담한 대가로 넘겨받은 곳으로, 특정 계절에는 일본군의 근거지로 사용되었다. 이후 중국 정부가 강제로 땅을 점령해 군사 진영으로 삼다가 선박 제조공장을 세워 지금까지 유지되고 있다. 이곳의 토지 권리가 이전되는 역사적 과정은 '국가 체계'가 어떤 방식으로 원주민의 권익을 짓밟아왔는지를 말해준다. 그 밖에 룽무징龍目井, 푸저우기福州街, 파오타이딩砲臺頂, 류추푸琉球埔, 다푸웨이大埔尾, 판즈둥番字洞 등도 지역의 역사 스토리를 간직하고 있다.

지룽의 어느 동굴에 남겨진 17세기 네덜란드인의 필적

　타이완 북부 지역을 점령한 루손 총독은 이제 남부 지역을 차지한 네덜란드인들을 쫓아내고 타이완 전체를 손에 넣기 위해 1624년 7월 함대를 이끌고 마닐라를 떠났습니다. 그러나 엄청난 태풍을 만나게 되어 진군을 포기하고 마닐라로 돌아갈 수밖에 없었습니다. 같은 해 9월 태풍이 모두 소멸되었을 것으로 예상하고 다시금 출항하여 다위안 근처까지 접근했으나 놀랍게도 또 다시 태풍에 가로막혀 뱃머리를 루손으로 돌리고 말았습니다. 결국 스페인은 태풍에게 2점을 내줌으로써 스코어는 3대 1이 되었습니다. 그들이 중앙산맥에 굴복하지 않고 끝까지 도전하는 태풍의 정신을 배웠더라면 상황은 크게 달라졌을 테지만, 태풍에게 3점이나 내준 스페인은 결국 다위안 점령을 포기하고 말았습니다.

'산토santo'라는 지명의 역사

한 번에 집어삼킬 수 없다면 야금야금 천천히 먹는 게 좋지 않을까? 1628년 스페인은 후웨이滬尾(지금의 단수이)에 산토도밍고성을 세웠습니다. 지금은 '단수이 훙마오청紅毛城'이라 불리는 건물입니다. 당시 스페인은 지룽의 허핑 다오와 타이베이의 단수이에 조성된 두 항구를 점령하고 있었습니다. 지정학 적으로 중요한 두 항구를 제대로 관리하기 위해 성을 건설했을 뿐만 아니라 학교와 교회를 세우고, 지룽과 지마오리基毛里, 다바리大巴里를 잇는 길을 만들 었습니다.

1632년 거짜이난(지금의 이란宜蘭)에 정박한 스페인의 배 한 척이 아타얄족 원주민들의 습격을 받아 58명의 선원이 몰살당하는 사건이 벌어졌습니다. 스 페인은 즉각 군대를 파견했고 원주민 응징을 빌미로 동북 해안까지 세력을 확 장했습니다. 뿐만 아니라 남부 지역으로 탐험 범위를 넓혀 나갔는데, 그중 가

일본 시대의 훙마오청

장 먼 곳은 신주 일대였습니다. 1635년 스페인은 단수이·둬뤄만哆囉滿(지금의
화롄)·거짜이난 3개 지역을 성省으로 구획하고 타이완에서 전성기를 누리게
됩니다. 원주민의 물물교환 거래방식에 따라 황금·유황·사슴가죽 등을 사들
인 뒤 각 나라의 상인들에게 팔았고 한 해에 두 차례씩 마닐라에서 물자와 은
을 조달했습니다. 당시 명나라와 스페인은 정식 교역이 불가능했기 때문에
모든 거래는 중국인이나 일본인 상인과의 암거래로 이루어졌습니다.

　스페인 세력권 안에 있던 원주민은 자신들의 안전을 위해 스페인의 '교화'
를 받아들였고, 이로써 타이완의 천주교 시대가 열렸습니다. 당시 스페인 선
교사들은 원주민의 언어로 된 『타이완 단수이어 단어집』『단수이어 교리서』
를 제작했으나 안타깝게도 지금은 실물을 확인할 수 없습니다. 스페인이 원
주민에게 공을 들이고 있는 정황을 초조하게 주시하던 네덜란드는 1629년 바
타비아 총독에게 북부 지역을 차지한 스페인 세력을 함께 몰아내자고 제안했
으나 이 계획을 비롯한 이후의 모든 계획들은 허사가 되고 말았습니다.

　사실 스페인이 타이완을 떠난 궁극적인 이유는 네덜란드와의 전투에 패했
기 때문이 아니라 1635년부터 루손 남부 지역이 점점 혼란스러워지면서 타이
완에 신경 쓸 여력이 없었기 때문입니다. 그 틈을 노려 타이완 원주민은 스페
인 세력에 거세게 저항하기 시작했습니다. 뿐만 아니라 일본이 쇄국 정책으
로 돌아서면서 정성공의 부친 정지룽鄭芝龍이 해상 무역을 독점하다시피했습
니다. 엎친 데 덮친 격으로 1636년 단수이 원주민에 의해 훙마오청까지 불에
타버리자 내우외환 상태에 놓인 스페인은 점점 타이완 점령에 대한 명분과 의
욕을 잃어갔습니다. 1642년 스페인이 군사를 지룽으로 철수시켜 성의 수비가
허술한 틈을 타 네덜란드는 12척의 군함과 수천 명의 병사를 이끌고 북쪽으로
출항했습니다. 단 180명의 병사가 성을 지키고 있던 스페인은 5일 만에 성문

을 열어 항복했고, 결국 70년 동안 이어온 스페인의 타이완 지배는 종식되고 말았습니다.

스페인 천주교 특유의 느낌을 지닌 산살바도르, 산토도밍고, 산티아고라는 지명은 스페인 세력이 타이완에서 물러난 뒤 차츰 사람들의 기억 속에서도 잊혔습니다. 그중 산티아고만이 유일하게 일본인 고증학자들에 의해 기록되어 오늘날 '싼댜오자오'라는 음역어 명칭으로 불리고 있습니다.

신비로운 금광 뒤뤄만

"타이완 동해안에 위치한 뒤뤄만에서는 꽤 많은 사금이 채취되어 북부 진바오리 산골 주민은 활발히 금 교역을 해왔는데, 나중에는 한족 차지가 되었다." 17세기에 스페인 신부가 남긴 기록이다. '뒤뤄만'이라는 단어는 타이완 역사의 일부가 되었다. 1697년 욱영허郁永河가 타이완에서 유황을 채굴했는데, 그는 『번경보유番境補遺』에 이와 같은 말을 남겼다. "뒤뤄만에서는 금이 나며, 골라낸 금을 살펴보니 그 모양이 윈난雲南의 과자금瓜子金(정련되지 않은 상태의 금)과 비슷했다. 금이 어디에 쓰이는지도 모르는 원주민들은 채취한 금을 녹여 가늘게 만든 다음 벽돌 사이에 숨겨두었다가 손님이 오면 빛나는 금을 보여주며 으스댔다. 그러나 몇 년 후부터는 지룽, 단수이로 금을 가져가 화폐처럼 사용했다."

뒤뤄만은 어디에 있을까? 그 지명은 무슨 뜻일까? 연구에 따르면 뒤뤄만은 화롄현 리우강立霧溪 북쪽에 위치하며, 뒤뤄만은 '반짝반짝 빛나다'라는 뜻의 스페인어에서 유래된 것이라는 견해도 있고 카이다거란족의 표현에서 유래되었다는 견해도 있다. 반면 포르투갈인은 이베리아반도에 있는 두에로강의 명칭을 본떠 이곳을 '리오 두에로Rio Duero'라고 불렀다.

타이완에 금광이 존재한다는 사실은 이미 무역상인들 사이에 널리 알려져 있었으며, 1638년 동인도회사도 베이난을 거점으로 삼고 원주민의 도움을 받아 북쪽 금광을 찾아 나섰으나 성공하지 못했다. 이로 인해 총 책임자였던 마틴 위슬링과 원주민 사이에 충돌이 발생했고, 1641년 그는 베이난 다바류주大巴六九(지금의 타이핑太平 마을)와 뤼자왕呂家望(지금의 리자利家 마을) 주민들에 의해 살해당했다. 이 사건에 대한 응징으로 동인도회사의 장관은 이듬해 군대를 보내 두 마을을 토벌했다. 이와는 별도로, 1890년 류밍촨劉銘傳이 철로를 건설하던 중 강에서 사금이 발견되어 주펀九份에 사금 채취 열풍이 불었다.

1 네덜란드에게 빼앗긴 스페인의 지롱항을 그린 그림   2 황폐해진 산살바도르성의 유적지

3 일본 시대 지우펀·진과스 금광 지역

타이완에도 해적왕이 있었다고?:
대항해 시대의 왜구, 바다 상인과 하마다 야효에

『제일란디아 요새 일지』에는 네덜란드 동인도회사와 손잡은 이단, 안사제顏思齊, 정지룡 등의 바다 상인들이 자주 언급된다. 명나라의 눈에 비친 그들은 영락없는 해적이었다. 그러나 안사제는 타이완의 넓은 황무지를 개척하고 부유한 자들의 재물을 빼앗아 가난한 자들을 도운 타이완의 개국공신 중 한 명이었다.

왜구는 꼭 일본인이었을까?

왜구倭寇의 '왜'는 일본을 뜻하고 '구'는 침범 또는 강도를 의미합니다. 그러나 왜구를 무조건 일본 해적이라 하기에는 무리가 있습니다. 진짜 왜구와 가짜 왜구가 있기 때문입니다. 진짜 왜구란 명확히 일본인 해적을 가리키는 말로, 이들은 원나라와 일본이 벌인 '원일 전쟁〔또는 일본 원정〕' 이후 13~14세기에 걸쳐 한반도 근처 해안에서 활개를 쳤습니다. 얼마 지나지 않아 조선인과 중국인 중심의 가짜 왜구가 등장하여 15~16세기 사이 한반도와 중국 연안 그리고 동아시아 내륙에서 활약했습니다. 이를 뒷받침하는 근거로, 명나라 역사서인 『명사明史』 「일본전日本傳」에 "진짜 왜구는 열 명 중 세 명이고, 나머지 일곱 명은 그들을 따르는 자다"라는 구절이 있습니다. 또한 조선의 『세종실록世宗實錄』에는 "그들 중 왜인은 1~2할에 지나지 않고, 본국(조선)의 백성이 왜복을 입고 무리를 지어 난을 일으키고 있다"라는 기록이 있습니다.

왜구의 구성원은 주로 동아시아 국가 간에 벌어진 전투로 인해 생겨난 유랑민이나 군인 그리고 해적 등이지만 가장 큰 비중을 차지하는 이들은 바다 상인이었습니다. 명나라 태조인 주원장朱元璋은 건국 직후 "판자 한 조각이라도 바다로 나가서는 안 된다"라는 해금령海禁令을 내림으로써 공식적인 조공 무역(감합 무역) 외에는 모든 민간의 대외 무역을 금지했습니다. 그러나 지리 조건상 농업만으로는 생계 유지가 곤란한 중국 동남 연안 지역의 주민들에게 해상 무역은 필수불가결한 생존 수단이었습니다. 마침 '대항해 시대'가 열리면서 중국 상품에 대한 유럽 상인들의 수요가 급증하고 있었습니다.

명나라는 해금령 조치로 공개적인 교역을 중지시켰으나 무역 거래의 흐름을 막을 수는 없었으며, 오히려 암거래와 약탈이 만연한 정황을 눈치채지 못한 채 헛된 권력의 꿈에 사로잡혀 있었습니다. 결국 명나라는 우수한 조선 기술과 훌륭한 선원 그리고 뛰어난 상인들을 보유하고서도 저력을 발하지 못했습니다. 명나라는 무역의 중요성을 몰랐던 것일까요? 바다 위의 변화나 바다 바깥의 낯선 나라를 거부한 것일까요? 무역으로 생계를 유지하던 상인들

'해가 지지 않는 나라'

명나라가 처음 들어설 때는 기존 원나라의 해상무역 정책, 즉 자유무역 정책을 따랐다. 그러나 주원장은 권력 기반이 안정되자 곧바로 "판자 한 조각이라도 바다로 나가서는 안 된다"라며 해금령을 내렸다. 잘 알려진 내용은 아니지만, 주원장은 '육금陸禁' 정책을 실행하기도 했다. 이에 따라 육지에 사는 백성은 마음대로 이동하지 못한 채 조상 대대로 한 고장에 붙박여 농사를 천직으로 삼아 충실해야 했으며, 이를 어기는 자는 목을 베어 죽였다. 이는 '해금'과 '육금' 정책을 통해 주원장이 안정적이고 항구적인 국가를 이루고자 했음을 짐작케 한다. 반대로 주원장이 바다 상인과 농민을 지원했다면 그들은 개척자나 식민 지배자가 되었을 것이다. 그러나 명나라의 협조를 받지 못한 그들은 해적이나 유랑민이 되어버렸다. 땅을 지켜야 한다는 군주의 신념 때문에 대항해 시대에 명나라는 어떠한 활약도 펼치지 못했으며 권력과 영예도 가질 수 없었다.

은 정당한 교역 행위가 불가능한 현실을 깨닫고 바다 위의 무역상이자 해적인 '왜구'로 변신했습니다. 우리에게 잘 알려진 왜구로는 허동許棟, 왕직王直, 이 단, 안사제, 정지룡 등이 있습니다.

명나라 천계제天啓帝 때 네덜란드가 펑후 제도를 점령하는 모습

해적왕이 되다:
바다 위의 무장 상인들

앞서 잠깐 언급했듯이 포르투갈은 명나라와 무역 협상에 실패한 후에도 포기 하지 않고 암거래에 뛰어들었습니다. 그들 역시 '왜구'의 한 세력이 된 것입 니다. 또 다른 왜구 허동은 원래 1540년(가정嘉靖 19) 무렵 포르투갈의 대포를 처음으로 들여와 저장성 솽위雙嶼항 일대에서 거래하던 바다 상인이었습니 다. 이들의 교역소가 되어버린 솽위섬은 무역을 통해 큰 이익을 거두었으며,

이후 점차 무역 중심지의 규모를 갖추어 '16세기의 세계 무역센터'로 자리매김했습니다. 그러나 좋은 시절은 오래가지 않았습니다. 1548년 저장성에 파견되어 지역을 둘러본 명나라의 우부도어사右副都御史 주환朱紈은 솽위섬에서는 해금령이 무용지물이라는 사실을 확인했습니다. 충성스럽고 강직한 주환은 곧바로 왜구의 소굴을 소탕하고 배를 불태웠으며 절반이 넘는 왜구들의 목을 베어버렸습니다. 무역의 중심지였던 솽위섬은 순식간에 잿더미로 변해버렸습니다.

해상 무역이 엄청난 이익을 안겨주고 있다는 사실을 미처 깨닫지 못한 주환의 강경한 처사로 인해 어마어마한 손실을 입은 저장성과 푸젠성 일대의 '대부호'들은 분노했습니다. 그들의 원성에 명나라 조정은 주환을 파면할 수밖에 없었고, 주환은 얼마 지나지 않아 스스로 목숨을 끊었습니다. 명나라의 솽서항 소탕 작전으로 허동은 죽음을 피할 수 없었던 반면, 끝까지 저항하여 살아남은 왕직은 부하들을 데리고 일본 히라도(지금의 나가사키 히라도)으로 건너가 새로운 기회를 포착했습니다. 당시 전국 시대를 맞이한 일본 각 지역의 다이묘大名〔헤이안 시대부터 전국 시대까지 지방에서 권력을 행사하던 무사 계급〕들은 많은 이익을 가져다줄 이 거상을 반기지 않을 이유가 없었습니다. 특히 히라도에 기반을 둔 다이묘인 마쓰라 다카노부松浦隆信의 요청으로 왕직은 1542년 히라도을 근거지로 삼아 해상 활동을 전개했습니다. 1551년에는 진사반陳思盼 해적 무리를 소탕하고 저장성 저우산舟山을 중국의 거점으로 삼았습니다. 진사반 세력을 완전히 진압한 이후 왕직은 '해적왕'으로 군림했으며, 그의 깃발이 꽂혀 있지 않은 배를 찾아보기 어려울 만큼 호시절을 누렸습니다.

해적왕으로 세를 과시하던 왕직에게는 한 가지 소원이 있었습니다. 해상 무역을 합법화하여 '해적' 또는 '왜구'라는 꼬리표를 떼고 당당히 무역상으로 활동하는 것이었습니다. 그는 명나라 조정에 상서를 올려 진사반을 소탕하고 해안을 지키고 있는 자신의 공적에 대한 대가로 해금령을 해제해줄 것을 요청합니다. 그러나 막강한 부와 권력을 쥐고 있는 왕직을 경계해온 명나라 조정은 1553년 장수 유대유俞大猷를 시켜 왕직의 근거지를 공격했습니다. 간신히 포위망을 뚫고 일본으로 건너간 왕직은 이제 히라도를 자신의 왕궁으로 삼아 국호를 '송宋'으로 정했으며, 스스로를 '정해왕淨海王'이라 칭했다가 나중에 '휘왕徽王'으로 바꾸었습니다. 『명사明史』에는 왕직에 대해 "36개 섬의 오랑캐가 모두 그의 지휘에 따랐다"라고 기록되어 있습니다.

점점 더 많은 부를 축적해 나가던 왕직은 명나라 조정을 압박해 해금령을 해제시킬 계획이었으나 저장성의 순안감찰어사巡按監察御史 호종헌胡宗憲의 목적은 협상을 통해 그를 투항하게 하는 것이었습니다. 호종헌은 몇 차례에 걸쳐 왕직에게 '국경 무역'을 제안했고, 왕직은 이를 받아들였습니다. 그러나 조상의 가법家法을 중시한 명나라 조정은 '금지할수록 더욱 심해질 것'이라는 의견을 무시한 채 순안어사 왕본고王本固를 시켜 왕직을 사로잡아 감옥에 가뒀습니다. 호종헌은 왕직을 보호하려 했으나 '왕직에게 뇌물을 받았다'는 소문이 돌자 태도를 바꾸어 세종으로 하여금 처형의 조서를 내리도록 간언했습니다. 그 결과 바다 위의 제왕은 최후를 맞았고, 무장지졸無將之卒이 되어버린 수하들은 각자 원래의 자리로 돌아갔으나 왕직을 꾀어 죽인 조정에 대한 원망을 품게 되었습니다. 이후 명나라 조정에 대한 상인들의 불신은 날로 커졌으며 왜구 문제는 더욱 심각해졌습니다.

다음으로 살펴볼 이름난 해적은 1653년 난아오南澳에서 전함 50척을 이끌고 자오안詔安을 기습해 모두를 놀라게 한 임도건林道乾입니다. 이때 그는 '항외抗倭 명장' 유대유俞大猷의 방어를 뚫지 못하고 곧바로 타이완 다거우항(지금의 가오슝)으로 물러납니다. 가오슝에 도착한 임도건은 부하들과 함께 원주민을 사로잡아 노예로 삼았습니다. 이에 분노한 원주민들이 반격을 계획했으나 이들의 움직임을 눈치챈 임도건 무리는 어두운 밤에 원주민들을 기습합니다. 이 사건은 원주민과 한족 사이에 벌어진 충돌 가운데 가장 오래되고 규모가 큰 사건으로 기록되었습니다. 임도건은 가오슝에서 오래 머물지 못하고 부하들을 이끌고 점성占城(지금의 베트남 중남부)으로 건너갔다가 다시 차오저우潮州로 돌아왔습니다. 이후 명나라 목종穆宗이 제위에 올라 문호를 개방하자 임도건은 부대를 이끌고 머나먼 시암(타이의 옛 명칭)으로 떠났습니다.

초기 일본 시대의 다거우항

'중국인 선장' 이단, 타이완의 '개국 공신' 안사제

임도건과 임풍林風의 뒤를 잇는 인물은 '캡틴 차이나'로 알려진 이단 그리고 '중국의 피터'라 불리는 안사제입니다. 한족 출신으로 이른 시기에 타이완에 건너와 '개국 공신'으로 불리게 된 안사제는 원래 일본에서 무역을 하던 상인이었습니다. 강일승江日昇의 『타이완 외기臺灣外紀』에는 안사제와 정지룡을 포

임도건과 보물의 전설

임도건은 짧은 기간 많은 이야기를 남겼다. 전해지는 말에 따르면 임도건이 다거우에 있을 때 한 신선을 만나 세 개의 신비로운 화살과 100알의 쌀을 건네받았다. 화살에는 각각 '임' '도' '건'이 라는 글자가 새겨져 있었다. 신선은 임도건에게 이 신비로운 화살을 잘 모셔놓고 쌀을 입 안에 머 금은 채 100일 밤을 지내면 그가 사냥한 금계金鷄가 울 것이며, 그때 서북쪽을 향해 활을 쏘면 그 활이 황제를 명중시켜 천하를 얻게 될 것이라고 말해주었다.

임도건은 집으로 돌아가 여동생 금련金蓮에게 신선의 이야기를 들려주었고, 금련은 100일이 되 기 전에 금계가 울지 못하도록 닭장 위에 검은 천을 덮어두었다. 그러나 100일째 되던 날 잠을 이루지 못하던 금련은 금계가 무사한지 살펴보기 위해 금계를 꺼냈다. 닭장에서 벗어난 금계는 날이 밝은 것으로 착각하여 울음소리를 냈고, 이 소리를 들은 임도건은 곧바로 일어나 화살을 쏘 았다. 화살은 옥좌에 명중했으나 황제를 쏘아 맞추지는 못했다. 아직 황제가 옥좌에 오르기 전이 었던 것이다.

이 사실을 알아차린 황제는 즉시 병사를 보내 임도건을 추격했다. 임도건은 새벽 무렵 금계가 울 면 일어나 출항하기로 하고 짐을 챙겨놓았으나, 전날 저녁 먹이를 잔뜩 먹은 금계가 늦게 깨어난 탓에 임도건은 제때 출발할 수 없었다. 이에 분노한 그는 금계뿐만 아니라 함께 남아 보물을 지키 기로 약조한 금련까지 죽이고 말았다. 그들이 지키기로 한 보물이란 바로 임도건이 차이산柴山에 묻어두고 꺼내보지 못한 은銀이었다. 명나라 군대가 쳐들어오자 다급한 상황에 처한 임도건은 서 쪽을 향해 힘껏 칼을 던졌는데, 놀랍게도 그 칼이 다구산打鼓山과 치허우산旗后山 사이에 틈을 만 들어주어 그들은 포위망을 벗어날 수 있었다.

이후 임도건이 시간에 쫓겨 캐내지 못한 은에 관한 소문들이 생겨났다. 그중 하나는 어느 나무꾼 이 차이산에서 나무를 베고 있는데 아름다운 여인이 나타나 그에게 식사와 술을 대접했으며, 나 무꾼이 술에 취해 잠들었다가 깨어나 보니 융수나무榕樹 옆이었고 아름다운 여인은 금련의 화신 化身이었다는 설이다.

또한 일본 시대에 차이산 근처에 타이완 최초의 시멘트 공장이 들어섰는데, 그 시멘트 공장이 지어 진 계기가 임도건이 숨겨둔 은 때문이라는 이야기도 있다. 차이산의 또 다른 이름이 '마이진산埋金 山〔금이 묻혀 있는 산〕'인 이유도 바로 이 때문이다. 사실 임도건은 동생 금련을 죽이지 않았으며, 그 녀는 임도건을 따라 말레이반도로 건너갔다. 현재 타이 파타니주에는 그녀를 기리는 사당과 묘가 남아 있다.

치허우 거리에서 맞은편으로 보이는 다구산과 치허우산

'다거우'에서 '가오슝'으로

'다거우'라는 명칭은 대나무숲이라는 뜻으로, 가오슝에 거주하던 마카타오족의 말에서 유래되었다. 마카타오족은 이 지역에 가시 달린 대나무를 심어 외부에서 침입하는 적들을 방어했다. 발음이 민난어閩南語의 '다거우打狗' 또는 '다구打鼓'와 비슷하여 한자로 표기하면서 지명이 되었다. 일본 시대에 일본인들은 개를 때린다라는 뜻의 '다거우'가 야만적이라는 이유로 일본어 발음과 비슷한 '타카오高雄(중국어로는 가오슝)'로 바꾸어 지금까지 사용되고 있다.

스페인과 치열하게 싸웠던 임봉

임도건과 어깨를 견줄 만한 해적으로, 자오저우潮州 라오핑饒平 출신의 임봉林鳳을 꼽을 수 있다. 그는 임풍林風 또는 임아풍林阿風(Lim-a-hong)으로 불리기도 했는데, 이름을 잘못 끊어 읽어 이마분李馬奔(Li-ma-hong)으로 불리기도 했다. 임봉은 대모항玳瑁港(지금의 자엔완加延灣)에 근거지를 두고 스페인과 필리핀 쟁탈전을 벌였으나, 얼마 후 명나라 조정이 스페인과 손을 잡으면서 낙동강 오리알 신세가 되었다. 참패한 임봉은 어디로 갔을까? 소문에 따르면 그는 동남 연안으로 돌아가 망항을 근거지로 삼아 계속 해적 생활을 했으며, 다시 동남아시아로 향한 후에는 종적을 감추었다고 한다.

함한 26명이 막부를 전복시키려 했으나 음모가 탄로 나는 바람에 일본을 떠나 타이완 망항魍港(지금의 자이嘉義현 일대)으로 건너왔다고 기록하고 있습니다. 안사제는 주뤄산諸羅山에서 사냥을 하다가 병에 걸려 죽었으며 자이현 싼제푸三界埔 젠산尖山에 묻혔다고 알려져 있습니다. 그런 이유로 현재 베이항北港에는 그의 공적을 기리는 '안사제 개척 기념비'가 우뚝 서 있습니다.

안사제를 둘러싼 이야기에는 몇몇 의심스러운 점이 있습니다. 우선 『타이완 외기』의 내용이 역사서라기보다는 소설에 가깝다는 것으로, 특히 안사제의 반역 사건은 그에 관련한 역사적 증거가 없을 뿐만 아니라 당시 일본의 역사적 상황과도 맞지 않습니다. 역사학계에서는 일본의 전국 시대가 막을 내리면서 막부가 대외 무역을 정돈하기 시작하자 중국인 상인들이 더 이상 이윤을 취할 수 없었기 때문에 안사제도 일본을 떠났을 것으로 분석하고 있습니다. 연횡連橫의 『타이완통사臺灣通史』에도 안사제가 타이완에 상륙한 지점과 사망 장소가 기록되어 있지만, 두 지역의 거리가 너무 멀다는 점을 들어 일부 학자들은 안사제의 묘지가 가짜일 수 있다고 생각합니다. 마지막으로, 안사제라는 인물을 언급한 사료가 너무 빈

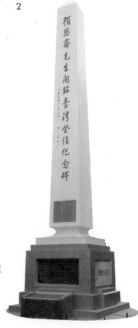

1 안사제가 베이강과 수이린水林 지역에 마을을 일궜다는 의견도 있다. 수이린 옌춰랴오顏厝寮는 최근 '타이완 개척 첫 번째 마을'이라는 이미지를 내세우고 있다.(후원청 제공)
2 안사제 상륙 기념비(후원청 제공)

옌취라오 안사제 타이완 개국 문화청(후원청 제공)

약한 것으로 보아 역사학계에서는 실존 인물이 아닐 가능성을 지적했습니다. 심지어 안사제가 이단과 동일 인물이라는 주장도 있었습니다.

여러 학자의 고증을 종합할 때 안사제는 실존 인물이며 이단의 부하였을 가능성이 있습니다. 그러나 그가 어디까지 세력을 넓혔는지, 그의 업적을 어디까지 인정할 것인지에 대해서는 더 많은 연구가 이뤄져야 할 것입니다.

정지룡의 해상 제국

안사제가 세상을 떠난 뒤, 그의 부대는 정지룡이 통솔하게 되었습니다. 정지

룡이 이단의 양아들이었기 때문에 이단의 세력이 정지룡에게 그대로 전수된
것이라고도 전해집니다. 정지룡은 어떻게 그들의 총애를 받을 수 있었을까
요? 먼저 그의 출신부터 살펴봐야 할 것 같습니다.

정지룡(1604~1661)은 푸젠성 난안南安현 사람으로, 원래는 '일관一官'이라
불렸습니다. 네덜란드 문서에는 그의 이름이 민난어 병음인 '이콴Iquan'으로
적혀 있기 때문에 유럽 사람들에게는 이콴으로 알려져 있습니다. 그는 어렸
을 때 마카오의 친척집에서 살면서 포르투갈어를 배웠으며, 자연스럽게 기
독교 신자가 되어 '니콜라스'라는 세례명도 받았습니다. 정지룡은 민난어를
비롯하여 난징관화南京官話·일본어·네덜란드어·스페인어·포르투갈어에 능
통했기 때문에 이단에게 의탁하던 시절 금세 그의 오른팔 역할을 맡았으며,
1624년에는 이단의 추천으로 펑후에서 네덜란드인들의 통역 및 번역을 도맡
았습니다. 그해에 정지룡의 아내인 전천씨田川氏가 히라도에서 아들 성공成功
을 낳았습니다.

젊은 시절 정지룡의 생애를 보면 그와 이단이 얼마나 가까운 사이였는지 알
수 있습니다. 정지룡이 이단의 양아들이었다는 주장도 있고, 그 둘이 연인 관
계였다는 주장도 있습니다. 지금으로 따지면 심심풀이 잡지라 할 수 있는『난
유록難遊錄』의「정지룡전」에는 다음과 같은 기록이 있습니다. "이단과 가까운
자들 가운데 푸젠의 거상이 있었는데, 일본을 오가며 일본인들과 가까이 지내
다가 일본인 아내를 얻었다. 젊고 아름다운 지룡은 남색을 즐겼다." 이 대목
이 이단과 정지룡이 동성애 관계였다는 주장의 근거이기도 합니다. 푸젠 일대
에서 항해 활동이 활발할 무렵 이 지역에서 동성애가 빈번했던 것은 사실이지
만, 그런 배경만으로 이단과 정지룡의 관계를 단정할 수 있을까요?

어쨌든 이듬해 8월 이단이 세상을 떠난 뒤 해상 세력은 일본, 타이완, 중

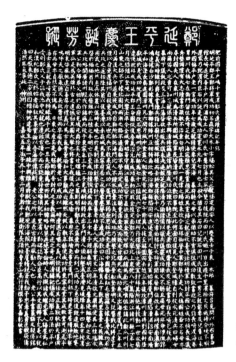

정지룡의 관인官印

히라도 지루하마千里浜에
세워진 정성공 기념비

국으로 나뉘었습니다. 이단의 아들인 이국조李國助가 일본을, 안사제가 타이완을, 허심소許心素가 중국을 관할했습니다. 얼마 지나지 않아 안사제까지 세상을 떠나자, 정지룡은 샤먼廈門의 거상 허심소의 세력까지 흡수하면서 자신의 세력권을 확장했습니다. 이후 1626~1628년까지 3년 동안 정지룡은 망항을 거점으로 삼고 푸젠과 광둥을 약탈했습니다. 1627년 당시 그가 보유한 배는 700척이 넘었습니다. 1628년에는 명나라 조정이 제안한 도독동지都督同知라는 관직을 수락했습니다. 1633년 네덜란드 동인도회사에서 파견된 포르모사 장관 한스 푸트만스가 해적을 소탕하기 위해 함대를 이끌고 중국 연안으로 접근했을 때 정지룡은 명나라 군대를 지휘하여 진먼金門 랴오뤄料羅만에서 네

덜란드 함대를 물리친 후 조약을 맺었습니다. 이
후 안사제의 옛 부하인 유향劉香이 푸트만스 편에
가담한 사실이 드러나자 정지룡은 유향을 추격한
끝에 1635년 광둥 해전에서 사로잡아 죽임으로써
응징했습니다.

이로써 정씨 세력은 진먼·샤먼·취안저우泉州·
장저우漳州 그리고 중국 동남 연안 일대까지 확장
되었습니다. 이곳을 오가는 상인들은 모두 그에
게 세금을 내고 돛대에 정씨 깃발을 걸어야 했습
니다. 이에 "한 해 거둬들인 세금이 천만 금"에 달

정성공 초상화

하며 "푸젠의 8개 지역이 모두 정씨 땅이 되었다"는 말이 돌았습니다. 동인도
회사마저 일본 함선으로 위장하여 정씨의 깃발을 사야 할 정도였으니, 정지
룡은 명실공히 당대의 해적왕이었다고 할 수 있습니다.

그러나 시대의 변화는 상상을 초월합니다. 1644년 숭정제崇禎帝의 자살과
함께 명나라가 멸망하고 남명南明 정권이 들어서자 정지룡은 융무제隆武帝를
따릅니다. 그러나 남명 조정의 문관과 무관이 서로 대립하면서 융무제가 갈
피를 잡지 못하자, 애초에 조정을 신뢰하지 않았던 정지룡은 아들인 정성공
과 부하들의 만류에도 불구하고 1646년 청나라에 투항했습니다. 그는 베이
징에서 동안후同安侯로 봉해졌으나 정성공의 예상대로 연금되었다가 1655년
감옥에 갇히고 말았습니다. 이에 정성공은 1661년 북벌을 시도했으나 성공하
지 못한 채 타이완으로 후퇴하고 맙니다. 그해 5월 정성공은 츠칸을 점령하는
데 성공했으나, 한 시대를 풍미한 무역상 정지룡은 11월에 청나라 조정에 의
해 베이징 시시柴市에서 형장의 이슬로 사라지고 말았습니다.

1 먼 동쪽에서 타이완까지 항해해온 네덜란드 함선
2 앉아 있는 정성공의 초상화
3 제일란디아성(후원청 제공)

하마다 야효에와 사라진 항세抗稅 기념비:
다위안의 나위츠 사건

중국과 가깝지만 중국 영토에 속하지 않았던 타이완은 그야말로 '자유무역지대'였습니다. 그런 만큼 안사제·정지룡 세력 이외에 네덜란드 동인도회사·스페인·일본 등 여러 세력이 존재했으며, 서로간에 분쟁이 잦았습니다.

1625~1626년 네덜란드 동인도회사와 일본인 상인 하마다 야효에는 비단 교역과 매매 과정에서 갈등을 빚었습니다. 일본에서 매우 귀한 품목인 비단을 판매하려면 생산지인 중국에서 저렴한 값에 구매하여 운송해야 했는데 직접 일본으로 운송하는 루트는 이미 정지룡이 독점하고 있었기 때문에 하마다 야효에는 다른 전략을 짜야 했습니다. 네덜란드의 범선을 빌려 비단을 싣고 네덜란드 관할지인 타이완으로 향했다가 일본으로 수송하는 방안입니다. 중국에서 일본으로 실어 나른다면 분명 정지룡 측이 어떻게든 보복 조치를 취할 테니 어쩔 수 없었습니다. 이러한 하마다 야효에의 순박한 계획은 네덜란드에 의해 가로막히고 맙니다. 네덜란드 지휘관 데위트는 범선을 빌려달라는 일본의 요청을 거절했으며 일본이 다른 배를 중국에 보내 물건을 넘겨받는 것도 금지시킨 것입니다. 그뿐만 아니라 기착하는 선박에 대해 10퍼센트나 되는 세금까지 요구하여 일본인들의 강한 불만을 불러일으켰습니다. 네덜란드가 일본에서 교역을 할 때 일본 정부는 세금을 징수하지 않았기 때문입니다.

하마다 야효에는 신강 마을 원주민이 네덜란드의 통치에 불만을 품고 있다는 사실을 이용해 1627년 신강 마을의 장로를 포함한 원주민 16명을 데리고 일본으로 복귀했습니다. 그는 이들을 '고산국 사절단'이라는 이름으로 에도 막부의 쇼군將軍인 도쿠가와 이에미쓰德川家光를 알현케 함과 동시에 다위안 지역의 주권을 일본에 바치도록 부추겼습니다. 막부가 개입하여 무역 분쟁을

하마다 야효에 사건을 그린 그림

해결해주기를 바란 것입니다.

　네덜란드 측의 입장도 다르지 않았습니다. 동인도의회 비상무위원인 노위츠가 타이완 장관으로 임명되고 나서 맡은 첫 임무는 일본으로 건너가 분쟁을 조정하는 것이었습니다. 두 세력이 뒤얽힌 가운데 네덜란드는 다위안의 주권을 주장하고 나섰고, 결국 막부는 신강 원주민들의 요청을 받아들이지 않기로 했습니다. 1628년 5월 신강 원주민들이 하마다 야효에의 범선을 타고 타이완으로 돌아오자 동인도회사는 그들을 매국노로 규정하고 감옥에 가뒀습니다. 아무런 성과도 거두지 못한 하마다는 6월 29일 동인도회사를 급습해 노위츠와 그의 아들을 협박했습니다. 협의 끝에 하마다는 노위츠의 아들을 인질로 삼아 일본으로 돌아갔습니다. 일본은 곧 노위츠의 아들과 네덜란드 선원을 감옥에 가두고, 히라도에 위치한 네덜란드 근거지를 봉쇄했습니다. 바타비아에서 몇 번이나 찾아왔으나 모든 교섭이 실패로 돌아가자 네덜란드는 1629년 노위츠를 면직하고 조사를 벌였으며, 1632년에는 노위츠를 일본 감옥으로 보냈습니다. 이로써 두 나라 간의 무역은 정상 궤도를 되찾았으며, 일본은 하마다 야효에와 용맹스러운 병사들을 기리는 비석을 세워 당시의 '항세抗稅' 사건을 기념했습니다. 이 비석은 태평양전쟁이 끝난 후 안핑구바오安平古堡 기념비로 바뀌었습니다.

원래는 하마다 야효에 사건 당시 용맹함을 발휘한 병사를 기리는 비석이었으나, 태평양전쟁이 끝난 후 안핑구바오 기념비로 바뀌었다.(후원청 제공)

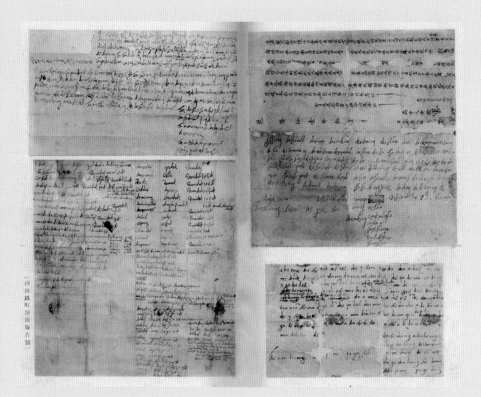

네덜란드 시대 원주민의 고古문서

안핑구바오와 츠칸러우

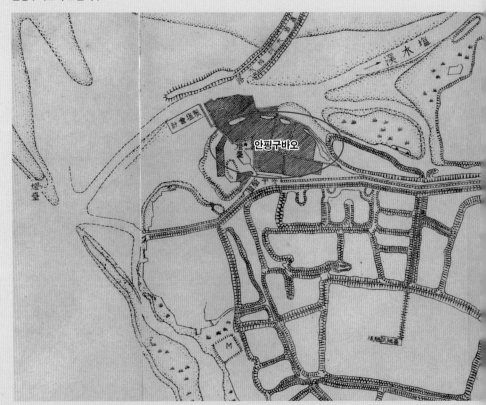

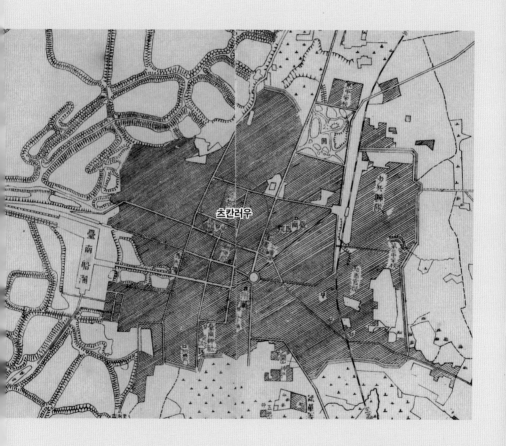

안핑구바오와 츠칸러우의 시대별 변천 과정

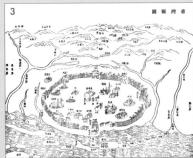

1 가경嘉慶 12년 설지량薛志亮이 편찬한 『속수타이완현지續修臺灣縣志』에 수록된 타이완 8경 중
  하나인 「녹이연범鹿耳連帆」 속의 츠칸러우
2 가경嘉慶 12년 설지량이 편찬한 『속수타이완현지』에 수록된 타이난성 지도 속의 츠칸러우
3 동치同治 연간 여문의余文儀가 편찬한 『속수타이완부지續修臺灣府志』에 수록된 타이완현 지도 속
  의 츠칸러우와 안핑구바오
4 동치 연간 여문의가 편찬한 『속수타이완부지』에 수록된 타이완 8경 중 하나인 「안평만도安平晚渡」
5 네덜란드 시대의 제일란디아성 조감도
6 옛 제일란디아성(오늘날의 안핑구바오)
7 제일란디아성 유적지
8 보수가 끝난 제일란디아성
9 등대 축조 시기의 안핑구바오
10 1930년대의 츠칸러우
11 1930년대의 츠칸러우 성벽
12 1933년의 츠칸러우
13 1935년의 츠칸러우

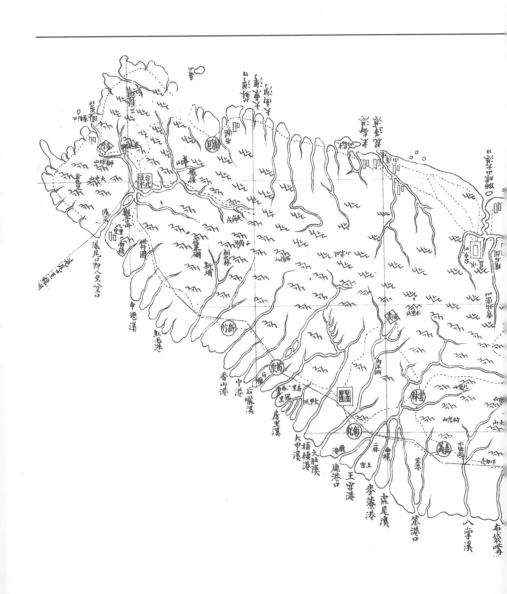

3장
청나라 시대

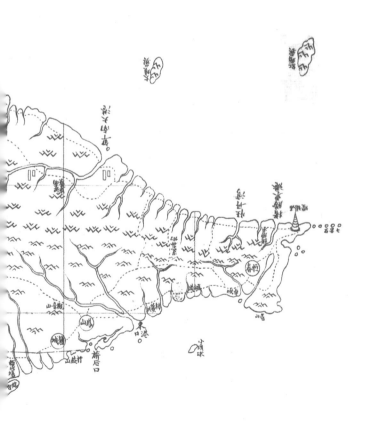

청나라의 타이완 통치는
소극적이고 민란이 많았다?

1684~1895년까지 (212년간) 청나라가 타이완을 통치하는 동안 크고 작은 난이 154차례나 일어났다. 대충 계산해도 1~3년에 한 번씩 난이 있었던 셈이다. '3년에 한 번 반란이 일어나고, 5년에 한 번 대란이 일어난다'라는 말이 생겨날 정도로 혼란스러웠던 시대였다.

섬에서 제국으로

1683년(강희 22) 7월, 원래 정지룡과 정성공의 부하였던 시랑施琅은 청나라에 투항하고 펑후 해전을 지휘했습니다. 그가 펑후에 주둔한 정씨 정권의 군사들을 몰아내고 점령하자 정씨 정권은 전쟁을 계속할지 지역을 옮길 것인지 아니면 항복할지를 두고 고심한 끝에 그해 9월 백기를 들고 청나라에 투항했습니다. 이로써 1661년부터 23년간 타이완을 지배해온 정씨 정권은 막을 내리게 되었습니다. 이듬해인 1684년, 북방 만주족 고관들은 타이완 통치를 포기해야 한다고 주장한 반면 시랑을 비롯한 남방 한족 관료들은 청나라 영토로 받아들여야 한다고 주장했습니다. 논의 끝에 강희제는 반청反淸 세력들이 다시는 타이완을 거점으로 삼지 못하도록 타이완을 중국 영토에 편입시키기로 결정함으로써 청나라의 타이완 통치 시대가 열렸습니다.

청나라의 타이완 통치는 1860년대 타이완 개항을 경계로 전기와 후기로 나눌 수 있으며, 일반적으로 '소극적이었던 전기와 적극적이었던 후기'로 평가됩니다. 타이완을 다스리는 데 소극적이었던 전기에는 청나라 백성이 타이완으로 이주하지 못하도록 했습니다. 이로 인해 당시 타이완 사회는 '3년에 한 번 반란이 일어나고, 5년에 한 번 대란이 일어나는' 민란과 난동을 치러야 했습니다. 그럼에도 200년 넘도록 청나라의 통치는 지속되었으며 그동안 여러 번 정책이 바뀌었기 때문에 단순히 '소극적'이었다고 말하기에는 무리가 있습니다. 민란과 난동의 근본적인 원인이 소극적인 통치에만 있었던 것은 아니라는 말입니다. 이렇듯 그릇된 정보들을 걸러낼 수 있다면 청나라의 타이완 통치 역사를 객관적으로 평가하고 복잡한 역사를 이해하는 데 도움이 될 것입니다.

청나라의 타이완 통치를 평가하기 위해서는 우선 당시 타이완이 청나라에게 어떤 존재였으며, 타이완 사회가 어떻게 형성되었는가를 살펴봐야 합니다. 지리적으로 본토의 동남 연안에 위치한 타이완에서 청나라 권력의 중심

타이완을 둘러싼 청나라의 논쟁

청나라 조정은 정씨 세력을 제거하기 위해 1683년 8월 타이완을 공격했다. 점령에 성공한 후 청나라 조정의 도읍지였던 베이징에서는 '타이완 존폐 여부'를 두고 논쟁이 벌어졌다. 예로부터 타이완은 중국이 다스리던 땅이 아니었기 때문에 타이완을 자국의 영토로 편입시키는 부분에 대해 참고할 만한 사례가 없었던 것이다.

정극상鄭克塽(정성공의 아들)이 항복했을 때 조정에서는 천계령遷界令(청나라의 해금령)을 폐지하고 타이완의 병사와 백성을 중국 대륙으로 이주시킬 생각이었다. 타이완을 포기하되 펑후 제도에 군사를 주둔시켜 민난閩南 지역의 방위 거점으로 삼겠다는 계획이었다. 이에 대해 타이완을 수복한 시랑은 1684년 2월 강희제康熙帝에게 상소를 올렸다. 타이완을 포기하면 방위에 따르는 재정적 부담뿐만 아니라 백성을 이주시키는 어려움이 만만치 않다는 점과 아울러 타이완의 풍부한 산물 등의 다양한 요소를 열거하여 타이완 통치의 이점을 밝힌 내용이었다. 강희제는 관료들을 모아놓고 이 상소문에 대해 의논했고, 대학사大學士 이위李霨의 지지를 얻었다. 1684년 5월 강희제는 타이완에 1개의 부와 3개의 현을 세우는 것을 허가함으로써 중국 영토에 공식 편입했다.

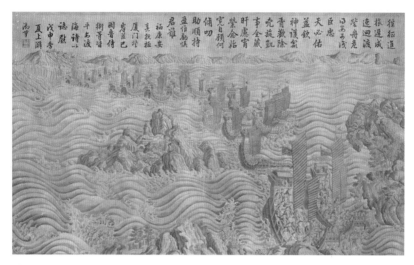

1787년(건륭 52) 임상문 사건이 일어났을 때 복강안 대군이 바다를 건너 샤먼으로 진입하는 모습. 거세게 출렁이는 파도 표현이 인상적이다.

지인 베이징까지는 직선거리로 약 1700킬로미터로, 오늘날 가장 빠른 교통 수단인 비행기를 이용한다고 해도 3시간 30분이 소요됩니다. 타이완과 비교적 가까운 푸젠 연안과의 거리는 약 160킬로미터로, 샤먼에서 배를 타고 출발하면 최소 28시간이 걸립니다. 그러나 계절과 풍향, 해류의 영향이 적지 않기 때문에 그마저도 확신할 수는 없습니다. 한 예로 1697년(강희 36) 욱영하가 푸젠에서 '흑수구黑水溝'〔태평양 환류로 인해 수심이 깊고 많은 부유물이 축적되어 검은빛을 띠는 타이완 해협의 지대〕를 건너 타이완에 도착하기까지 꼬박 사흘이 걸렸다고 합니다.

이처럼 지리상 거리가 먼데다 해류와 풍향에 크게 좌우되는 해협을 건너야 하는 이유로 타이완은 청나라의 '변방'에 속했습니다. 그런 타이완에 다시 대반란이 발생한다면 반청反淸의 기지가 될 가능성이 큰 반면 빠르게 진압하기 어려울 수밖에 없었습니다. 이러한 타이완의 지정학적 위치와 여전히 어른거리는 정씨 정권의 그림자는 청나라 통치자의 근심거리였습니다. 결국 청나라 조정은 타이완이 해적과 반란 세력들의 소굴이 되지 못하도록 예방책을 마련하는 등 지역을 안정시키는 데 역점을 두었습니다. 예컨대 정씨 세력의 옛 부하들이 군에 섞여들지 못하도록 관리했으며, 타이완에서 수확된 작물만으로는 병사들의 급여와 보급품을 충당할 수 없다는 점을 고려하여 3년마다 한 번씩 푸젠·광둥 지역의 군대와 '교대 근무'를 하도록 정했습니다. 또한 1700~1710년(강희 40~50)까지 허가 없이 타이완에 들어가거나 가족을 동반하지 못하게 엄격히 금하는 등의 금지령을 실시하여 타이완의 사회질서가 흔들리지 않도록 정비했습니다.

타이완 출입 3대 금지령은 사실일까?

1700~1710년까지 실시된 금지령은 밀입국 금지령, 가족 동행 금지령, 광둥성 후이저우惠州·차오저우 지역민의 타이완 출입 금지령으로 구분됩니다. 청나라 초기에 '타이완 출입 3대 금지령渡臺三禁'으로 불린 이 지침을 통해 내륙인이 타이완에 들어가는 것을 막은 것으로 알려져 있습니다. 그런데 학자들의 연구에 따르면 '타이완 출입 3대 금지령'이란 일본인 학자 이노 가노리伊能嘉矩가 『타이완문화지臺湾文化志』에 제시한 개념일 뿐 실제와는 다릅니다. 오히려 당시 청나라는 타이완의 인구가 감소하면 생산력이 저하될 것을 우려하여 백성의 타이완 이주를 적극 장려했습니다. 다만 초기에 이주민이 대거 유입되다보니 일시적으로 사회질서가 혼란해졌고 그에 따른 제한 조치들이 생겨난 것입니다.

네덜란드 통치 시대와 정씨 왕국 시대에도 한족들이 타이완에 유입되었으나, 당시 한족의 활동 범위는 남부 지역에 국한되어 있었고 인구 규모도 수만 명 수준이었습니다. 반면 청나라 통치 시대를 살펴보면, 17세기 말에는 관할 지역이 주로 중남부 지역에 한정되었으나 18세기 중기에는 북부까지 확장되고 서쪽 전체를 포괄하게 되었습니다. 타이완의 관할 지역이 점점 확대되는 와중에 청나라 동남 연안의 광둥성과 푸젠성의 인구밀도가 높아지면서 정부에 타이완 출입증을 신청하는 이들이 늘어났습니다. 어떤 이들은 몰래 타이완으로 건너와 농사를 짓기도 했습니다. 당시 타이완 평야 지역에는 핑푸平埔족이 살고 있었고 산지에도 원주민 거주지가 산재해 있었기 때문에 주인 없는 땅은 거의 없었습니다. 이주민이 점차 늘어나면서 한족과 원주민이 접촉하는 횟수가 잦아지자 정부는 그들이 합세하여 반란을 일으키지 못하도록, 또는 한족이 원주민의 영역을 침범하는 것을 방지하고자 '번계番界'라는 경계선을 지어 활동 지역을 제한했습니다. 그러나 번계만으로는 이익을 취하기 위한 민간의 벌목이나 사냥 행위를 통제할 수 없었고, 그로 인해 한족과 원주민 사이에 갈등이 빚어지게 되었습니다.

앞서 언급한 것처럼 이주민들은 대부분 지리적으로 가깝고 인구밀도가 높은 푸젠성의 장저우와 취안저우 또는 광둥성 출신으로, 저마다 고향에서 섬기던 신에게 제사를 지냈습니다. 취안저우 출신은 보생대제保生大帝, 장저우 출신은 개장성왕開漳聖王, 광둥 출신은 삼산국왕三山國王에 제사를 올렸습니다. 게다가 이주

한족과 원주민의 거주 지역을 구분했던 경계 비석. 타이베이 스파이石牌 지하철역 근처에 있다(후원칭 제공)

광서 연간 허우산後山을 그린 지도

자들은 대부분 출입을 제한하는 정책으로 인해 가족을 동반하지 못하고 홀로 타이완에 넘어온 남성으로서 언어와 출생지, 혈연관계에 따라 무리를 형성했기 때문에 이주민 사회는 질서가 잡히지 않고 불안정했습니다.

짚고 넘어가야 할 점은, 당시에는 국가가 행정조직과 호적 체계를 통해 개인을 통제할 수 없었기 때문에 지방 사회에 대한 통치 방식이 지금과는 달랐다는 사실입니다. 당시 국가의 행정력이 미치는 범주는 일반적으로 현급縣級 행정단위 정도로, 그 이하 단위 마을들은 지방 관료나 세력가들의 영향력 아래 놓여 있었습니다. 즉 당시 타이완에서 벌어지는 분쟁은 권력층의 사회적 영향력을 바탕으로 해결되는 흐름이 나타나기 시작했습니다. 게다가 타이완 사회에는 돌봐야 할 가족이 없는 독신 남성이 많았기 때문에 일을 하지 않을 때는 여기저기 어울려 돌아다니면서 사소한 마찰로 말썽을 일으키는 일이 많았고, 다툼이 크게 번지는 경우에는 우르르 몰려나와 큰 소동을 일으키곤 했습니다. 가뜩이

청나라 말기 '개산무번開山撫番' 정책에 따라 서부와 동부를 잇는 길을 닦는 사업이 계속 이어졌다.
사진은 광서 말년 타이둥과 타이중 지역의 길을 표시한 지도.

나 타이완 변경 지역에서 일어나는 동란 때문에 정부가 골머리를 앓고 있는 상황에서 출생지와 언어가 다른 이주민들 사이에 토지와 수원水源 등 농업 자원을 확보하기 위한 다툼이 빈번히 발생하자 타이완 사회는 무질서해지기 시작했습니다. 이러한 사회적 불균형은 민족 간의 충돌과 민란으로 이어졌습니다.

반란의 원인은 무엇이었나?

1684~1895년까지 212년간 청나라가 타이완을 통치하는 동안 크고 작은 난이 154차례나 일어났습니다. 대충 계산해도 1~3년에 한 번 발생한 꼴입니다. '3년에 한 번 반란이 일어나고 5년에 한 번 대란이 일어난다'라는 속설이 생겼을 만큼 타이완은 혼란스러웠습니다. 물론 발생 시기와 원인, 형태가 각기 다르기 때문에 연평균 횟수로 분쟁의 성격을 규정하기에는 무리가 있습니다.

일부 연구자는 이러한 난의 성격을 '한족의 반청복명反淸復明 행위'로 해석하기도 합니다. 그러나 타이완 사회에서 발생한 난은 크게 '출생지·성씨·직업이 다른 집단 간에 일어난 마찰'인 난동亂動과 '정부와 백성 간의 대립'인 민란民亂으로 나눌 수 있습니다. 대부분의 난동은 토지와 수원 등 농업 자원을 쟁취하기 위한 다툼에서 비롯된 것이며, 정부의 행정력이 미치지 못하는 경우 또는 독신 남성들이 일으킨 사소한 갈등이 폭력 다툼으로 확대된 경우입니다. 민란은 임상문林爽文의 난과 같이 민중과 정부 사이의 대립을 의미합니다. 조세와 통치에 불만을 품고 민란을 일으키는 경우가 대부분이었으며 간혹 비밀결사를 조직하여 정부에 대항하려는 시도도 있었습니다. 그러나 모든 민란이 '청나라 정권을 타도하기 위해' 일어난 것은 절대 아닙니다.

1787년(건륭 52) 임상문의 난, 복강안이 장대전을 생포하는 모습

임상문의 난

임상문의 난은 청나라 때 타이완에서 일어난 민란 가운데 가장 규모가 큰 민란이었다. 주도자인 임상문은 천지회天地會의 구성원이었으며, 성격이 호방한 그는 부족 간에 갈등이 생길 때마다 나서서 해결해주는 역할을 했다. 1786년 주뤄諸羅현의 양광훈楊光勳·양마세楊媽世 형제가 서로 조직을 결성해 재산 다툼을 벌이자 지방 관원들은 천지회 비밀결사를 조사한다는 이유로 수사를 벌였다. 장화彰化현 다리大里위(지금의 타이중 다리大里시)는 임씨 일족의 거주지로, 이곳에 사는 천지회 조직원들은 관원에게 발각될 것이 두려워 정부에 반기를 든 임상문 무리를 옹호했다. 임상문은 거사를 일으켜 부장군인 혁승액赫升額과 지현知縣(현의 최고 책임자) 유준兪峻 등을 제거했고, 장화현의 성을 함락시킨 후 타이완 지부知府(부의 최고 책임자) 손경수孫景燧를 죽였다. 이에 호응하듯 남부에서도 장대전莊大田 등이 민란을 일으켜 평산鳳山현의 성을 점령했다. 이로써 시대기柴大紀를 비롯한 관료들과 병사들이 끝까지 남아 지켜낸 제라현과 항구 루강鹿港을 제외한 나머지 지역은 모두 민중의 수중에 넘어갔다.

반란이 발생했다는 소식이 베이징에 전해지자 청나라 조정은 수륙제독水陸提督 황사간黃仕簡에게 타이완의 반란을 진압하라고 지시했다. 진압은 실패로 돌아갔고, 조정은 다시 복강안福康安을 파견했다. 각 성의 군사들을 이끌고 타이완 민란 진압에 나선 복강안은 막강한 군사력을 기반으로 장화와 평산 지역을 탈환하는 데 성공했고, 1788년 임상문과 장대전 등을 생포해 사태를 수습했다. 건륭제는 사건이 불러온 파장이 크고 진압에 많은 시간과 힘을 쏟았다는 점에서 임상문의 난 진압을 자신의 10대 공적으로 치부했으며, 제라현을 지켜낸 의민을 장려하기 위해 주뤄현의 명칭을 자이嘉義현으로 개정했다.

객가인은 의민인가?

대규모 민란이 일어나면서 '의민義民'이 생겨났습니다. 오늘날 '의민'이라고 하면 대개 신주현 신푸新埔의 의민묘나 핑둥현 주톈竹田의 류두이六堆 충의사 같은 상징적인 장소를 떠올리곤 합니다. 그리고 객가인(고향을 떠나 이주 생활을 하는 한족이 스스로를 지칭하는 표현)을 의민으로 여기는 사람이 많습니다. 그런가 하면 과거에는 청나라 때의 반란은 청을 몰아내고 명을 부활시키기 위한 한족들의 정의로운 행동이며 청나라 정부를 도와 민란을 평정한 객가인은 '불의지민不義之民(의롭지 못한 백성)'이라고 비판하는 견해도 있었습니다. 하지만 '의민'은 민란을 평정하는 데 도움을 준 자들의 신분을 일컫는 말로, 타향살이를 하는 객가인뿐만 아니라 푸젠성의 장저우와 취안저우에도 의민은 있었습니다.

푸젠과 광둥 지역 사람들은 살아남기 위해 또는 경제적 이익을 위해 다투는 경우가 많아 서로 원한을 품고 적개심을 불태웠습니다. 한쪽이 소란을 일으키면 상대편은 정부의 진압을 적극 도왔습니다. 객가인은 민난인에 비해 그 수가 많지 않은데다가 과거시험에 응시하거나 타이완을 출입할 때 또는 일상적인 농사일을 할 때마저 불리한 조건에 있었습니다. 오늘날 우리가 의민과 객가인을 동일시하게 된 이유는 그들이 악조건 속에서도 뛰어난 단결력을 보여주었기 때문입니다. 생존 본능이 강한 객가인들은 정부의 부름에 묵묵히 따름으로써 나라로부터 의민이라는 봉호를 하사받곤 했습니다. 이들에게는 세금이 면제되거나 다른 지역을 드나들 때 통행 우선권이 주어지거나 관직의 기회가 주어지는 등 많은 혜택을 받았습니다. 그렇게 오랜 시간이 지나면서 '의민＝객가인'이라는 인식이 심어지게 된 것입니다.

류두이 충의사의 전신은 1722년 주일귀朱一貴의 난을 평정할 때 청나라를 도왔던 광둥인 희생자들을 기리기 위해 류두이 지역에 지은 '충의정'입니다. 그 후 류두이의 의민들은 임상문의 난과 을미전쟁 등 대규모 반란이 일어날 때마다 출정하기 전 충의정에 모여 전투 의지를 다졌고, 반란 진압 과정에서 희생된 투사들의 유해를 그곳에 모셨습니다. 충의정은 2차대전 당시 건물이 크게 훼손되었으나 1958년 원래의 모습을 되찾으면서 '충의사'라는 명칭으로 바뀌었습니다.

핑둥 자둥 지역의 포충문(2015년 12월 11일 직접 촬영)

포충문褒忠門

자둥은 청나라 때 '류두이六堆'라 불리던 지역으로, 외부의 침략을 막기 위해 마을 출입구에 구축한 방어 시설이 바로 포충문이다. 1788년 류두이에 거주하는 사람이 청나라 조정을 도와 임상문의 난을 평정했고, 청나라는 이에 마을에 각각 '포충'과 '회충懷忠'이라고 적힌 현판을 하사했다. 주민들은 현판을 방어 시설에 걸어둠으로써 영예를 드러냈다.

1 핑둥 주톈의 류두이 충의사(2015.12.11 저자 촬영)

2 1935년의 충의정忠義亭

3 임상문의 난 이후 청나라 건륭제가 복강안을 기리기 위해 세운 기념비

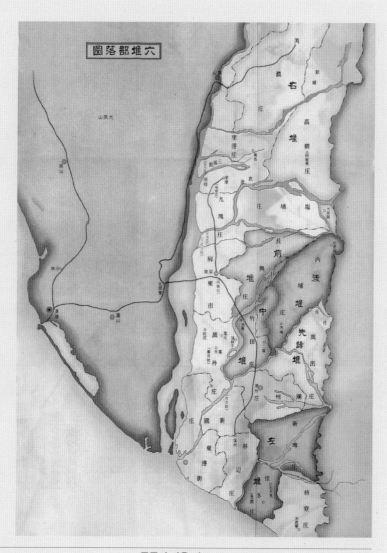

류두이 마을 지도

사료에 따르면 류두이 조직과 공간의 변화는 세 단계로 나눌 수 있다. 첫 번째 단계는 강희 30년
~건륭 50년(1692~1785)이고, 두 번째 단계는 건륭 51년~함풍 3년(1786~1853)이다. 마
지막 세 번째 단계는 함풍 11년부터 오늘날까지로, 이 시기에 지역성이 더욱 두드러지는 것을 알
수 있다. 일본의 『타이완사정일반臺灣事情一班』에 류두이 마을의 조직도가 기록되어 있다.

청말 타이완 개항은
서구 열강의 침략 때문이었을까?

17세기 후반 중국 남부의 푸젠성과 광둥성 지역은 인구 증가에 따른 압박을 받기 시작했고, 많은 사람들이 타이완으로 이주했다. 타이완의 기후와 지형은 벼농사에 적합했기 때문에 이주민들은 18세기부터 논농사를 지었으며 쌀 생산량이 크게 증가하자 타이완의 인구도 급속히 늘어나게 되었다. 그리고 서구 열강이 이 비옥한 섬에 발을 들여놓기 시작했다.

서양 식민지배자가 바라본 타이완

청나라 통치 후기, 즉 19세기 후반 타이완 개항 시기를 이야기할 때 '중국 근대사는 서구 열강의 침략이 전부'라는 역사적 패러다임에 갇혀 청말 타이완의 개항마저 서구 열강의 침략으로 생각하는 사람이 많습니다. 그러나 타이완은 단순히 '열강의 침략'에 의해 개항된 것이 아니라 국제적인 정치·경제적 역량에 의해 추진된 것이며, 그 배경에는 오랜 세월에 걸쳐 발달한 농업·상업·무역의 토대가 있었습니다. 국제 정치와 경제 분야에 대해서는 타이완의 외교 정책을 설명할 때 자세히 이야기하도록 하겠습니다.

다시 돌아와 정리해보면, 타이완 개항은 청나라가 본국을 중심으로 시행한 대외 무역과 외교 정책인 '천조天朝 체제'〔'천자天子의 왕조'라는 뜻이지만, 여기서는 청나라의 조공 무역 체제를 의미함〕와 서양의 근대 외교·정치·경제가 상호 작용한 결과입니다. 오늘날 중국의 입장에서 보면 청나라 말기 개방 무역으로

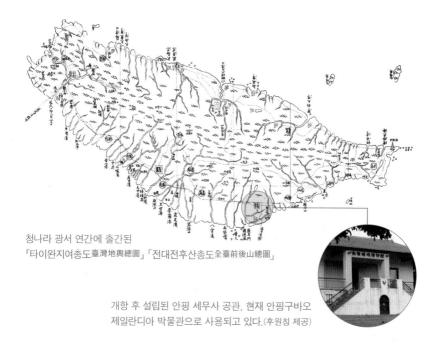

청나라 광서 연간에 출간된
『타이완지여총도臺灣地輿總圖』「전대전후산총도全臺前後山總圖」

개항 후 설립된 안핑 세무사 공관, 현재 안핑구바오
제일란디아 박물관으로 사용되고 있다.(후원청 제공)

불거진 이권 침탈, 불평등 조약 체결 등은 '국권을 상실한 치욕스러운' 일입
니다. 그러나 중국이 아닌 다른 나라의 시각에서 보자면, 청나라의 천조 체제
와 근대 서양의 외교 정책은 서로 성격이 다를 뿐 우열을 가릴 사안은 아닙니
다. 더구나 청나라가 일방적으로 당하고만 있었던 것도 아닙니다. 타이완 개
항은 단순히 중국 역사의 틀 안에서 해석하기보다는 당시 타이완의 정황을 살
펴볼 필요가 있습니다.

　네덜란드와 스페인, 정씨 정권을 거치면서 발전해온 타이완은 17세기 중반
동아시아로 진출한 유럽이 무역과 선교를 펼치는 거점이었습니다. 타이완은
지리적으로 명나라·청나라와 가까웠으며, 네덜란드·스페인 등의 식민지였
던 인도네시아·필리핀 그리고 일본 사이에 위치했습니다. 즉 동아시아와 동

남아시아 항로가 만나는 지점에 위치한 동아시아 해역의 '사거리'라 할 수 있었습니다. 1683년 청나라가 정씨 세력을 몰아내고 이듬해 타이완이 청나라 영토로 편입되자 기존의 동아시아 해역을 잇는 대외 무역과 상업 형태는 더이상 유지될 수 없게 되었습니다. 타이완은 청나라의 체제에 따라 모든 농업자재와 원료를 본토로 수출하고 본토로부터는 공예품과 일용품을 수입했습니다. 이로써 교역의 대상은 달라졌지만 농업을 위주로 한 타이완의 농상 무역은 계속되었습니다.

타이완의 농상 무역은 명나라나 청나라의 자급자족형 대륙 경제와는 달리 자신들에게 필요한 최소한의 농산물을 제외한 나머지를 전량 수출하는 형태로, 백성들도 이미 생활에 필요한 물건들을 농산품과 맞바꾸는 데 익숙했습니다. 사실 17세기 네덜란드에 의해 도입된 중상주의 정책과 설탕·사슴가죽의 수출로 인한 농업 발전 이후 타이완의 농상 무역은 변화를 거듭해왔습니다. 타이완을 반청反淸의 기지로 삼았던 정씨 정권은 벼농사를 짓게 했고, 청나라 시기에는 남부 지역에 정착한 이주민들이 땅을 개척하여 쌀과 사탕수수 등을 재배함으로써 수출이 크게 증가했습니다. 19세기 중반 타이완 개항 시대에는 장뇌樟腦〔녹나무를 증류하여 얻는 고체 물질로서 화약과 방충제의 원료〕와 차茶 생산이 번창했습니다. 시대에 따라 생산 작물의 종류는 달랐지만 타이완의 경제는 '농작물을 생산하여 판매하는' 형태를 유지해왔습니다.

공식 항구와 비공식 항구

17세기 후반 타이완이 청나라의 통치를 받게 되자 중국 남부의 푸젠성과 광둥성에서 많은 주민이 타이완으로 이주해 새 터전을 잡기 시작했습니다. 타이완의 기후와 지형은 벼농사에 적합했고, 18세기부터 논농사가 활발해지면서 쌀 생산량이 대폭 증가했습니다. 그와 더불어 타이완의 인구도 빠른 속도로 늘어났습니다. 청나라 조정에서는 타이완에 쌀이 많고 은이 적은 것을 고려하여 세금을 현물로 바치도록 했습니다. 즉 타이완의 쌀을 내륙의 장저우·취안저우·푸저우 지역으로 가져와 은으로 바꾼 다음 타이완으로 들어오는 방식입니다. 이와 같은 유통 구조에 따라 타이완의 쌀은 화남 지역의 쌀 무역권과 소비 시장에 진출할 수 있게 되었습니다.

한편 타이완 내륙 산간의 구릉지는 '번계' 정책에 따라 통행이 금지되어 있었지만 목재·장뇌·사슴가죽 등 풍부한 산림자원이 한족 주민을 유혹했습니다. 그들은 끊임없이 경계선을 넘어 땅을 개간했고 그 결과 구릉지에도 경제 생태계가 조성되었습니다. 18세기 한족들의 타이완 이주가 본격화되면서 농작물 생산량이 증가하고 안정적인 수출 구조가 형성되자 푸젠·광둥 지역에서 온 이주민들은 원주민과 경쟁하거나 협력하면서 새로운 사회를 개척했습니다.

앞서 언급했듯, 타이완은 청나라 통치 시대에 농경지가 충분히 개간되고 항구의 운송 네트워크도 정비되어 농업 자재와 일용품을 교환하는 체제가 형성될 수 있었습니다. 과거에는 대외 무역이 발달했으나 청나라 통치 시대에는 무역 대상이 청나라 대륙 지역으로 바뀌면서 타이완 해협을 왕래하는 화물 범선들이 크게 늘었습니다. 이에 따라 타이완에 여러 항구가 개발되었으며, 개발 순서나 화물의 종류에 따라 항구의 발전 속도도 차이를 나타냈습니다. 가장 먼저 개발된 곳은 쌀과 사탕수수 생산지와 가까운 푸청府城(타이난) 항구입니다. 하천항인 중부의 루강과 북부의 멍지艋舺 인근 지역에서는 쌀·장뇌·찻잎이 생산되었기 때문에 '이푸얼루싼멍자一府二鹿三艋舺'(1푸청, 2루강, 3멍자)라 불리는 항구 거리가 생겨났습니다. 예를 들어 청나라 류두이 지역(지금의

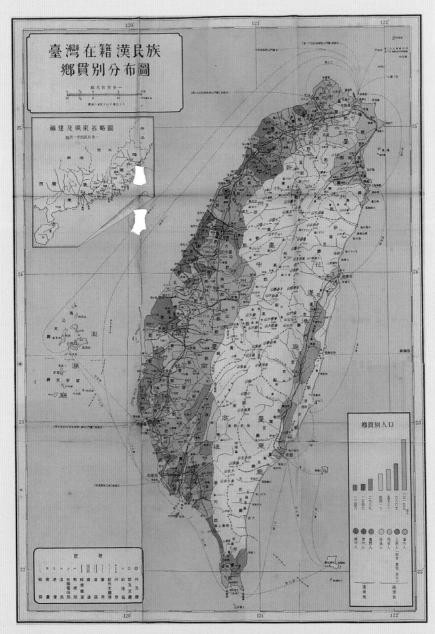

1920년대 타이완에 거주하는 한족들의 본적별 분포도. 한족 이주민들의 지역별 분포 현황을 볼 수 있다.

핑둥 주텐 일대)에서 생산된 쌀의 절반 이상은 샤단수이下淡水 강(지금의 가오핑高屛강)을 거쳐 둥東항으로 운송되었다가 이곳에서 다시 타이난으로 이송한 다음 수출되었습니다.

청나라 정부는 밀수를 막기 위해 항구의 '타이완 운송' 네트워크를 통제했으며, 17세기 후반에 개방한 루얼먼鹿耳門을 유일한 공식 항구로 삼았습니다. 맞은편 샤먼을 드나들 때나 무역을 할 때에는 반드시 공식 항구로 들어와 병사들의 감시 속에서 통관을 거쳐야 했습니다. 18세기 후반에는 바리八里번(지금의 바리구)과 루강 항구가 추가되어, 타이완 북부·중부·남부에 각각의 '공식 통로'가 조성되기에 이르렀습니다. 이후 중부 지역이 빠르게 발전하고 동부의 이란宜蘭 지역도 개간되자 1826년 우스烏石항과 하이펑海豐항을 신설하여 공식 항구는 5개가 되었습니다. 그러나 민간 선박이나 어선들이 다른 '비공식' 항구에서 밀거래를 시도하는 일이 빈번해면서 은밀한 유통망이 형성되었습니다. 1840년부터 '타이완 운송' 네트워크의 효율이 저하되고 화폐가 넘쳐나자 공식 항구에 대한 정부의 관리가 소홀해지기 시작했고, 재정 수입을 중시한 지방 관청에서는 비공식 루트로 내륙과 교역하는 경우가 빈번해졌습니다. 1860년대부터는 안핑과 단수이 두 항구를 개항장으로 지정하고 다거우와 지룽을 보조 항구로 이용했습니다. 이렇게 네 개의 항구가 개방되었지만 귀한 물품을 운송하는 경우에는 여전히 '공식 통로'를 거쳐야 했습니다.

다시 국제 무역의 세계로 돌아온 타이완

농업의 상업화와 활발한 무역 활동으로 인해 타이완 상인들의 집단화가 시작되었습니다. 청나라 대륙 지역의 상인 집단이 '회관會館'이나 '상방商幫'으로

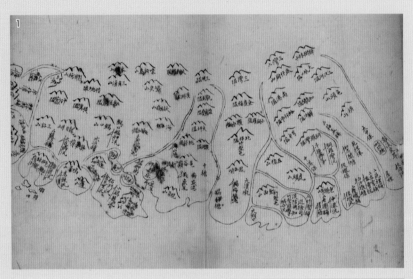

1

2

中華民國 Ch'st.	(1) 厦門 Amoy	(2) 汕頭 Swatau	(3) 泉州 Chuanchau	(4) 福州 Fuchau	(5) 興化 Hinghua	(6) 温州 Wenchau	(7) 寧波 Ningpo	(8) 蘇州 Taichau	(9) 上海 Shanghai	(10) 廣東 Kuangtung	(11) 膠島 Tsingtau	(12) 漢口 Han'un	(13) 天津 Tientsin	(14) 牛莊 Niuchung	(15) 其他地区 All other places in China	(1—15) 合計 Total	滿洲国 Manchukuo	關東州 Kwantung Province
明治三十五年 1902	5,303,018	257,536	2,044,283	159,899	8,125	63,659	573,433	20,722	173,514	4,788	...	...	...	7,540	144,392	8,759,779		
三十六年 1903	4,266,809	220,477	1,171,040	152,714	11,116	107,109	229,696	19,631	70,089	266	...	...	10,541	...	15,893	6,275,181		
三十七年 1904	3,410,206	224,028	1,006,068	165,683	19,266	89,276	244,506	13,194	14,295	...	...	2,713	...	...	1,985,937	7,175,202		
三十八年 1905	3,354,528	249,276	986,946	198,584	42,871	96,214	73,843	5,976	...	...	...	...	...	...	124,606	5,132,874		

輸出品價額　仕向地別表
Total Value of Commodities　Exported by Destinations

1 청나라 통치 당시에 제작된 『담수청여도찬요淡水廳輿圖纂要』. 타이완의 주요 무역항은 '이부얼루
산명자'로 묘사되었다.
2 일본 시대 타이완과 중국의 주요 항구와 무역량(『타이완무역사십년표臺灣貿易四十年表』)

'공식 항구'를 통한 수출품

청나라 정부는 관리의 효율성을 위해 '공식 항구' 제도를 시행했다. 타이완과 중국 대륙을 오가는
모든 배들이 정부가 지정한 항구(공식 통로)로 들어와 검문을 받은 뒤에 다른 항구로 들어갈 수 있
게 한 것이다. 공식 통로가 된 항구에서는 어느 정도 대외 무역이 이루어졌으며, 루강과 단수이항
의 경우는 공식 항구로 지정되기 전부터 대륙에서 찾아온 무역선으로 붐볐다.
19세기 초반 청나라 정부는 타이완 루얼먼·루강·바리번·우스·하이펑 항구를 공식 통로로 지정
했다. 그러나 허술한 관리와 토지 개발, 지방의 재정적 요구에 의해 당시 타이완의 각 지방 정부는
지역 내 항구들을 합법적으로 개방해 무역선들이 왕래하도록 했다.

불렸던 것과는 달리 타이완의 상인 집단은 '교郊'라고 불렸습니다. 이들 교상郊商은 지역과 상품의 종류에 따라 다시 남교南郊·북교北郊·미교米郊·당교糖郊 등으로 나뉘었습니다. 주의 깊게 봐야 할 점은 타이완의 교상들은 대부분 '집은 저쪽에 상점은 여기에' 두고 있다는 것입니다. 즉 그들은 대부분 무역을 하기 위해 푸젠 등지에서 건너온 자들이었습니다. 점차 무역 규모가 커지자 그들은 개인 영업을 접고 종교·문화·지연 관계를 바탕으로 한 집단 영업으로 전환했으며, 본적지가 같거나 항로가 같은 청나라 지역상인 조직과 합세하기도 했습니다. 예를 들어 18세기 중반 타이완에서 생산되는 모든 사탕수수 설탕을 푸저우·닝보寧波·톈진天津 등지로 수출하는 북교 상인단체 '소만리蘇萬利'는 비록 타이완에서 기반을 닦고 타이완 지역 사회의 발전에 기여했지만 이들의 본적지는 모두 푸젠성이었습니다.

1842년 청나라가 무역항을 개방함에 따라 해외 자본이 유입되는 등 변화가 시작되자 지리적 강점과 풍부한 농산물을 자랑하는 타이완에 서구 열강의 관심이 집중되었습니다. 이에 1860년에는 단수이와 안핑, 1863년에는 지룽, 1864년에는 다거우(지금의 가오슝)가 개항되었습니다. 그러나 타이완 시장에 진출한 양행洋行들은 자금과 인력이 부족한데다 현지 시장의 상황에 어두웠고 의사소통도 원활하지 않았습니다. 이에 현지 상황을 꿰뚫고 있으며 판매 네트워크를 보유한 중개상의 협조를 받아 운영하기 시작했습니다. 양행과 손잡은 중개상들은 대개 교상의 일을 겸하고 있었기 때문에 양자는 든든한 후원자인 동시에 경쟁자이기도 했습니다.

양행과 협력하기 전에 이미 중점 사업을 일으켜서 기반을 다진 중개상 세력은 지역 사회에서 유력 인사로 대접받고 있었습니다. 대표적인 인물로 다다오청의 차상茶商 리춘성李春生을 꼽을 수 있습니다. 그는 원래 샤먼 상업계에서 활동하던 중개상으로 1865년 이지怡記 양행Elles&Co.의 소개로 타이완에 왔을 때 바오순寶順 양행Dent & Co.의 사장인 존 도드에게 고용되었습니다. 둘은 함께 푸젠성 안시安溪에서 차나무 묘목을 들여와 지금의 타이베이 원산文山 일대에 심어 재배했으며, 수확한 차를 뉴욕에 수출하면서 타이완 차 산업의 발전 토대를 닦았습니다. 차 교역이 활발해지면서 타이완의 수제차가 유행하기

리춘성기념교회당(2015년 5월 17일 저자 촬영)

시작했고, 차를 가공하는 산업과 중계무역으로 다다오청 거리가 활기를 띠자 곧 5개의 양행이 들어서게 되었습니다. 중개상 분야에서도 큰 부를 쌓은 리춘성은 타이베이성과 철로를 건설하는 데 크게 기여했을 뿐만 아니라 독실한 기독교 신자로서 포교 활동을 펼치기도 했습니다. 현재 다다오청의 구이더貴德 거리에는 리춘성을 기념하기 위한 교회당이 지어져 있습니다.

양행

'양행洋行'이란 청나라 때 처음 등장한 표현으로, 중국에서 무역이나 중개 업무를 하는 서양 상점을 가리킨다. 1860년 개항 이후 타이완의 장뇌·사탕수수설탕·석탄 등에 눈독을 들인 수많은 양행이 타이완으로 들어오기 시작했다. 당시 유명한 양행으로는 이허怡和(Jardine Matheson&Co.), 더지德記(Tait & Co.), 바오순寶順(Dodd&Co.), 궁타이公泰(Butler&Co.) 둥싱東興(Julius Mannich&Co.) 등이 있다. 타이완과 중국 대륙의 양행들은 대체로 현지 시장의 사정을 잘 아는 중개상을 통해 거래했다. 타이완의 양행과 관련하여 가장 주목할 만한 사람은 바로 바오순 양행의 대표 존 도드로, 그는 타이완의 기후 조건이 차를 재배하기에 적합하다는 사실을 발견하고 곧바로 푸젠에서 차를 들여와 재배하기 시작했다. 그 후 타이완에서 차 산업이 크게 발전하여 청나라 말기의 주요 생산품인 장뇌·사탕수수설탕과 함께 3대 품목으로 인정받게 되었다.

차·설탕·장뇌 그리고 급부상하는 상인들

북부에서 리춘성의 차 산업이 급부상했다면 남부에서는 진복겸陳福謙의 사탕수수 사업이 크게 번창했습니다. 진복겸은 함풍 연간 후반부터 동치 연간 초반까지 양행에 고용되어 중개 업무를 맡다가, 재산을 모아 '순허싱順和行'이라는 개인 상점을 차리고 사탕수수설탕을 판매했습니다. 이후 설탕을 가공하는 탕부糖廊를 운영하기 시작한 그는 다거우 지역에서 생산되는 사탕수수의 절반 이상을 장악하기에 이르렀으며 가공한 설탕은 일본과 영국으로 수출되었습니다. 1864년에는 요코하마에 순허전順和棧이라는 상점을 설립했는데 이후 이곳은 요코하마 차이나타운의 중심지가 되었습니다. 진복겸은 순허싱의 무역 범위를 홍콩·상하이·일본·유럽으로 확대하고 옌청鹽埕 출신의 천중허陳中和를 고용해 상점의 총 책임을 맡겼습니다. 진복겸이 세상을 떠난 뒤 사업을 승계한 천중허는 새로운 회사를 설립하여 독자적인 노선을 걷기 시작했고, 사업의 무게중심을 새 회사로 옮기면서 남부 호상豪商 세력은 몰락을 맞았습니다.

개항 이후 타이완의 주요 수출품은 차와 설탕 그리고 장뇌였습니다. 타이완에서 대량 생산되는 장뇌는 화약과 셀룰로이드의 주원료였기 때문에 장뇌를 사기 위한 외국 상인들의 발길이 끊이지 않았습니다. 20세기 중반까지 타이완의 주요 수출품인 장뇌는 전 세계 생산량의 70퍼센트를 차지할 정도였습니다. 처음 생산된 시기는 정씨 왕국 시대로, 이후 청나라 통치 시대부터 일본 시대에 이르기까지 줄곧 정부가 장뇌 산업을 독점 운영했습니다. 또한 청나라 시대에는 군함을 건조하는 재료로 녹나무를 사용했기 때문에 녹나무 재배를 군수 공창工廠에서 직접 관리하고 개인 재배를 금지했습니다.

청나라 관료들은 장뇌를 직접 관리하고자 부단히 노력했지만 이미 많은 외국 상인들이 몰려들어 장뇌 밀매 사업이 성행하기에 이르렀으며, 영국 상인들과 분쟁이 발생한 후에는 이 사업에서 손을 완전히 떼었습니다. 한편 무봉霧峰 임씨 가문의 임조동林朝棟은 독일 상인이 경영하는 공타이 양행과 손을 잡고 장뇌를 수출했습니다. 그들은 동군棟軍의 무력을 기반으로 장뇌 생산을 장악함으로써 타이완 중부 지방의 호상 세력으로 성장했습니다.

종합적으로, 타이완은 단순히 서구 열강의 요구에 못 이겨 반강제적으로 개항된 것이 아니며, 지리적 특징과 유구한 대외 무역의 역사를 기반으로 이루어진 것이었습니다. 개항을 계기로 침략과 억압에서 벗어난 타이완 상인들은 기존의 무역 네트워크를 활용하여 활발히 해외 교역을 펼쳤습니다. 또한 그들과 협력하고 경쟁하는 과정에서 세력을 키웠으며, 지역 사회의 문화 및 교육 사업에도 적극 참여했습니다.

중개상

1840년의 아편전쟁으로 인해 중국의 무역항이 개방되자 많은 외국 상인이 중국에 들어왔다. 그리고 그들의 의사소통을 돕는 중개상이 인기 직종으로 부상했다. 중개상은 외국 상인을 대신해 상품을 구매하고 위조 화폐를 감별했으며, 수금·대출·통번역 등의 업무를 도맡기도 했다. 1860년 타이완 개항 이후 외국 상인들이 타이완에 유입되자 타이완에 거주하는 교상들도 중개 업무에 뛰어들었다. 당시 타이완의 중개상들은 대부분 상점을 운영하고 있었기 때문에 외국 상인들과 대등한 위치에서 협력했다. 그런 반면 외국 상인에게 고용되어 양행에서 일하는 중개상도 있었으며, 그들은 서양 세력을 등에 업고 서양 제국주의의 앞잡이 노릇을 하며 횡포를 부린 것으로 알려져 있다. 그러나 최근 연구에 따르면 중개상과 양행의 관계는 매우 복잡해서, 겉으로는 협력적 관계인 양 행동하면서도 안으로는 경쟁을 벌였다고 한다. 따라서 기존의 해석을 무조건 받아들이기에는 무리가 있다.

가오슝의 거상, 천중허

장뇌를 채취하는 모습

GOOD WILL AND SALES ARE BEHIND THESE
FREE SAMPLES AND BOOKLETS
Send for them today

1 사진은 타이완에서 찻잎을 따고 있는 아름다운 소녀의 모습. 타이완 우롱차는 세계적으로 명성을 날렸다.

2 포르모사 우롱차 광고

3 천중허가 설립한 신싱新興제당주식회사(사진은 1920년대의 모습)

4 다다오청 부두에 전시되어 있는 모형 범선(2015년 5월 17일 저자 촬영)

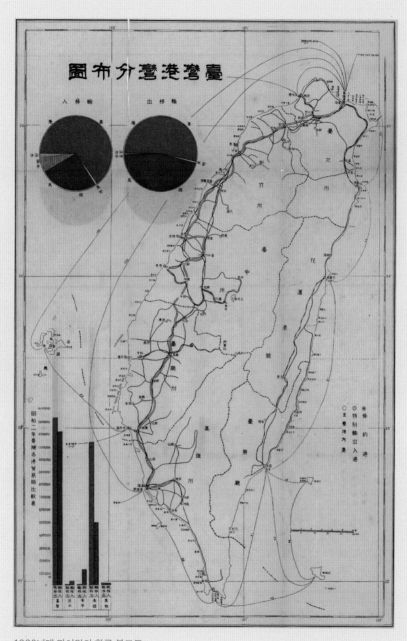

1920년대 타이완의 항구 분포도

타이완 차 · 설탕 · 쌀 생산 판매도

외부 상인들이 차의 씨를 가져와 타이완 북부에서 재배하기 시작한 이래 차 산업은 타이완의 주요 산업으로 발돋움하게 되었다. 뿐만 아니라 타이완의 차 산업은 동서양 문화 교류의 매개체 역할을 하기도 했다. 역사적으로 차의 수출 통계를 살펴보면, 수출을 시작한 1865년에는 82킬로 그램 수준이었으나 시간이 흐를수록 수출량이 크게 증가했음을 알 수 있다. 또한 1934년의 타이완 차 수출 지도를 보면 당시 타이완에서 생산된 차가 어느 나라로 향했는지를 확인할 수 있다. 타이완의 쌀·설탕 생산 분포를 보면, 과거에는 주로 '남쪽은 설탕, 북쪽은 쌀'이 생산되었음을 알 수 있다. 타이완 총독부는 신식 제당산업을 장려했고, 쇼와昭和 시대 초기에는 사탕수수 재배를 독려하기 위한 '미가비준법米價比準法'을 제정했다. 이 법이 제정되자 사탕수수는 쌀보다 비싼 값에 판매되었고, 결국 과도한 경쟁으로 인해 '미당상극米糖相剋', 즉 쌀과 사탕수수의 상극적 함수관계가 벌어지기도 했다. 그림 2는 1923년 타이완 쌀 생산 지도로, 지도에는 각 지역별 경작지 면적이 표시되어 있다. 그림 3은 1939년 타이완 제당소 분포도로, 타이완 각 지역에 얼마나 많은 제당소가 있었는지 알 수 있다.

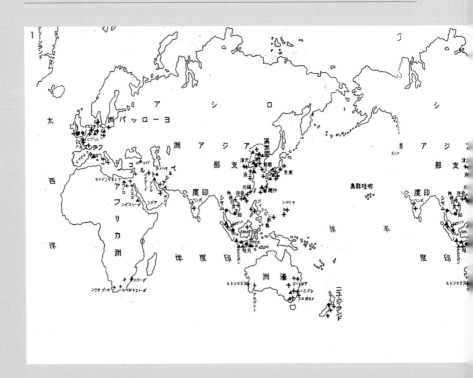

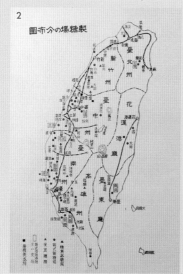

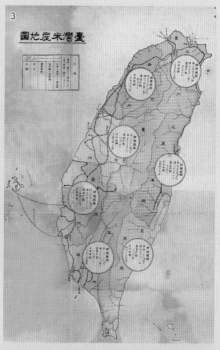

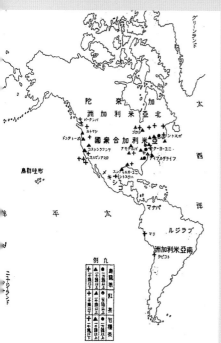

1 1934년 타이완의 차 수출 지도. 타이완 차가 어느 나라로 수출되었는지를 보여준다.

2 1923년 타이완 쌀 생산 지도. 각 지역별로 경작지 면적이 표시되어 있다.

3 1939년 타이완 제당소 분포도

4 홍차를 포장 중인 직원

끊임없이 외교 분쟁에
휘말린 타이완

17세기 중반 명·청 교체기, 남명南明 깃발을 내걸고 청나라에 맞서 싸웠던 정성공은 우여곡절 끝에 타이완에 도착해 네덜란드 동인도회사를 몰아내고 정권을 수립했다. 정씨 세력은 일본과 청나라 연안 지역부터 동아시아 일대에 걸쳐 활발한 무역 활동을 이어나갔다. 1683년 정씨 정권을 무너뜨린 청나라는 이듬해 타이완을 자국의 영토에 공식적으로 편입했다. 동아시아 해역의 사거리였던 타이완은 이로써 청나라 국방의 요충지가 되었다.

태풍을 맞은 타이완

청나라 통치 시대, 타이완의 역사적 사건으로 가장 먼저 떠오르는 것은 무엇일까요? 대부분 1860년대 개항 시기를 기점으로 나타난 '소극적인 전기, 적극적인 후기'의 역사를 떠올리거나, 개항 후부터 일본에 할양되기까지 30여 년간 극심한 외교 갈등에 휘말린 사실을 떠올리지 않을까 싶습니다. 이와 관련하여 청나라 통치 시대를 개항 전과 후로 구분하는 게 맞는지, 소극과 적극이라는 개념을 적용하는 게 타당한지에 대해서는 논하지 않겠습니다. 그러나 개항 이후 타이완이 몇 년마다 외교 분쟁에 휘말렸다는 것은 엄연한 사실입니다. 1867년의 로버호 사건, 1871년의 무단서牡丹社 사건, 1874년 일본의 타이완 출병, 1884년의 청프전쟁과, 1894년의 청일전쟁의 패배에 따른 1895년의 타이완 할양까지 많은 외교 문제가 있었습니다. 그 원인을 살펴보면, 타이완은 지리적으로 청나라·일본·조선과 서양 세력이 만나는 동아시아 해역의 '사거리'에 자리하기 때문에 동서양 정치·경제 관계의 변화에 영향을 받았을 뿐만 아니라 느슨해진 청나라의 천조 체제에도 영향을 받았습니다.

변화의 시작점은 16~17세기 네덜란드·스페인 등이 동아시아에서 교역을 펼치던 시기로, 이 무렵 세계 여러 나라를 잇는 항로가 개척되었고 항해 기술도 발전하여 국제 무역이 활발해졌습니다. 급격한 정세 변화 속에서 명나라에 이은 청나라와 일본 등지는 서양에게 무역과 선교의 대상이 되었고, 타이완은 최적의 상업 거점이 되어 국제 경쟁 시대를 맞이하게 되었습니다. 17세기 중반 명·청 교체기에 남명의 깃발을 내걸고 청나라에 맞서 싸우던 정성공은 타이완으로 건너와 네덜란드 동인도회사를 몰아내고 자신의 정권을 수립했으며, 일본과 청나라 해안 지역을 비롯한 동아시아 지역을 상대로 활발한 무역 활동을 이어나갔습니다. 이후 1683년 청나라는 정씨 정권을 무너뜨리고 이듬해에 공식적으로 타이완을 자국의 영토로 편입했습니다. 이로써 동아시아 해역의 사거리인 타이완은 청나라 국방의 요충지가 되었고, 타이완의 무역은 기존의 대외 무역 방식이 아닌 청나라를 대상으로 농산물이나 지역 생산품을 물물 교환하는 지역 분화의 형식으로 전환되었습니다.

제국 영토와 근대 국가 주권의 충돌

17세기 후반 청나라 영토로 편입되어 19세기 중반 개항할 때까지 타이완은 약 200년 동안 청나라의 천조 체제 아래 있었습니다. 천조 체제란 쉽게 말해서 청나라가 본국을 중심으로 문화가 유사한 정도에 따라 동심원 형태로 대외관계를 정하는 체제라 할 수 있습니다. 즉 국가 간의 가깝고 먼 관계에 따라 속국

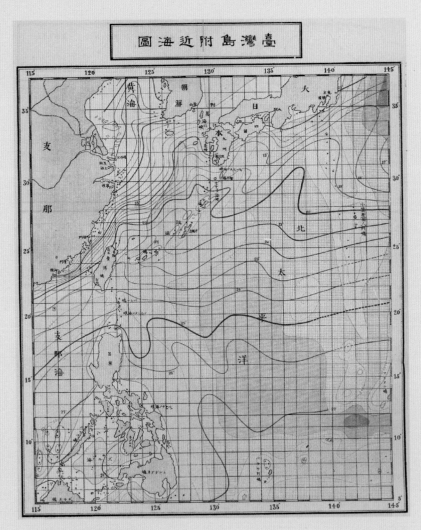

19세기 말 타이완 주변 항해도

과 속국이 아닌 나라로 구분하고 각각 차등을 두어 외교·무역 정책을 펼치는 것입니다. 그리하여 19세기 중반까지 청나라가 분류한 국제 관계를 살펴보면, 청나라와 가장 친하게 왕래하면서 비슷한 문화를 공유함으로써 종주·종속 관계를 맺고 있던 '속국'으로는 조선과 류큐琉球(지금의 오키나와)가 있습니다. 속국 다음으로 친밀하여 대등 조약을 맺은 '여국與國'으로는 1689년 네르친스크 조약을 체결한 러시아가 있습니다. 그리고 국교를 맺지는 않았지만 교역을 할 수 있던 '호시국互市國'으로는 1842년 난징조약을 체결한 영국이 있습니다.

이렇듯 천조 체제는 국제 관계를 규정하는 데 적용되었을 뿐만 아니라 타이완의 영토 경계와 거주민의 통치에도 적지 않은 영향을 끼쳤습니다. 타이완은 원래 '청나라 영토에 속하지 않는 땅化外之地'이었으나, 청나라 영토에 편입된 후로는 교화와 납세 여부에 따라 거주민을 한족·생번生番·숙번熟番 등의 계층으로 분류했습니다. 또한 지금의 중앙산맥 서쪽 지역을 북쪽과 남쪽으로 나누어 번계를 설정했는데, 번계 내부는 청나라 영토로 간주하여 관료와 백성을 거주하게 했고 번계 외부는 비영토 지역으로 간주하여 생번·숙번과 같은 원주민을 거주하게 했습니다. 이에 따라 번계를 침범하는 행위를 엄격히 금지하고 이를 어긴 자에게는 엄벌을 내렸습니다.

약 200년 동안 시행된 천조 체제는 19세기 산업혁명 이후 위기를 맞았습니다. 새로운 정치·경제 체제를 갖추고 군비를 증강한 서양 국가들이 청나라와의 적자 무역 관계를 흑자로 전환하려는 전략을 구사하고 나섰기 때문입니다. 영국을 예로 들어보겠습니다. 18세기 중반부터 청나라는 광저우 항구만 개방하는 '일구통상一口通商' 정책을 시행하면서 차와 비단 등을 수출하는 반면 서양의 공산품이나 벨벳 같은 물품을 수입하는 일은 거의 드물었습니다. 더욱이 높은 해관 세율과 부정부패 현상으로 영국 상인들은 큰 손해를 볼 수밖에 없었습니다. 그러나 19세기에 세계 최대 양귀비 생산지인 인도를 식민지로 삼은 영국이 청나라에 아편을 수출하기 시작하면서 대청對淸 무역이 흑자로 돌아섰습니다. 이에 청나라는 무역과 금융 시장을 안정화하고 관료와 백성의 건강을 보호하기 위해 아편 금지령을 내렸으나 1839년부터 1842년까지 이어진 아편전쟁에서 청나라는 패배하고 맙니다. 아편전쟁의 결과 청나라의 대외관계는 천조 체제에서 조약 체제로 전환되었고, 무역을 개방하는 조약으로 인해 기존의 폐쇄 경제 체제는 큰 타격을 입게 되었습니다. 그 여파로 태평천국의 난과 같은 사회질서를 무너뜨리는 사건들이 발생했습니다.

이처럼 청나라가 지켜온 오랜 질서가 커다란 변화를 맞이하자 19세기 중반 개항된 타이완도 새로운 국제질서를 수용하여 다시 동아시아의 '사거리'라는 자리로 돌아가게 되었습니다. 그러나 외부 세력을 받아들이기 시작하면서부터 수많은 외교 갈등을 겪어야 했습니다. 이는 기존 청나라 방식의 영토 관념과 근대 국가의 주권 개념 간 충돌에 따른 분쟁으로, 1867년의 로버호 사건이 대표적인 경우입니다. 타이완 해안 근처에서 미국 상선 로버호가 난파하는 바람에 선원들이 불가피하게 원주민 땅에 발을 들여놓았는데, 영토를 침범한 것으로 간주한 파이완족이 선원들의 목을 베어버린 사건입니다. 이에 대해 청나라는 '관할 밖'에서 벌어진 일이라며 책임을 회피했고, 결국 1869년 샤먼 지역의 미국 대사관에서 근무하던 이선득李仙得이 파이완 족장인 타우케톡을 만나 합의각서를 작성하는 선에서 사건이 일단락되었습니다. 이어서 1871년 미야코宮古 섬에 공물을 바치러 가던 류큐 왕국의 선박이 조난을 당해 표류하다가 타이완 동남부 가오스푸서高士佛社·무단서·주서竹社〔'서社'는 원주민 마을을 가리키는 용어〕의 경계 지역에 도착했는데, 타이완 원주민이 조난자들을 살해하는 사건이 벌어졌습니다. 이후 이 사건은 '무단서 사건'이라고 불리게 됩

1 무단서 사건 당시 스먼石門 전투를 그린 그림
2 무단서 사건의 희생자들은 양우왕楊友旺 등에 의해 안장되
었고, 후에 일본인이 무덤 앞에 묘비를 세웠다. 사진 속 무
덤 앞에 세워진 묘비에는 '일본 류큐 희생자 54인의 묘'라
고 적혀 있다.

니다. 청나라는 이때도 마찬가지로 '관할 밖'의 일이라며 책임을 회피했으나,
이 사건으로 인해 타이완의 역사는 완전히 새로운 국면을 맞게 되었습니다.

무단서 사건과 타이완의 독립

류큐 왕국은 원래 청나라의 속국이었기 때문에 1871년 무단서 사건이 발생했
을 때 청나라는 관례에 따라 피해자들을 위로하고 류큐 왕국으로 돌려보내야
했습니다. 그런데 류큐는 17세기 때부터 청나라에 조공을 바쳐온 한편으로
일본의 에도 막부가 관할하고 있는 사쓰마번에도 은밀히 조공을 바치고 있었
습니다. 메이지 유신 이후 1872년 메이지 정권은 류큐 왕국을 류큐번으로 삼
아 자국 영토로 편입한 후 무단서 사건을 빌미로 청나라에 싸움을 걸기 시작
했습니다. 당시 일본은 조선 출병을 둘러싼 정한론征韓論의 출로를 찾고 있었
으며 마침 외무성 고문으로 초빙한 이선득으로부터 번계 밖은 청나라의 속국

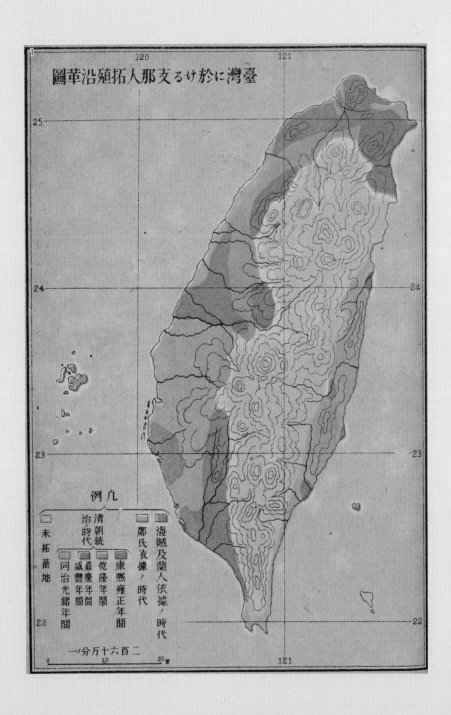

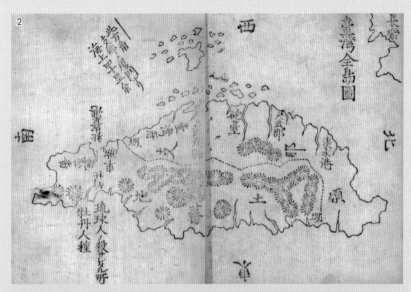

D'après James.

1 「한족의 타이완 개간 연혁도」
2 무단서 사건 발생 당시 일본인이 그린 타이완섬 전도
3 무단서 원주민을 그린 석판화

베이징에서 타이완 건으로 일본 판리대신辦理大臣과 의견을 나누는 모습

이 아니라는 사실을 확인받은 후 1874년 청나라의 '주인 없는 땅'을 향해 출병했습니다.

전투는 그리 오래 걸리지 않았습니다. 일본군이 기후와 풍토에 적응하지 못한데다 청·일 양국이 평화적으로 마무리되기를 원했기 때문입니다. 어쨌든 일본의 이러한 행동은 '국민을 보호하기 위한 의로운 일'로 인정받았고, 귀속이 명확하지 않았던 류큐 왕국은 일본 쪽으로 기울어졌습니다. 청나라는 다시는 원주민 문제로 외부 세력이 타이완을 침범하는 일이 없도록 번계를 없애고 통치 범위를 타이완 전 지역으로 확대했습니다.

1874년 일본 출병 이후 타이완의 모든 지역이 청나라의 통치를 받게 되면서 '번계 밖 원주민'으로 인한 외교 문제는 발생하지 않았으나, 외부에서는 여전히 청나라의 속국 체제를 못마땅하게 바라보고 있었습니다. 급기야 1883년 프랑스는 청나라의 속국인 베트남의 주권을 빼앗기 위해 청나라와 전쟁을 벌였습니다. 싸움이 뜻대로 전개되지 않자 프랑스는 1884년 전략적 요충지이자 석탄 공급지인 타이완으로 시선을 돌렸고, 1885년까지 단수이·지룽·펑후 지역을 공격했습니다. 프랑스의 침략은 그리 치명적이진 않았으나 차와 장뇌를 비롯한 주요 품목의 수출이 완전히 차단되고 말았습니다.

이 전쟁 이후 청나라는 타이완의 해안 방어에 더욱 신경을 썼으며, 1885년 타이완을 하나의 성으로 독립시켰습니다. 푸젠성의 총독 류밍전劉銘傳이 초대 타이완 총독으로 파견되면서 타이완에서 새로운 정치가 시작되었습니다. 전략적 가치가 높은 타이완 북부를 주목한 류밍전은 성도省都를 타이베이로 옮기고 이곳을 정치 중심지로 삼았습니다. 게다가 북부에서 생산되는 차와 장뇌 등이 청말 시기의 주요 수출 품목으로 자리 잡으면서 북부의 정치와 경제는 빠르게 발전했습니다. 이로써 타이완의 정치·경제 중심지는 타이난에서 타이완으로 이동했고, 그 영향은 지금까지 계속되고 있습니다.

19세기 말 타이완의 정세

19세기 후반 타이완이 끊임없이 외교 문제에 휘말리자 청나라는 타이완 방위에 신경을 쓰기 시작했습니다. 그러나 청나라의 천조 체제가 위협을 받을 때마다 타이완은 타격을 받았습니다. 19세기 중반 일본에서는 메이지 유신으로 신분제가 폐지되면서 사회 및 경제적으로 여러 문제가 발생하기 시작했습니다. 그러자 사이고 다카모리西鄕隆盛를 필두로 한 보수 세력은 해외 출병을 통해 국내 경제를 활성화하고 사회 문제를 해결하고자 '정한론'을 주장했습니다. 1874년 무단서 사건을 계기로 이루어진 타이완 출병 이후 한동안 정한론을 둘러싼 논쟁은 잠잠해진 듯했으나 얼마 지나지 않아 다시 정한론이 도마 위에 오르게 된 것입니다. 그리고 이는 일본의 동아시아 주요 정책 중 하나가

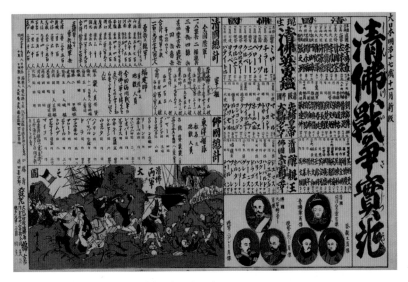

1884년 청프전쟁 당시 상황을 전하는 속보와 그림

되었습니다. 1894년 조선에서 내란이 일어나자 기회를 엿보던 일본이 출병했고, 청나라는 조선에 대한 종주권을 지키기 위해 반격에 나서면서 조선 영토에서 갑오전쟁〔청일전쟁〕이 벌어졌습니다. 청나라의 가장 강력한 군대인 베이양北洋함대가 불과 몇 개월 만에 일본 해군에 패하자 1895년 청나라는 시모노세키 조약을 체결하여 전쟁을 끝마칩니다. 조약의 내용은 청나라가 일본에게 배상금 2억 냥을 지불하고 타이완과 펑후섬 등을 할양한다는 것입니다.

이처럼 국제 정세의 변화로 인해 천조 체제가 위기를 맞게 되고 청나라의 영토 관념과 속국 체계가 크게 흔들리게 되면서 타이완은 여러 외교 문제에 휘말려들었습니다. 일련의 사건들이 발생한 당시에는 별 영향이 없었으나 매듭짓는 단계에서 어마어마한 후폭풍을 맞아야 했습니다. 반면 청나라 말기의 정세 변화로 인해 타이완은 하나의 성으로 독립할 수 있었을 뿐만 아니라 영토 범위가 명확해지고 군사력도 한층 강화되었습니다. 가장 중요한 점은 이러한 외교적 사건들이 벌어지는 가운데 타이완은 청나라 통치에서 벗어나 새로운 역사를 만들어가게 되었다는 것입니다.

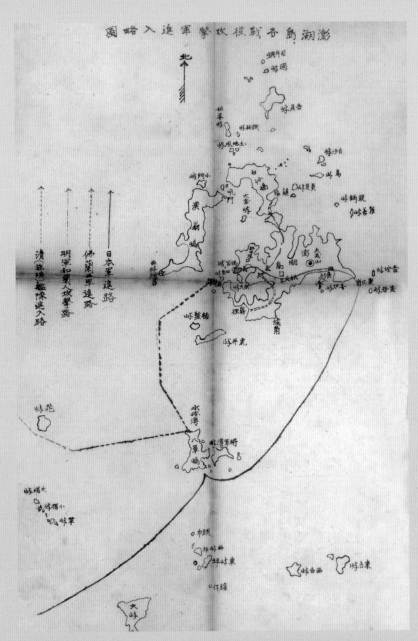

외교 문제가 발생했을 당시 각국의 군사가 펑후섬으로 진입한 루트를 나타낸 지도

청말의 근대화는
타이완 사회에 어떤 영향을 끼쳤을까?

1885년 프랑스와의 전쟁으로 위협을 느낀 청나라는 타이완을 독립된 성으로 승격하고 행정 관료를 파견해 해안의 방어 체계를 강화했다. 초대 타이완 총독 류명전은 개산무번開山撫番 정책을 실시하고, 개혁을 위한 '신정新政'을 단행했다. 그리고 교통·우편·통신망·수로·전력망을 포함한 현대화 시설을 구축하고 철도를 부설하는 등 일련의 근대화 정책을 실시했다. 류명전은 지금까지도 '타이완 근대화의 기반을 다진 인물'로 평가받고 있다.

청말의 외교 문제

19세기 들어서면서 세계 각국이 근대화의 물결을 타는 동안 청나라의 천조 체제는 변화를 수용하지 못한 채 서양과 일본 등 근대 국가들의 계속되는 도발에 맞서야 했습니다. 1860년대 개항 이후 더 많은 외부 세력과 접촉하게 된 타이완도 영향을 피하기는 어려웠습니다. 청나라가 내세우는 '왕토王土' 또는 '신민臣民' 개념과 근대 국가의 주권 개념이 첨예하게 대립함에 따라 타이완은 1867년의 로버호 사건과 미군의 포르모사 원정, 1871년의 무단서 사건, 1874년 일본의 타이완 출병 등 연이어 외교 갈등에 휘말렸습니다. 결국 근대 국가들이 주도하는 국제 정세 속에서 청나라의 속국 체제는 휘청이기 시작했으며 1884년의 청프전쟁 그리고 1894년 일본과의 갑오전쟁에 패함으로써 청나라의 타이완 통치 역사는 마침표를 찍게 되었습니다.

19세기 중반 타이완이 여러 외교 분쟁에 휘말리기 시작하자 비로소 청나라는 전략적 요충지로서 타이완이 지닌 가치를 확실히 깨달았습니다. 1874년 일본이 타이완에 출병한 시기 이후에는 타이완에 많은 관료들을 파견했습니다. 청나라가 후반으로 갈수록 타이완 통치에 적극적으로 나섰다는 해석은 이러한 조치 때문입니다. 원래 청나라가 타이완을 다스릴 때 역점을 두었던 것은 '최소의 예산으로 방위를 유지하되 전쟁을 피하는 것'이었고, 그러한 노선 아래 번계를 설정하여 분리 통치를 실시하고 대외 교역을 금지하는 등의 정책을 펼쳐왔습니다. 그러나 19세기 들어 외부 환경이 급변함에 따라 많은 인력을 타이완에 투입하게 된 것입니다. 따라서 청나라의 타이완 통치를 '소극적인 전기, 적극적인 후기'로 단순 구별하는 것은 바람직하지 않습니다.

개산무번? 개산토벌!

1847년 이후 타이완 통치의 변화라면 개산무번 정책과 철로·통신망을 정비하기 위한 신정新政을 떠올리게 마련입니다. 그리고 대부분 이 시기를 타이완 근대화의 시작으로 생각하곤 합니다. '개산무번'이란 일본 출병 당시 타이완에 파견된 흠차대신 심보정沈葆楨이 처음 주장한 정책으로, 의용군의 무력을 바탕으로 '산지를 개척하고(개산)' '원주민을 돌보는(무번)' 두 가지 정책을 의미합니다. 그러나 타이완 북부·중부·남부의 산지를 개발하여 통치 영향권에 속하지 않는 번계 바깥 지역인 동부와 연결하는 '개산' 작업은 얼마 지나지 않아 중단되었습니다. 주된 원인은 작업에 동원된 의병 부대를 제대로 통제하지 못한데다가 관리들이 정책을 꾸준히 추진하지 못했기 때문으로, 결과적으로는 고산족 원주민의 분노에 떠밀려 안정적인 통행로를 확보하지 못한 채 물러나고 말았습니다.

'무번'이란 그동안 청나라의 지배 밖에 있던 생번(고산족 원주민)들을 '돌보는' 정책이지만, 실제로는 한족의 문화를 강요하고 이를 따르지 않는 자들을 무력으로 억압하는 방식으로 시행되었습니다. 청나라가 특별히 원주민을 겨냥한 이유는 그동안 유교 문화를 받아들이고 세금을 납부하는 이들을 신민臣民으로, 그렇지 않은 사람들을 비非신민으로 대우했기 때문입니다. 즉 '숙번'인 원주민은 신민이며 '생번'은 비신민이라 할 수 있습니다.

생번으로 불린 고산족 원주민은 부족의 규칙에 따라 자신의 영역을 침범하는 자의 목을 가차 없이 베었고, 때로는 이유 없이 죽이기도 했습니다. 그들의 이러한 행동은 개항 이후 외교 갈등의 계기가 되어 사회질서를 어지럽히는 야만인으로 간주되었습니다. 타이완 전역을 통치하게 된 청나라는 원주민의 정체성을 부정하고 자국 문화를 강요함으로써 그들이 '잔인한' 풍습을 버리고 제국의 신민으로 거듭나길 바랐습니다. 그러나 자신들의 생활 영역과 전통 문화를 존중받지 못하는 데 불만을 품은 원주민들은 청나라에 강하게 저항했습니다. 1875년의 스토우서獅頭社 사건, 1876년의 타이루거太魯閣 사건, 1877년의 다강커우大港口 사건, 1878년의 자리완加禮宛 사건, 1888년의 다창大庄 사건 등이 그러한 갈등의 결과였습니다.

류명전의 자강책에 대한 재평가

1885년 프랑스와 전쟁을 치른 후 위협을 느낀 청나라는 타이완을 독립된 성으로 승격시키고 행정 관료를 파견해 해안의 방어 체계를 강화했습니다. 초대 타이완 총독 류명전은 개산무번 정책을 실시하고 자강自强을 위한 '신정'

을 단행하여 오늘날 '타이완 근대화의 기반을 다진 인물'로 평가받고 있습니다. 그가 시행한 주요 정책은 다음과 같습니다. 첫째, 곳곳에 포대砲臺를 설치하고 병기창을 세우는 등 군사 시설의 현대화를 추진했습니다. 둘째, 1886~1888년까지 토지 조사를 실시하여 은닉 토지를 모두 찾아내고, 조세 제도를 개혁하여 예산을 확보했습니다. 셋째, 타이완의 토호 세력과 손잡고 무번 정책을 실행하는 동시에 학교를 지어 중국어와 중국 문화를 가르치는 등 원주민의 한족화에 공을 들였습니다. 넷째, 우편 시스템과 통신망을 구축하고 철도를 부설하여 1891년 지룽-타이베이 노선을 개통했습니다.

이렇듯 류명전은 거액의 예산을 투입해 시설 현대화를 꾀하고 토지 조사를 단행하여 조세 제도를 개혁했을 뿐만 아니라 무력을 쓰지 않고 원주민들의 저항을 진압했습니다. 류명전에 대해 중국의 역사학자인 궈팅이郭廷以는 "재기무쌍才氣無雙"한 인물로서 "근대화를 이끌었다"고 평가했습니다. 사실 그가 도입한 새로운 정책들은 달리는 열차의 침목枕木이 되어 타이완 근대화의 길을 터준 것이기도 하지만 그와 동시에 일본 식민 통치의 기반이 되기도 했습니다. 류명전이라는 인물의 됨됨이와 그가 실시한 정책들의 실제 영향을 자세히 살펴보면 조금은 다른 해석이 제기될 수도 있습니다.

류명전의 정책들은 일본 시대 타이완의 근대화를 이끈 고토 신페이後藤新平의 공헌에 필적할 만큼 뛰어나다고 평가된 반면, 류명전의 업적에 가려져 저평가된 인물이 있습니다. 바로 타이완 통치의 실질적인 업무를 도맡았던 류오劉璈입니다. 하지만 역사학자들은 회군淮軍 출신의 류명전과 상군湘軍 출신의 류오가 타이완 통치에 대한 공로를 인정받기 위해 밥그릇 싸움을 벌인 사실에 대해선 애써 외면했습니다. 둘 사이의 갈등이 파벌 싸움으로 번지자 류명전은 류오를 모함하여 죄를 뒤집어씌웠고, 하루아침에 죄인이 된 류오는 1884년 헤

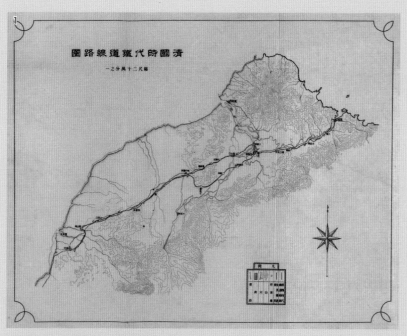

1 1891년 지룽과 타이베이를 잇는 철도 노선
2 증기기관차 텅윈騰雲 1호(다테이시 데쓰오미立石鐵臣의 판화)

이룽장黑龍江으로 유배되었습니다. 1891년 타이완 총독 자리를 이어받은 소우렴邵友濂 또한 류명전에게 가려져 저평가된 인물입니다. 류명전이 도입한 새로운 정책들이 근대화에 기여한 건 사실이지만 그로 인한 재정적인 부담을 안겨 주었고, 결국 후임 총독에 오른 소우렴이 철도 운영 등 비효율적인 정책들을 폐지함으로써 부실한 재정을 보충할 수밖에 없었습니다. 그러나 류명전의 성

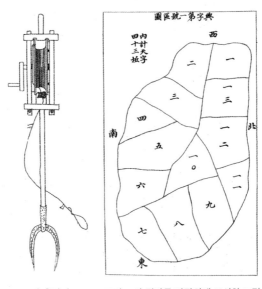

토지 측량기　　　토지 조사 결과를 간략하게 표시한 그림

토지 조사

청나라 때 타이완에서는 토지 소유주와 경작자가 다른 경우가 많았다. 이에 따라 소유권을 둘러싼 다툼이 자주 발생하자 토지 소유 사실 자체를 은폐하는 경우가 많았다. 정부 역시 실제로 경작에 사용되는 토지를 파악하여 그에 상응하는 토지세를 걷는 데 고충이 따랐다. 류명전이 타이완을 다스리던 시기, 타이완이 성으로 승격되어 새로운 정책들을 시행하면서 발생한 재정 적자를 메우기 위해 류명전은 토지 조사 정책을 시행했다. 그 결과 토지의 실제 소유권을 제대로 파악하여 합당한 토지세를 부과할 수 있게 되었다.

과를 높이 평가하는 이들은 소우렴을 '류명전의 신정에 반대하는 보수파'로
치부했습니다.

실속 없는 근대화

한 발자국 더 들어가서, 류명전이 실시한 정
책의 연속성에 대해 살펴보겠습니다. 당시
근대화 정책의 핵심 과제는 포대와 병기창
등의 시설을 확충하여 국방력을 강화하는 것
이었습니다. 그로 인해 다른 분야의 예산이
삭감되기도 했습니다. 이에 신정부는 세금
을 더 많이 거두어 재정을 확보하기 시작했
으며 교통·우편·통신망·수로·전력망을 포
함한 현대화 시설과 철도를 부설하는 사업에
재정을 집중 투자했습니다. 수로·통신망 분
야의 혁신은 별 문제없이 추진되었으나 우편
분야의 혁신 성과는 미미했습니다. 또한 난
이도가 높고 규모가 만만치 않은 철도 사업
은 재정 압박에 시달리다가 간신히 지룽–신
주 구간만 부설되었습니다. 그마저도 공사

1 류명전의 모습
2 공식 우표의 초기 형태

부실로 인해 철도 이용이 어려워져 일본 시
대에 철로를 걷어내고 다시 설치할 수밖에 없었습니다. 결국 타이완의 철도
망은 일본에 의해 구축되었다고 할 수 있습니다. 상수도와 전력망도 타이완

전 지역이 아닌 타이베이에만 보급되었습니다. 이러한 결과는 예산이 부족했기 때문이기도 하지만, 북쪽을 중시하고 남쪽을 경시한 류명전의 책임도 적지 않습니다.

　류명전이 중점적으로 시행한 정책 가운데 토지 조사에 대해서도 좀더 들여다볼 부분이 있습니다. 청나라 통치 당시 타이완은 토지를 개간하는 과정에서 여러 문제를 남겼습니다. 세금을 내지 않으려 토지를 은닉하거나 토지 소유주와 경작자의 명의가 달라 소유권 분쟁이 빈번했으며, 공유지를 침범하거나 토지세를 부과하지 못하는 경우가 비일비재했습니다. 이에 류명전은 더이상 토지가 은닉되지 못하도록 토지 전수 조사를 실시했습니다. 토지 조사는 소유권을 투명하게 파악하고 그에 상응하는 토지세를 부과하기 위한 개혁 정책이었으나 시행 방식에는 문제가 있었습니다. 우선 토지를 측량하는 기준이 모호한데다 뇌물을 받고 비리를 저지르는 관료들이 있었습니다. 또한 북쪽을 중시하고 남쪽을 경시하는 태도에 불만을 품은 중남부 지역의 지주들이 1888년 장화현에서 대규모 난을 일으키는 스주된施九緞 사건이 발생했습니다. 결국 토지 조사 정책은 흐지부지되었고 토지 제도를 둘러싼 복잡한 문제들은 여전한 과제로 남았습니다.

　류명전 개혁의 핵심은 기존의 개산무번 정책을 이어가기 위해 군사들을 동원하여 원주민들을 투항하게 만들고 그들에게 중국의 문화를 전수하여 '한족화'하려 했다는 것입니다. 물론 그는 '부드럽게 달래고 최대한 무력을 사용하지 않는' 방식으로 원주민들의 투항을 이

근대식 우체국이 발행한 타이완 우표

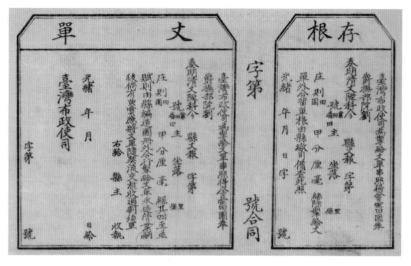

류명전이 조사를 끝낸 토지 문서와 전표

끌어내려 노력했으나 원주민들은 자기의 생활 영역과 고유한 문화를 존중하지 않고 무조건적인 복종을 요구하는 정부의 정책에 불만을 품고 저항했습니다. 막대한 군자금을 투입했음에도 불구하고 '무번' 정책은 사실상 다수의 사상자를 낳은 소탕전이 되어버렸습니다. 학자들의 통계에 따르면 청말 타이완의 개산무번 정책으로 인해 총 22회의 크고 작은 사건이 일어났으며, 그중 2회를 제외한 나머지 20회의 전투가 류명전 통치 시기에 발생한 것으로 확인되었습니다. 그가 막대한 예산을 투입하여 적극적으로 밀어붙인 '신정' 정책은 재정적 압박이라는 후유증만 남겼습니다. 결국 아무런 성과도 거두지 못한 무번 정책 때문에 삶의 터전을 잃게 된 원주민들이 거세게 반항하면서 원주민과 한족의 관계도 악화되었습니다.

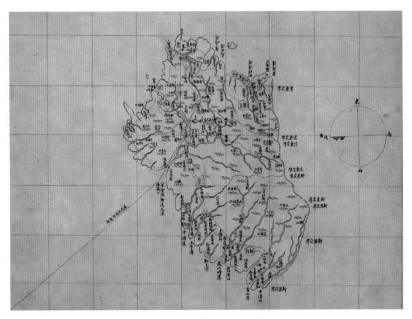

후웨이滬尾에서 푸저우까지 해저 케이블이 연결된 모습(『타이완지여총도臺灣地輿總圖』「대북부전
도臺北府全圖」)

청나라 말기, 타이완 통치의 재평가

청나라 말기에 실시된 '새로운 정책들' 덕분에 타이완의 기반 시설은 현대화
되었으나, 대규모 예산을 투자하고도 제대로 유지되지 못했다는 점에서는 성
공적이라 평가할 수 없습니다. 물론 개산무번 정책을 통해 타이완 전역을 관
할하게 되고 국가로서의 정체성을 확립했으므로 분명 근대화의 첫 걸음을 내
디뎠다는 의미는 있지만, 무력을 동원해 강제로 원주민을 진압하여 집단 간
의 갈등을 불러일으켰습니다.

얼마 전까지만 해도 류명전이라는 인물이 타이완의 근대화에 끼친 공로는
일본 시대에 타이완을 발전시킨 고토 신페이의 업적에 버금갈 정도로 뛰어나

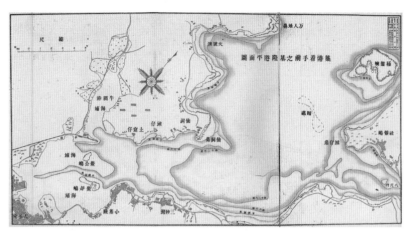

1913년 일본 시대에 준설 공사 전 지룽 항구의 지형을 측량한 지형도

다는 평가가 지배적이었습니다. 그러나 지금은 무조건적인 영웅화에서 벗어나 두 정권이 실시한 정책의 장단점을 객관적으로 재평가하는 연구가 이루어지고 있습니다. 또한 시대의 변화에는 다양한 요소가 복잡하게 얽혀 있기 때문에 특정 인물을 기준으로 역사를 논하는 것은 바람직하지 않다는 인식도 생겨났습니다. 이로써 역사에 대해 비교적 공정하고 객관적인 태도로 바라볼 수 있게 되었습니다.

타이완의 한족화:
명나라와 청나라는 어떻게 타이완을 '교화'했을까?

청나라가 타이완을 통치한 지 약 100년 만에 '타이완 최초의 진사進士'가 탄생
했다. 또한 옹정雍正 연간에 들어서고 나서야 타이완에서 향시鄕試 급제자(거
인擧人)의 비율이 1퍼센트가 되었다. 그 후 급제자들이 조금씩 늘어나면서 '사
신士紳'이라는 지방권력 계급이 출현하게 되었다.

타이완의 한족화:
명정 시대, 타이완을 이끈 진영화와 심광문

나라를 세우는 데는 무엇이 필요할까요? 토지? 국민? 군대? 네덜란드를 몰
아내고 타이완을 점령한 정성공에게 가장 중요한 임무는 백성과 군사에게 휴
식기를 제공하는 것 외에 정씨 정권의 행정 제도를 마련하는 것이었습니다.
제도를 수립하기 위해서는 인재를 등용해야 했고, 인재를 등용하기 위해서는
교육의 뒷받침이 필요했습니다. 그러나 1662년 2월 네덜란드에 승리를 거둔
그해 6월 정성공은 갑자기 죽음을 맞았으며, 둔전屯田 제도가 원주민의 저항
을 불러일으킨 탓에 명정明鄭 초기에는 정식 교육이 이루어질 수 없었습니다.

4년이 지난 1665년(영력永曆 19), 토지 개간이 웬만큼 이루어지자 출납을 관
장하던 진영화陳永華는 정경鄭經[정성공의 아들]에게 공자 사원과 학교를 건립
하여 교육 사업에 힘을 기울일 것을 요청했습니다. 정경이 타이완은 땅이 좁
고 인구가 많지 않아 아직 교육을 시키기에는 이르다고 답하자, 진영화는 다

음과 같이 대답했습니다. "탕왕湯王은 사방 백 리의 땅에서 왕 노릇을 했고, 문왕文王은 사방 칠십 리 땅에서 나라를 일으켰습니다. 나라를 다스리는 데 어찌 크기가 중요하겠습니까? 지금 이곳에서 멀지도 가깝지도 않은 곳에는 기름진 땅이 끝없이 펼쳐져 있으며, 백성은 거짓과 꾸밈이 없습니다. 10년 동안 다스리고 10년 동안 가르친 다음 다시 10년 동안 사람을 늘려간다면 30년 뒤에는 중원에 견줄 수 있을 텐데, 어찌 땅이 좁고 사람이 적음을 걱정하십니까? 백성이 그저 편안하기만을 바라고 가르침을 받지 않는다면 짐승과 무엇이 다르겠습니까? 이제 백성의 식량은 나날이 넉넉해지고 군사들은 때를 기다리고 있으니 교화를 서두르고 사당과 학교를 세워 인재를 길러내야 합니다. 어질고 총명한 이를 키워서 나라의 근본을 견고하게 만들어야 나라가 번창할 것입니다."

진영화는 타이완이 땅도 작고 인구도 적지만 교육을 통해 좋은 나라로 만들면 청나라와 같은 대국에 맞서 두려울 게 없다고 했습니다. 그리고 상나라를 창건한 탕왕과 주나라를 세운 문왕이 다스리던 땅은 반경 백 리가 안 된다는 고사古事에 빗대어 수천 리의 비옥한 영토를 가진 타이완이 무엇이 부족하겠느냐고 반문했습니다. 그의 설득에 따라 정경은 문화와 교육의 진흥을 최우선으로 삼게 되었습니다. 그 후 진영화는 승천부承天府 영남방寧南坊 귀자포鬼仔埔(지금의 타이난 중시구 난먼로)에 공자묘를 세우기로 했습니다. 1666년(영력 20) 완공된 후 '선사성묘先師聖廟'라고 불렸으며 오늘날 '타이난 공자묘'로 불

진영화의 모습

리고 있습니다.

　문화와 교육 진흥을 위한 첫 번째 사업으로 공자를 모시는 공묘孔廟를 건립한 이유는 무엇일까요? 명나라 때는 최고의 국립교육기관인 '학궁學宮'을 문묘文廟(명나라 때의 공자묘) 옆에 지어 '좌묘우학左廟右學'의 형태로 배치하는 것이 일반적이었기 때문입니다. 타이난 공자묘 옆에는 '명륜당明倫堂'이라는 교육 공간을 마련하여 정씨 집권 시기 최고의 교육기관인 '태학太學'이 탄생했습니다. 이후 진영화는 각 지역의 한족과 원주민을 위한 학교를 설립하여 8세가 된 남자아이는 학교에 입학하도록 했으며, 시험을 통해 상급 기관인 주학州學에 진학하도록 했습니다. 주학의 시험인 주시州試를 통과하면 부학府學에, 부시府試를 통과하면 원학院學에 진학할 수 있고, 최종적으로 원시院試를 통과하면 '늠선생廩膳生(국비 장학생)'으로 선정되어 태학에서 고등 교육을 받을 수 있었습니다. 태학에서는 3년에 한 번씩 '대시大試'를 치렀는데, 우수한 성적으로 대시를 통과한 학생은 관직에 임명되었습니다.

타이완 최초의 공자 사원, 대성전大成殿(후원청 제공)

　명정 시대의 교육 제도 덕분에 타이완 사회는 빠르게 한족화가 이루어졌습니다. 승천부(지금의 츠칸) 남쪽에 위치한 마더우와 샤오룽(지금의 자리佳里), 신강(지금의 신스新市), 무자류완(지금의 산화善化) 등 4대 마을은 원래 네덜란드 선교사들의 포교 중심지였습니다. 처음에 선교사들은 시라야어를 로마자로 표기해 가르친 후 시라야의 4대 마을 주민들이 기독교 세례를 받도록 교화했고, 나중에는 네덜란드어를 가르쳐 시라야인들의 '네덜란드화'를 꾀했습니다. 이러한 방법은 어느 정도 효과가 있었습니다. 네덜란드가 물러난 뒤 명나라식 사학 제도가 마련되기 전까지도 공부를 하는 이는 요역에서 면제될 수 있었기 때문에 이후 시라야인들은 점차 한족화되었습니다.

사교육 역시 정부의 공식적인 교육 진흥 사업만큼이나 흥성했습니다. 사실 명나라 유신遺臣 심광문沈光文(1612~1688)이 설립한 사학私學에 비하면 명정의 관학官學은 약 10년 정도 늦은 편입니다. 1644년 숭정崇禎 황제가 목을 매어 자결함으로써 명나라가 멸망한 뒤, 남명 정권을 따라 정처 없이 떠돌아다니던 심광문은 1652년 항해 도중 허리케인을 만나 타이완 땅을 밟게 되었습니다. 돌아갈 나라를 잃은 그는 무자류완에 남아 한학을 가르치기 시작했고, 이로써 타이완 최초의 사숙私塾이 탄생된 것입니다. 그 뒤로 정부 또는 민간의 자본이 투입된 기초교육 기관인 의학義學이 규모를 달리하여 설립되기 시작했습니다.

타이완 문헌의 창시자

타이완에 사학을 설립한 심광문은 여러 연구를 진행하기도 했다. 그는 지리 연구서인 『타이완여도고臺灣輿圖考』와 식물사전인 『초목잡기草木雜記』를 집필해 '타이완 문헌의 창시자'로 불린다. 후에 심광문은 산화리둥바오善化里東堡에 묻혔는데, 지금 그 자리에는 산화 기차역 직원 기숙사가 들어서 있다. 안타깝게도 타이완의 문화 형성에 지대한 영향을 끼친 그의 묘는 보존되지 못했으며, 지금은 그를 추모하는 기념비만 세워져 있다. 당시 타이완의 문화를 중시하는 분위기였다면 그의 묘가 지켜졌을 것이다.

명정 시대의 문학:
지나가는 이와 떠돌이

명정 시대 이전까지만 해도 타이완의 문학은 각 부족마다 전해지는 신화·전설·고사古事·민요 등의 구비문학 형태였습니다. 오늘날 문자로 전해지는 문학작품 가운데 타이완을 주제로 한 최초의 작품은 진제陳第(1541~1617)의 『동번기東番記』라 할 수 있습니다. 진제는 1602년(명만력明萬曆 30) 심유용沈有容 등과 함께 타이완에 들어와 20일 정도 머물렀으며, 당시 서부 원주민들의 모습을 사실적으로 묘사하여 기록했습니다. 또한 원주민을 '무회無懷 씨와 갈천葛天 씨의 백성'〔무회와 갈천은 중국 고대의 제왕으로, 도연명의 『오류선생전五柳先生傳』에서 차용한 표현〕이라 하면서 타이완을 이상향으로 묘사했습니다. 하지만 진제는 타이완을 잠시 스쳐 지나간 자에 불과했습니다.

1651년 심광문이 들어와 활동하면서부터 타이완에서 중국 고전문학의 씨앗이 싹트기 시작했습니다. 심광문은 최초로 사교육을 실시했을 뿐만 아니라 『타이완부臺灣賦』『타이완여도고』 등의 작품을 남겼습니다. 1685년(강희 24) 그가 동료 문우들과 함께 결성한 '동음사東吟社'라는 모임은 타이완 최초의 '문사文社'입니다. '문사'란 문인 동호회와 같은 것으로, 소식을 주고받기가 지금처럼 쉽지 않았던 옛날에 주기적으로 만나서 서로의 작품을 공유하고 창작을 격려하는 모임입니다. 조설근曹雪芹의 명작 『홍루몽紅樓夢』에도 당시 유행했던 문사와 시사詩社가 묘사되어 있습니다. 동음사는 원래 '복대음영福臺吟詠'이라 불렸으며, 심광문 외에 계기광季麒光·화창애華蒼崖·한진서韓震西·진원도陳元圖·조창직趙蒼直·임정일林貞壹·진극선陳克瑄·도중미屠仲美·정자산鄭紫山·하명경何明卿·위염남韋念南·진운경陳雲卿·옹보생翁輔生 등 14명으로 구성되어 있었습니다. 그들이 처음 감상을 나눈 작품은 타이완의 유명한 고산을 노

래한 시 「동산東山」이라고 하
는데, 안타깝게도 지금은 작
품 내용을 확인할 수 없습니
다. 그러나 고국을 향한 그리
움이나 새로운 세계에 대한
호기심을 표현한 이들의 창
작 활동이 있었기에 타이완
의 고전문학이 꽃피울 수 있
었습니다.

명정 시기를 대표하는 문
학가 중에 통치자였던 정씨
부자夫子를 빼놓을 수 없습니
다. 정성공은 전쟁터에서 활
약을 펼쳤지만 원래 시문에

화가 임옥산林玉山의 작품 「동음사상영도東吟社觴詠圖」

능한 학자 출신이며 후대 문학가들에게 칭송되기도 했습니다. 그의 가장 유
명한 작품인 「복대復臺」라는 시에는 네덜란드 식민지였던 타이완을 수복할 당
시의 이상과 포부가 잘 드러나 있습니다. 정성공의 아들 정경 역시 문학에 조
예가 깊었습니다. 그의 대표작인 『동벽루집東壁樓集』에는 480여 수의 시가 수
록되어 있으며, 고향을 그리워하거나 나라를 걱정하는 심경 그리고 자연 감
상의 즐거움까지 다양한 감성과 개성적 면모가 충분히 드러나 있습니다.

타이완 최초의 진사는 누구였을까?:
청나라 통치 시대의 문화와 교육

1683년 시랑이 펑후 해전에서 승리를 거둔 후 타이완을 통치하게 된 청나라 조정은 '손바닥만 한 작은 섬'의 영토 편입을 두고 고민에 빠졌습니다. 홀로 뚝 떨어져 있어 다스리기 어렵다고 주장하는 신하가 많았지만 청나라 조정은 전략적 요충지인 타이완을 직접 통치하기로 결정했습니다. 그러나 초기에는 영토 편입을 고심하게 만든 바로 그 이유로 통치에 소극적인 태도를 취했습니다. 문학과 교육도 마찬가지였습니다. 공자묘의 경우 청나라가 타이완을 점령한 지 30년 동안 명정 시대의 모습 그대로 유지되다가 강희 연간에 청나라식으로 교체하고 학궁 건물을 증축했습니다. 의전도 1741년(건륭 6)까지 명정 시대의 방식을 유지했습니다.

지방 행정 조직이 확대되면서 13개의 교육 기관이 설립되기는 했지만 대부분의 학교는 동치·광서 치세 이후 청나라가 타이완에 적극적으로 개입할 무렵에 설립되었습니다. 동치 이전에 설립된 관학官學은 타이중 남쪽에 5개, 북부 단수이청淡水廳에 1개뿐이었기 때문에 공부하는 생원生員이나 급제한 거인擧人의 수는 그리 많지 않았습니다. 강희 연간에 타이완의 총인구가 25만 명이었고 가경 연간의 인구가 대략 190만 명이었으니 그동안 인구는 8배가량 늘어난 반면 관학의 입학 정원은 겨우 2배 증가한 수준이었습니다. 생원의 수가 적다는 것은 무엇을 의미할까요? 지역 출신의 지식인들이 관직에 나아가기 어려웠음을 말해주는 단적인 증거라 할

'문괴文魁(문과 장원)'라고 적힌 편액

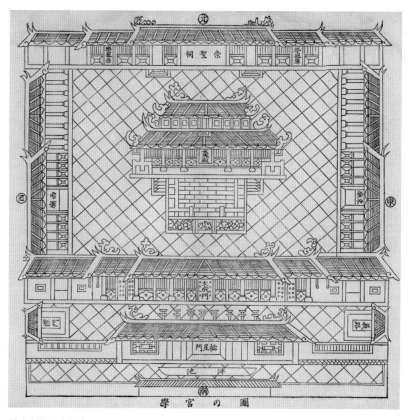

청나라 학궁의 평면도

수 있습니다.

땅이 넓고 인구가 많은데다가 여러 민족으로 구성되어 있던 청나라는 관리를 등용할 때 기인旗人〔청나라의 팔기八旗에 속한 만주인·중국인·몽골인〕과 비非기인으로 구분했습니다. 선발되는 관리의 수는 지역별로 달랐기 때문에 상대적으로 경쟁률이 낮은 지역으로 '호적을 옮기는' 사람들이 적지 않았습니다. 마찬가지로 타이완이 청나라 영토로 편입된 초기에 푸젠이나 광둥 지역에 거주하는 응시자들 역시 교육 체제가 완비되지 않은 타이완으로 호적을 옮기는 일이 잦았고, 그 여파로 타이완 지역의 생원들은 관직에 나아가기가 어려워졌습니다.

초창기 진사 정용석

당시 청나라 최고의 지식 계층은 '진사進士'였습니다. 따라서 '타이완 최초의 진사'가 탄생했다는 것은 사실상 타이완의 교육 수준이 청나라 본토와 어깨를 견줄 정도가 되었음을 의미합니다. 그렇다면 새로운 시대를 개척한 '타이완 최초의 진사'는 누구였을까요? 세 명의 후보자를 만나보도록 하겠습니다.

첫 번째 후보자는 진영화의 둘째아들 진몽구陳夢球입니다. 진몽구는 타이난현(지금의 타이난시)출신으로, 1694년(강희 33) 진사에 급제했습니다. 그는 정씨 왕조가 멸망하자 정극상을 따라 만주인으로 구성된 만인 팔기인 '한군정백기漢軍正白旗' 소속이 되었습니다. 비록 진몽구가 타이완에서 나고 자랐다고 하더라도 한군기漢軍旗의 자격으로 시험에 응시한 것이므로 엄밀히 말해 그는 타이완 최초의 진사가 아니라 만주인 진사라 할 수 있습니다.

진몽구의 뒤를 이어 1757년(건륭 22)에는 왕극첩王克捷, 1766년(건륭 31)에는 장문진莊文進, 1772년(건륭 37)에는 임총林聰, 1823년에는 정용석鄭用錫이 진사에 급제했습니다. 왕극첩은 어렸을 때 아버지를 따라 취안저우에서 타이완으로 건너왔기 때문에 타이완에서 태어난 사람이 아닙니다. 장문진과 임총 또한 푸젠의 취안저우 진장晉江 출신입니다. 왕극첩은 출생지를 속인 것으로 보이고, 장문진과 임총은 시험에 응시하기 위해 호적을 옮겼을 가능성이 농후

합니다. 그러므로 타이난 공자묘에 이 네 명의 위패가 모셔져 있다 해도 '타이완 최초의 진사'라고 불릴 수 있는 인물은 단수이청 주첸竹塹(지금의 신주)의 토박이 정용석이라 해야 할 것입니다. 정용석의 관저인 진사제進士第와 사당 그리고 무덤은 중요 고적지로 지정되어 지금까지 보존되고 있으며, 그가 쓴 「권화론勸和論」은 최근 중학교 교과서에 실리기도 했습니다.

타이완 최초의 진사는 청나라가 타이완을 통치한 지 약 100년 만에 탄생했으며, 타이완 출신이 '거인擧人〔향시 급제자〕이 될 확률'이 1퍼센트로 늘어난 것 역시 옹정 연간에 들어선 후였습니다. 이후 거인이 많이 등장하여 비로소 사신士紳 계급이 출현하기에 이르렀습니다. 관학의 수가 늘어난 것도 그 배경 중 하나겠지만 민간 차원에서 이루어진 교육의 영향도 무시할 수 없는 것으로, 전국 각지에 설립된 65개의 민간 서원과 1000여 개의 사숙 및 의학에서 타이완의 인재가 배출되었습니다. 이러한 교육 체제는 일본 시대 중반에 새로운 교육 체제로 바뀔 때까지 지속되었습니다.

한편 선교사들이 타이완에 들어오면서 신학과 과학을 비롯하여 여성과 장

타이중 고붕

타이중 고붕考棚의 정식 명칭은 '타이완 부유고붕臺灣府儒考棚' 또는 '타이완성 성유고붕臺灣省城儒考棚'이다. 고붕이란 오늘날의 시험장과 비슷한 개념으로, 응시자들의 부정 행위를 방지하고 시험에 집중할 수 있도록 만든 공간이라 할 수 있다. 1887년(광서 13) 타이완에 도착한 류밍전은 타이완 부유고붕을 차오짜이터우橋仔頭(지금의 타이중시)로 옮겼다. 이 고붕은 유일하게 남아 있던 청나라 시대의 고붕 건물로, 일본 시대 초반에는 임시 경찰서로 사용되었고 1918년(다이쇼大正 7년)부터 경찰 주재소로 쓰이다가 1950년대에 무너졌다.

타이중 고붕 유적지
융취엔거湧泉閣

애인을 위한 교육 등 여러 분야의 선진화된 지식 교육이 전수되기 시작했습니다. 1876년(광서 2) J. L. 맥스웰 목사는 타이난과 가오슝의 '선교자 양성반'을 하나로 합쳐 타이난신학원의 전신인 타이난대학(신학교)을 설립했습니다. 또한 1882년(광서 8) G. L. 맥케이 목사가 단수이에 설립한 이학당대서원理學堂大書院('옥스퍼드 칼리지'로 불리기도 했다)은 타이완신학원·단장淡江중학교·전리眞理대학의 전신입니다. 2년 후 맥케이 목사는 타이완 최초의 여학교인 단수이여학당을 설립했습니다. 1885년(광서 11) 영국 기독교 장로교회에서 타이난에 장로교중학을 설립했고, 이듬해 장로교여학교를 세웠습니다. 두 학교는 지금 각각 창룽長榮중학교, 창룽여자중학교가 되었습니다. 비슷한 시기에 류밍전이 각각 류관가六館街(지금의 융창제永昌街)와 젠창가建昌街에 설립한 서학당西學堂과 전보학당電報學堂은 서양식 학당의 교육 체계를 도입한 학교였습니다.

타이베이 고붕

단수이청이 장화에 위치하다 보니 응시자들은 장화로 갈 수밖에 없었고, 부시나 원시를 치르는 이들은 반드시 타이난으로 가야 했다. 1875년 단수이청이 타이베이부府로 바뀐 후 1880년 타이베이 사신 홍등운洪騰雲의 기부금으로 고붕이 설립되었다. 지금의 중샤오시로忠孝西路 남쪽, 칭다오시로青島西路 북쪽, 중산난로中山南路 서쪽, 시저파크 호텔 동쪽 자리에 각각 위치했으며 2000명의 응시자를 수용할 수 있었다. 타이베이 고붕은 일본 시대 초반에는 군대 주둔지로 쓰이다가 나중에는 고위 관료들의 기숙사로 사용되었다. 전쟁이 끝난 후에는 시의회로 재건되었고, 훗날 시의회가 신이信義구로 이전한 뒤로는 공원으로 이용되었다.

타이베이에 사신 홍등운을 표창하기 위해 '급공호의急公好義[대중의 이익을 위해 열과 성의를 다하다]'라는 글귀가 적힌 편액이 걸려 있다.

1 일본 시대 초기, 대갑공大甲公학교의 여학생 기념사진. 어린 소녀들이 청나라 문화의 영향을 받아 전통 복장을 하고 있으며, 전족의 흔적도 엿볼 수 있다.

2 단수이여학당

3 이학당대서원(옥스퍼드 칼리지)

1891년(광서 17) W. 캠벨 목사는 타이난에 시각 장애인들을 위한 학교인 훈고
당訓瞽堂을 설립했습니다. 훈고당은 타이난 치총啟聰학교의 전신으로, 125년
의 역사를 자랑하고 있습니다.

청나라의 문학:
객지를 떠도는 벼슬아치들의 문학?

청나라의 통치는 1683~1894년까지 약 200년간 계속되었습니다. 이 기간의
문학을 살펴보면, 초반에는 청나라에서 파견된 관리나 명정 때부터 타이완에
거주해온 문인들이 주로 작품 활동을 펼쳤으며 그 내용은 타이완에서 보고 겪
은 일 또는 이주민의 애환을 묘사한 것이 주를 이룹니다. 전자의 경우 원주민
의 생활이나 아름다운 자연 경관을 기록한 내용이 특히 많으며, 대표적인 책
으로 『비해기유裨海紀遊』가 있습니다. 이 책은 욱영하가 1697년 유황을 채굴
하기 위해 타이완에 건너와 지낼 때 집필한 것으로, 청나라 한족의 시선에 비
친 당시 타이완의 모습이 두루 담겨 있습니다. 특히 옛 타이완의 역사·지리·
주민·산물 등 여러 분야를 다루었다는 점에서 사료적 가치를 인정받고 있습
니다. 일본 시대의 학자 이노 가노리伊能嘉矩와 문학인 니시기와 미쓰루西川滿
등이 욱영하의 『비해기유』를 번역하거나 각색하여 소개하기도 했습니다.

『비해기유』 외에 황숙경黃叔璥의 『대해사차록臺海使槎錄』 역시 주요 작품으
로 꼽힙니다. 황숙경은 1721년 타이완에서 발생한 '주일귀의 난' 이후 1722
년 파견된 최초의 순찰어사입니다. 관리들의 부도덕함 때문에 반란이 발생했
다고 판단한 강희제가 만주인 어사와 한인 어사를 1년 임기로 타이완에 보내
어 관리들을 사찰하도록 한 것입니다. 황숙경은 임기를 끝내고 본토로 돌아

가야 했으나 어명에 따라 임기가 연장되어 1723년까지 타이완에 머물렀습니다. 1736년에 집필된 『대해사차록』은 「적감필담赤嵌筆談」 4권과 「번속육고番俗六考」 3권, 「번속잡기番俗雜記」 1권으로 구성되어 있으며 그중 「번속육고」의 가치가 높게 평가되고 있습니다. 원주민을 '교화되지 못한 야만인'이나 '순진무구한 옛 유민遺民'으로 묘사해온 기존의 문헌들과는 달리 당시 원주민의 풍속과 생활상이 자세히 담겨 있을 뿐만 아니라 세력을 더해가는 한족의 압박에서 벗어나기를 바라는 원주민의 심정에 대한 깊은 관찰이 담겨 있기 때문입니다. 「번속육고」는 문학성뿐만 아니라 역사적 사료로서 그 가치를 인정받고 있습니다.

산문 이외에 죽지사竹枝詞와 팔경시八景詩도 유행했습니다. 욱영하의 『비해기유』에 수록된 「타이완죽지사」와 「토번죽지사」는 타이완 최초의 죽지사로 알려져 있습니다. 당나라 때 처음 등장한 죽지사는 원나라 때부터 경치와 풍속 등을 노래하는 시 양식으로 자리 잡았습니다. 주로 고사나 고전을 인용하는 일반 시가詩歌와 달리 거의 인용 문구를 넣지 않으며 통속어를 구사하는 특징이 있습니다. 다른 정형시에 비해 이해하기 쉬우면서도 칠언사구의 일정한 형식과 율격을 갖추고 있다는 점에서도 타유시打油詩[형식이 자유로운 해학시]와는 차이가 있습니다. 타이완의 죽지사가 지닌 또 다른 특징은 비슷한 주제의 죽지사를 연결한 연작시 형식의 연장죽지사連章竹枝詞가 유행했다는 점과 저자가 내용에 대한 주석을 붙였다는 점입니다. 저자가 직접 작품에 주석을 붙인 까닭은 타이완의 이색적인 풍속에 대한 부연 설명이 요구되었기 때문입니다.

팔경시는 지역의 8대 자연 경관을 시의 형식으로 묘사한 것입니다. '팔경'이란 북송의 화가 송적宋迪이 그린 여덟 폭의 그림 「소상팔경도瀟湘八景圖」에서 유래된 표현으로, 후난湖南 샹장湘江 유역의 8대 절경을 의미합니다. 현재 타이완 최초의 팔경시로 알려진 것은 고공건高拱乾의 『타이완부지臺灣府志』「예문지藝文志」에 수록되어 있는 「타이완팔경도」입니다. 고공건이 손꼽은 팔경은 '안평만도安平晚渡' '사곤어화沙鯤漁火' '녹이춘조鹿耳春潮' '계롱적설雞籠積雪' '동명효일東溟曉日' '서서낙하西嶼落霞' '징대관해澄臺觀海' '비정청도斐亭聽濤'입니다. 타이완에서 팔경시가 유행하게 되면서 평산 팔경, 단수이 팔경 등 각 지역의 경관을 팔경화하는 경향이 나타났습니다.

청나라 건융·가경 연간에 문화와 교육이 진보하면서 수많은 문인이 등장했고 각 지역의 아름다움을 표현한 문학작품도 풍성해졌습니다. 타이베이에서는 기둥이나 벽에 세로로 글을 써 붙이는 주련柱聯 문학이 발달했는데, 특히

욱영하의 「토번죽지사土番竹枝詞」

타이완 원주민들의 풍속을 24편으로 묘사한 죽지사竹枝詞다. 제2수에 저자(욱영하)의 주석이 붙어 있는데, 원주민의 문신을 직접 보지 않고 상상만으로는 설명하기 힘든 내용이다.

(24수 중 제2수)

문신이라는 옛 풍속은 먹실을 새기는 것이니	文身舊俗是雕青
등 위에 새가 날개를 펼쳤구나	背上盤旋鳥翼形
돌연 표범으로 변한 모양이	壹變又為文豹鞹
잡귀신처럼 흉악하네	蛇神牛鬼共猙獰

* 반선半線(지금의 장화彰化): 북쪽에서는 가슴과 등에 표범 문양을 새겨 넣었는데, 마치 소매 없는 겉옷을 걸친 것처럼 보인다.

(24수 중 제24수)

혼령들이 떠도는 깊고 험준한 산에	深山負險聚遊魂
괴뢰라 불리는 마을이 있네	壹種名為傀儡番
잘린 머리들이 대문 앞에 늘어져 있으니	博得頭顱當戶列
해골 더미 쌓인 곳이 바로 호문豪門이었네	髑髏多處是豪門

신주 지역에는 잠원潛園·북곽원北郭園과 같은 유명한 원림이 있어 원림시園林詩가 유명했습니다. 정용석의 『북곽원전집』, 임점매林占梅의 『잠원금여초潛園琴餘草』 등은 모두 뛰어난 작품으로 꼽힙니다.

타이완 중부 지역에서는 사회 현실과 백성의 고통을 주제로 한 작품이 많았으며 대표 문인으로는 장화현의 시인 진조흥陳肇興과 홍기생洪棄生이 있습니다. 남부 지역에서는 고사나 고전을 인용한 작품이 많이 창작되었으며, 주요 문인으로는 허남영許南英과 왕춘원汪春源 등이 있습니다.

백성은 볼 수 없었던 팔경

고공건의 팔경 중에는 '징대관해澄臺觀海'와 '비정청도斐亭聽濤'가 있다. '징대'와 '비정'은 고공건에 의해 처음 언급된 정자와 누대로, 그는 '비정'을 건립하고 나서 그 옆에 '징대'를 세웠다. 모두 관아 안에 있었기 때문에 일반인들은 이곳에 드나들 수 없었다. 관아가 있던 곳은 현재 융푸永福초등학교가 되었다. 예전에는 강과 바다가 보이고 파도 소리를 들을 수 있었지만 지금은 차량이 지나다니는 번화가가 되었다. 그야말로 상전벽해다.

바다처럼 넓은 뜻 품고 일 없이 높은 누대에 오르네
안기생이 먹은 참외만 한 대추 떠오르고 크고 흰 자라 산으로 내달리네
몽롱한 기운 자주조개로 들어가 비린내 나는 붉은 털을 씻는구나
바다 건너는 것 평소의 뜻이니 어찌 노 젓는 수고를 마다하리오
섬엔 울음소리 내는 기이한 돌 많으니 대부분 파도치는 소리로다
대숲 향해 귀 기울여보지만 숲에서 나는 소리가 아니네
바다의 휘파람 소리라고 말해주면 손님은 의아하여 갸웃거리니
여름 더위로 청담도 싫증날 때 백만 군사가 달리는 듯하구나

有懷同海闊, 無事得臺高, 瓜憶安期棗 山驅太白鰲
鴻濛歸紫貝 腥穢滌紅毛, 濟涉平生意 何辭舟楫勞
島居多異籟 大半是濤鳴, 試向竹亭聽, 全非松閣聲
人傳滄海嘯 客訝不周傾, 消夏清談倦 如驅百萬兵

壽而寒梅秀而瘦

임점매의 서예 작품

　본토에서 건너온 문인뿐만 아니라 타이완 출신의 문인도 점차 늘어나면서 시사詩社 활동이 활발해졌습니다. 청나라의 주요 시사로는 1849년 임점매가 결성한 잠원음사潛園吟社, 1863년에 결성된 죽사竹社, 1886년 기존의 죽사와 매사梅社를 하나로 합친 죽매음사竹梅吟社, 1893년 당경숭唐景崧이 결성한 모단음

백성이 즐길 수 있었던 팔경

'팔경' 개념은 타이완을 거쳐 일본으로 전해졌고, 메이지 유신 이전까지 일본 문인들 사이에 '근강팔경近江八景'이 유행했다. 메이지 유신 이후 관광업이 발달하기 시작하자 일본은 과거 문인들이 노래한 팔경을 관광지로 활용할 수 있다는 것을 깨달았다. 이에 1927년 오사카마이니치 신문사와 도쿄니치니시 신문사가 철도성(지금의 국토교통성)의 지원을 받아 일반인을 대상으로 인기투표를 진행한 다음 전문가의 심사를 거쳐 '일본신팔경日本新八景'을 선정했다.

같은 해 『타이완일일신보』에서도 투표를 통해 '타이완 팔경'을 선정했다. 선정된 팔경으로는 지룽의 쉬강旭岡·단수이·바셴산·르웨탄日月潭·아리산阿里山·서우산壽山·어롼비鵝鑾鼻·타이루거太魯閣가 있다. 이름만으로도 알 수 있듯이 과거의 팔경은 자연 환경과 인문 환경이 어우러진 고상한 풍격 위주로 선정한 반면 '타이완 팔경'은 오로지 자연 경관만을 대상으로 선정한 것이다.

일본 시대 르웨탄 사오족邵族의 모습

사牡丹吟社, 1894년 임경상林景商이 결성한 해동음사海東吟社 등이 있습니다. 그 중 모단음사는 본토에서 파견된 관리와 타이완 출신의 시인을 합쳐 약 100명 의 문인으로 구성된, 타이완 전역을 아우르는 시사였습니다. 시사의 활동이 활발해지면서 '시종詩鐘〔제한된 시간 안에 시를 짓는 규칙〕' '격발음擊缽吟〔놋쇠 그릇 등을 두드려 소리가 멈추기 전까지 시를 짓는 규칙〕' 등 다양한 문예 유희가 유행하기도 했습니다. 일본 시대에도 시사 활동은 중단되지 않았으며, 전쟁 시기를 거쳐 지금까지도 시를 사랑하는 많은 이들의 모임 활동으로 명맥을 잇고 있습니다.

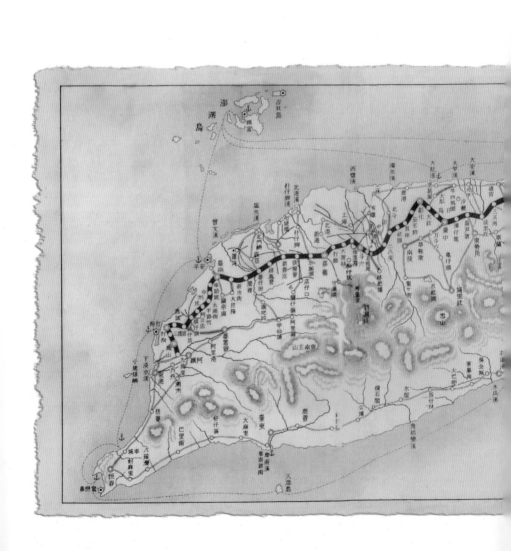

4장
일본 시대

1908년 타이완 철도 노선도

타이완은 왜
일본에 할양되었을까?

5월 29일 일본군이 아오디澳底에 상륙했다. 6월 3일 민주국 정규군이 대항했으나 200명 넘는 사상자를 내고 패했다. 6월 4일 민주국 총통 당경숭唐景崧은 은화를 챙겨 잠적했다가 청나라로 달아났다. 부통령 구봉갑丘逢甲마저 청나라로 떠나자 나라를 지키던 병사들이 약탈자로 변신하는 등 타이완은 임자 없는 섬이 되어 혼란의 소용돌이에 빠져들었다.

목표는 류큐, 타이완은 덤

1895년 청일전쟁에서 패한 청나라는 시모노세키 조약에 따라 타이완과 펑후 제도를 일본에게 할양했습니다. 이민족의 통치를 받게 되었다는 소식이 타이완에 퍼지자 사람들은 큰 혼란과 두려움에 휩싸였습니다. 무엇보다 저 멀리 떨어져 있는 조선을 쟁탈하고자 청·일 양국이 벌인 전쟁에 어째서 애꿎은 타이완이 희생되어야 하는지 납득할 수 없었습니다. 타이완은 왜 일본의 손에 넘겨진 것일까요? 타이완인들은 어떻게 대응했을까요? 이에 대한 대답은 그 무렵의 역사적 흐름을 통해 확인할 수 있습니다. 다만 분명한 것은 일본의 통치가 타이완의 이후 역사에 지대한 영향을 끼쳤다는 점입니다.

일본이 1895년 협상 테이블에서 타이완을 요구한 것은 충동적으로 내린 결정이 아니라 오랫동안 심사숙고한 것이었습니다. 19세기 중반 메이지 유신을 통해 근대화에 박차를 가할 당시 일본은 서구 열강에 대항하여 막강한 근대국가로 성장하는 데 온 신경을 집중하고 있었습니다. 당시 일본의 관료나 학자들은 자원이 부족한 자국 경제가 농업에 편중된 점을 지적하며 농촌 인구를 이주시킬 필요가 있다고 보았습니다. 그리고 이주하기에 가장 적합한 지역으로 열대작물 재배가 가능하거나 광산 자원이 풍부한 남양南洋 지역(지금의 동남아 일대)을 추천했습니다. 남쪽으로 진출해야 한다는 주장이 설득력을 얻게 되면서 일본과 동남아시아 사이에 위치한 타이완은 더욱 큰 관심의 대상이 되었습니다.

한편 일본은 남쪽에 위치하여 서양 세력의 침략으로부터 '방파제' 역할을 해줄 류큐 왕국을 탐내고 있었습니다. 그러던 중 1871년 타이완 연안에 표류한 류큐 미야코섬의 선원들이 타이완 원주민에 의해 살해당하는 사건이 벌어지자 이를 핑계로 1874년 타이완 남쪽 지역에 파병했습니다. 청나라를 압박해 류큐 왕국을 일본의 속국으로 인정받는 것이 가장 큰 목적이었지만, 전쟁에 앞서 타이완의 지형을 탐사하여 전투에 대비하려는 계산도 있었습니다. 예를 들어 초대 타이완 총독에 임명된 가바야마 스케노리樺山資紀는 1872년 당시 이란 등지를 수차례 탐사했던 일본 육군 소령이었습니다. 이러한 현장 탐사 결과 일본은 타이완이 동남아시아 지역 진출의 거점으로 삼기에 적합하다는 확신을 얻을 수 있었습니다. 타이완은 동남아시아 지역과 일본의 중간 지점에 위치하기 때문에 항로를 통제하고 보급품을 운송하기에 최적일 뿐만 아니라 군사적 요충지로도 더할 나위가 없었던 것입니다. 게다가 일본에서 생산되는 면직물의 수출 시장을 개척해야 하는 상황에서 설탕·장뇌·찻잎을 자체 생산하여 수출하고 있는 타이완은 경제적 수익성을 기대할 수 있는 곳이었습니다. 이처럼 일본이 청나라에 타이완 할양을 요구한 것은 여러 목적이 복합적으로 작용한 결과라고 볼 수 있습니다.

일본과 청나라가 협상을 벌인 바칸세키馬關(시모노세키의 옛 지명)의 음식점 슌반러우 내부 모습

일본 제국의 첫 해외 식민지

1882년 조선에서 당쟁이 일어나자 청나라와 일본은 분쟁을 해결하기 위해 조선에 군사를 보냈다. 이후 1885년 양국은 조선에 군대를 파병할 경우 상대방에게 알려야 하며 조선에 군대를 주둔시킬 수 없다는 내용의 텐진 조약을 맺었다. 1894년 3월 조선에서 동학농민운동이 발생하자 양국은 약속대로 한반도에 파병해 진압에 나섰다. 사태를 진정시킨 후 청나라는 철수했으나 일본은 철수를 거부한 채 조선에 개혁을 강요했다. 급기야 궁궐 안으로 쳐들어가 조선의 왕을 몰아내고 아산에 주둔한 청나라 군대를 쫓아냄으로써 결국 청일전쟁을 촉발했다.

일본군은 청나라 육군과 북양함대를 연이어 무찌르고 웨이하이웨이威海衛를 점령했으며, 기세를 몰아 랴오양遼陽·안산鞍山·펑후 등지까지 잠식했다. 당시 광서제는 반격을 주장했으나 서태후와 리훙장李鴻章은 협상을 원했다. 리훙장이 파견되어 영토와 배상금을 요구하는 일본과 협상을 벌였다. 일본이 과도한 조건을 내걸어 협상이 지연되고 있는 상황에서 리훙장을 암살하려던 계획이 실패로 돌아가자 일본은 다소 누그러진 태도를 보였다. 결국 1895년 4월 17일 슌반러우春帆樓에서 타이완·펑후·랴오둥반도를 일본에 할양한다는 내용의 시모노세키 조약이 체결되었다. 5월 8일 산둥 즈푸芝罘에서 비준서를 교환했지만 러시아·독일·프랑스 3국이 간섭하여 일본에게 랴오둥반도 반환을 요구했다. 6월 17일 일본이 시정식始政式을 거행함과 동시에 타이완은 일본 제국의 첫 해외 식민지가 되었다.

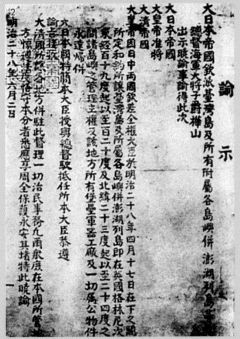

諭　示

大日本帝國欽派臺灣島及所有附屬各島嶼併澎湖列島軍

總督海軍大將子爵樺山

大日本帝國

大皇帝准將

大清帝國

出示曉諭事諭得此次

大皇帝因日中兩國欽差全權大臣於明治二十八年四月十七日在下之關所定和約內讓與臺灣島及所屬各島嶼併澎湖列島即在英國格林尼次東經百十九度起以至百二十度及北緯二十三度起以至二十四度之間諸島嶼之管理主權及該地方所有堡壘軍器工廠及一切屬公物件

永遠歸併

大日本帝國特簡本大臣授與總督駐任所本大臣恭遵

諭旨遵辦事

大清國防總督此方併此督駐任所本大臣恭

方懷法英稽守本分者悲庶享周全保護永安其堵特此曉諭

一切治民事務凡兩歇庶在本國所管之

明治二十八年六月二日

1　요코하마마루橫濱丸 선내에서 타이완
　할양에 관한 회의를 진행하는 모습
2　타이완 할양 지시문

타이완 민주국이 아시아 최초의 민주 국가라고?

타이완을 일본에 할양하는 조약이 체결되자 청나라 조정은 민심을 잃었고 다른 나라들로 하여금 중국 영토를 넘보게 만드는 계기가 되었습니다. 이에 학자 캉유웨이康有爲와 량치차오梁啓超는 1000명이 넘는 거인들과 함께 「공차상서公車上書」라는 상소를 지어 조정에 바쳤습니다. 그 핵심 내용은 시모노세키조약에 강력히 반대하며 전략적 요충지인 타이완을 지켜야 한다는 것이었습니다. 이에 타이완 사람들은 앞서 언급한 것처럼 분노와 의구심에 타올랐으며, 지주나 평민 모두 저항하고 나섰습니다.

당시 타이완 순무巡撫였던 당경숭은 먼저 남양대신南洋大臣 장지동张之洞의 의견을 수렴해 삼국 간섭의 당사국인 러시아·독일·프랑스와 적극적으로 연락을 주고받았습니다. 뿐만 아니라 타이완과 무역 활동을 벌이고 있던 영국과 미국에게도 이 문제에 개입해주기를 청했습니다. 그러나 대부분의 국가는 랴오둥반도 반환에만 개입했을 뿐 더 이상은 일본을 자극하지 않으려 했습니다. 결국 1895년 5월 25일 당경숭·구봉갑·유영복劉永福 등이 타이완 민주국 수립을 선언하고 타이완의 '자립'을 외쳤습니다. 이 사실을 두고 타이완 민주국이 아시아 최초의 민주 국가라고 주장하는 사람들도 있습니다. 그러나 '영청永淸'이라 지은 연호의 의미[영원한 청나라]를 미루어 보았을 때 이들의 선언은 청나라로부터 독립된 나라를 세우려 한 것이라기보다는 일본의 '외교적 계략'에 대항한 몸부림에 가까운 것입니다. 당연히 타이완 민주국은 독립 국가로 볼 수 없었고, 엄격히 구분된 행정조직을 갖춘 상태도 아니었습니다.

5월 29일 일본군이 아오디澳底에 상륙하자 6월 3일 민주국 정규군이 대응 공격에 나섰으나 200명이 넘는 사상자를 남기고 패배했습니다. 민주국 총통 당경숭은 6월 4일 은화를 챙겨 타이베이를 떠났고, 이틀 후 청나라로 숨어들

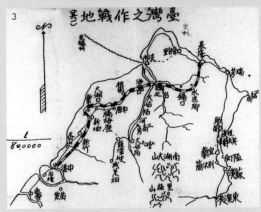

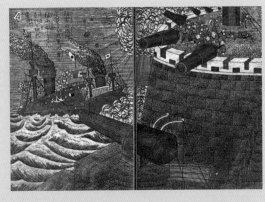

1 초대 타이완 총독 가바야마 스 케노리
2 아오디에 상륙한 기타시라카와 노미야北白川宮 근위사단
3 일본군이 직접 그린 작전 지도
4 타이완 군함을 진압하는 일본군

었습니다. 부총통인 구봉갑마저 당경숭을 따라 비밀리에 청나라로 달아나버리자 장수를 잃은 군인들은 약탈을 일삼기 시작했고 나라는 순식간에 혼란에 빠져들었습니다. 한편 리춘성을 포함한 타이베이 상인들은 재산과 신변의 안전을 위해 구셴룽辜顯榮을 일본군에게 보내 타이완 사회를 안정시켜 줄 것을 요청했습니다.

'대나무와 식칼'을 들고 일본에 맞서다

타이베이 상인들이 도망가거나 먼저 투항해왔기 때문에 나머지 지역도 순조롭게 점령할 수 있을 것이라고 생각한 일본군은 중남부 지역에 도착했을 때 자신들이 얼마나 어리석고 순진했는지를 깨달았습니다. 타이베이에서 남쪽으로 진군하여 신주에 도착하자마자 강력한 저항 세력에 맞닥뜨린 것입니다. 무역에 종사하는 상인이 많은 타이베이에서는 하루 빨리 사회질서가 회복되기를 바라는 분위기였으나 주로 쌀·설탕·찻잎을 생산하거나 토지를 소유한 지주들이 많은 중남부 지역의 정서는 전혀 달랐습니다. 이민족의 지배를 받게 되면 토지와 재산을 빼앗길 것이 뻔하기 때문에 땅을 지키겠다는 의지가 강렬했습니다. 더군다나 청나라 통치 시기에는 정부의 영향력이 현 단위까지 미쳤을 뿐 그 이하 규모의 지방 촌락은 호족 세력이 지배하고 있었습니다.

침략자와 맞붙게 된 주민들의 손에 들린 무기라고는 '대나무와 식칼'이 전부였습니다. 일본군의 총칼에 비하면 무기라 할 수 없는 수준이었으나 결사 항전의 의지로 일본군에 맞서 싸웠습니다. 먀오리苗栗 출신의 오탕흥吳湯興과 강소조姜紹祖가 이끄는 마을 부대는 장화현의 바과산八卦山, 자이청嘉義城, 남부 류두이 부위에러우步月樓 등지에서 치열한 전투를 벌였습니다. 주목해야 할 점은 이들의 싸움은 청나라에 대한 충성심이나 타이완의 독립을 위해서가 아니라 단지 자기 삶의 터전을 지키기 위한 것이었다는 사실입니다.

일본은 타이완 남부를 점령하기 위해 두 번에 걸쳐 병력을 증원해야 했습니다. 약 3만7000명의 병사가 투입되자 기타시라카와노미야 요시히사 친왕과 장교 1만여 명의 체면은 구겨질 대로 구겨졌습니다. 이때의 전투로 인해 약 500명~600명의 병사가 사망했고 다른 병사들도 콜레라나 말라리아 같은 전염병에 걸려 속수무책으로 병사했습니다. 타이완의 정규군과 비정규군을 합친 병력은 약 3만3000명이었으나 이 가운데 사상자가 1만 명이 넘었고, 전투 과정에서 10만 명의 무고한 백성이 고통 받거나 사망했습니다.

타이완인의 격렬한 저항으로 인해 일본군의 점령 과정은 쉽지 않았습니다. 11월 18일 초대 타이완 총독으로 임명된 가바야마 스케노리가 타이완 평정을 선언한 이후에도 일본에 저항하는 비정규 무장 집단의 활동은 끊이지 않았습니다. 북부 지역에서 차를 재배하는 농부 천추쥐陳秋菊가 1895년 말 선킹深坑의 무장 집단을 이끌고 일본군을 공격하자 기회를 엿보던 타이베이 각 지역의 항일 무장단체들이 이에 호응하여 총공격에 나섰습니다. 1896년 1월 1일에도

육씨 선생 사건의 피해자인 6명의 교사들   일본군의 습격

많은 주민들이 들고일어나 타이베이성을 향해 진격했습니다. 이때 일본이 타이완에 처음 설립한 교육 기관인 즈산옌 학당의 교직원 6명이 신년 행사에 참가하기 위해 총독부로 가던 도중 항일 무장 집단의 습격을 받아 사망하는 사건이 벌어졌습니다. 이 사건이 바로 '육씨六氏 선생 사건'입니다.

일본은 타이완에 호의를 베풀었을까?

일본이 타이완을 식민지로 삼고자 한 이유는 타이완이 전략적으로 중요한 지점에 위치하고 있으며 자원이 풍부하기 때문입니다. 그러나 예상치 못한 강경한 저항에 부딪쳐 일본의 통치는 순조롭지 못한 상태에서 시작했습니다. 내란을 평정하여 질서를 잡아 나가는 과정에서 여러 지역을 누비고 다니는 항일 무장 단체의 신출귀몰한 공격을 받았으며, 타이완의 전염병으로 목숨을 잃은 일본인도 적지 않았습니다. 타이완을 통치하기 위해 막대한 국가 재정을 투입했는데도 일이 뜻대로 풀리지 않자 일본 정부는 의기소침해졌습니다. 그러자 1897년 제국 의회에서는 1억 엔을 받고 타이완을 프랑스에 매각해야 한다는 '타이완 매각론'까지 제기되었습니다. 물론 타이완은 매각되지 않았고, 일본의 통치는 계속되었습니다.

일본은 아시아에서 유일하게 식민 지배가 가능한 제국이라는 점을 과시하기 위해 첫 해외 식민지인 타이완을 통치하는 데 심혈을 기울였습니다. 우선 식민 정부인 타이완 총독부는 타이완의 국가 기반을 조성하기 위해 현지의 관습법을 조사한 뒤 과도하지 않는 범주에서 법을 새롭게 정비했습니다. 그리고 일본의 헌법과 따로 분리함으로써 제국의회의 결의를 거치지 않고 즉시 판결을 선고하거나 경찰의 권한을 확대할 수 있도록 했습니다. 이는 무장 세력을 신속히 진압하는 데 초점을 둔 것이었습니다.

 교육의 보급과 근대 지식을 확산시키는 것 역시 식민 지배의 수단으로서, 일본은 '원활한 식민 통치에 협조적인 타이완 양민'을 양산하기 위해 기본적인 지식을 전수하는 초등교육을 실시했습니다. 그러나 타이완인이 고급 지식을 습득하여 저항 의식을 키울 것을 우려하여 고등교육은 허용하지 않았습니다. 이에 따라 학습 제도나 교육의 내용 또는 시험 성과 면에서 타이완인은 일본인보다 저급한 수준에 머물렀습니다. 그런 반면 일찌감치 전투를 벌이는 과정에서 타이완의 위생과 의료 시설이 미흡하다는 사실을 확인한 일본은 하수도를 준설하고 병원과 공중위생 시설을 설치하는 데 재정을 투입했습니다. 피지배인들이 위생 문제를 자각할 수 있도록 위생 교육을 실시했고, 의학 연구를 지원하여 흑사병·말라리아·콜레라와 같은 전염병 피해를 점차 줄여 나갔습니다.

 일본의 식민 통치를 긍정적으로 보는 이들은 이러한 일본의 행정을 치적으로 평가하면서 그들의 식민 통치가 타이완의 근대화를 이끌었다고 주장합니다. 그러나 일본의 이러한 노력은 타이완을 위한 것이 아니라 식민 통치가 잘 추진될 수 있는 기반을 조성하기 위한 것이었으며, 식민지의 자원을 이용해 자국의 이익을 챙기기 위한 계획이었다는 사실을 잊어서는 안 됩니다. 그들은 자신의 목적을 달성하기 위해 타이완인의 이익을 희생시켰으며 협조를 강요했습니다. 타이완에 제공된 근대화란 일본의 식민 통치에 호응해 얻어낸 결과일 뿐 인권과 자유가 보장되지 않은 반쪽짜리 근대화에 불과한 것이었습니다.

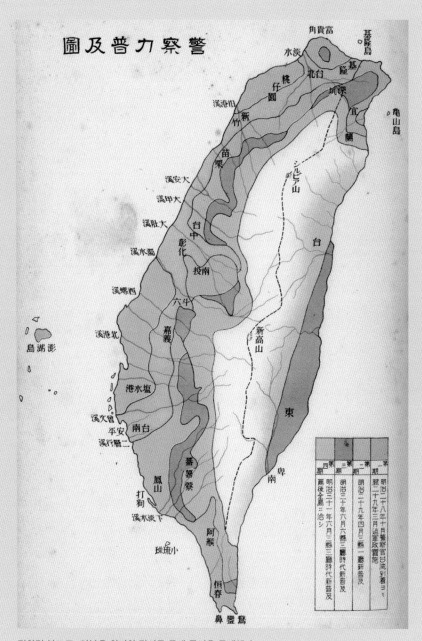

경찰력 분포도. 일본은 철저한 감시를 통해 국민을 통제했다.

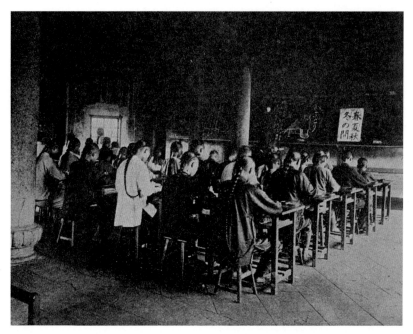

메이지 시대 초기의 초등학교. 일본은 타이완인에게 초등 교육 시설을 제공했다.

일본의 통치 방식

일본은 자국의 엄밀한 법률 체계와 통계 방식을 활용하여 정책을 수립함으로써 통치 권력이 개인에게 영향을 끼칠 수 있도록 조치했습니다. 일본의 이러한 근대식 통치는 타이완인에게 커다란 충격을 안겨주었습니다. 타이완을 정복한 후 200여 년 동안 별다른 성과가 없었던 청나라의 통치와는 확연히 달랐기 때문입니다.

일본은 통치 초기에 '주민 거취 결정일'을 지정해 타이완에 거주하는 이들 스스로 거취 문제를 결정하도록 했습니다. 1895년 5월 8일부터 1897년 5월 8일까지 2년 기한을 주고 타이완에 남아 일본의 통치를 받을 것인지, 아니면 모든 재산을 처분하고 다른 나라로 이주할 것인지를 선택하게 한 것입니다. 2년 후 타이완에 남기로 한 모든 사람은 일본 제국의 '국적'을 갖게 되었습니다. 반면 줄곧 타이완에 거주했으나 1897년 5월 8일 이후 타이완을 떠나기로 한 자, 즉 일본인 국적을 갖지 못하게 된 타이완인은 여권으로 신분을 증명해야 했습니다. 과거 청나라의 느슨한 통치에 익숙한 사람들에게 '국적'과 '신분 증명'이란 무척 생소한 개념이었습니다. 1897년 5월 8일 이전에 타이완을 떠난 이들은 약 0.25퍼센트밖에 안 되지만, 그렇다고 남아 있는 사람들이 다 일본의 통치를 인정한 것은 아니었습니다. 대체로 가업을 포기하지 못해서이거나 별다른 위기의식을 느끼지 못해 남게 된 것이었습니다.

이러한 상황이 전개되자 사람들은 청나라와 일본에 대해 복잡한 감정을 갖게 되었습니다. 청나라의 경우 타이완과 무관한 전쟁에 개입한 결과 공식적으로는 남남이 되었지만 무역과 관광의 대상국으로 청나라만 한 나라가 없었습니다. 심지어 조국이 힘을 되찾아 이민족의 통치로부터 자신들을 구원해주길 바라는 사람도 많았습니다. 반면 일본에 대해서는 이민족의 낯선 문화와 차별 대우에 반감을 느끼면서도 강대한 군사력으로 근대화 정책을 힘 있게 펼치는 기세에는 두려워할 수밖에 없었습니다.

일본에 할양된 지 10여 년 후 1911년 신해혁명이 일어나고 1912년 중화민국이 탄생하자 타이완은 또 다시 고민에 빠져들었습니다. 당시 타이완의 지식인들은 준정부 기관에서 발행된 『타이완일일신보』를 통해 청나라의 정세를 파악하고 있었는데, 조국의 파멸에 눈물짓는 이들도 있었지만 새로운 정권이 들어서는 모습을 제3자의 시선으로 바라보는 이들도 있었습니다. 특히 상인들은 중국으로 넘어갈 때 필요한 여권을 제대로 발급 받을 수 있을지, 차와 설탕의 수출이 얼마나 줄어들 것인지를 걱정했습니다. 어쨌거나 시모노세

키 조약이 체결된 이래 일본과의 오랜 항쟁 속에서 고통 받으며 정체성의 혼
란을 겪어야 했던 타이완인들은 점차 마음의 부담을 털어내기 시작했습니다.
끊으려야 끊을 수 없었던 조국은 더 이상 존재하지 않기 때문입니다. 이제는
현실로 돌아와 새로운 정권을 맞이할 때가 된 것입니다.

을미전쟁

타이완 할양 조치에 반발하여 일어난 모든 싸움이 1895년 을미년에 발생했기 때문에 을미전쟁이라는 명칭이 붙었다. 1895년 5월 청·일 양국이 타이완 할양 절차를 마무리한 이후, 29일 기타시라카와노미야 요시히사 친왕의 근위사단은 첫 번째 저항 세력인 타이완 민주국 부대와 맞닥뜨렸다. 그러나 민주국 총통 당경숭과 부총통 구봉갑이 타이완을 떠나 청나라로 달아남으로써 민주국은 와해되었고, 6월 11일 일본군은 타이베이성을 점령하고 시정식을 거행했다.

6월 19일 타오위안桃園·신주 지역으로 진격하던 근위사단은 두 번째 저항 세력, 즉 오탕흥·서양徐驤·강소조 등 사신 계층으로 구성된 민병대와 격돌했다. 유격전으로 인해 많은 사상자가 발생했음에도 불구

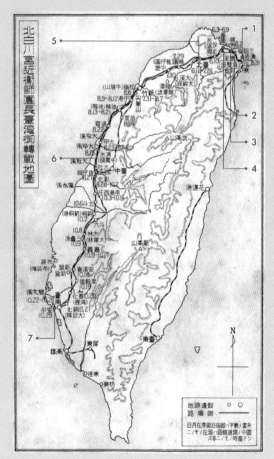

하고 일본군은 순조롭게 신주와 먀오리를 점령했다. 같은 해 8월 오탕흥·서양·오펑년吳彭年 등이 지휘하는 의용군은 바과산에서 막강한 부대를 조직해 다두강大肚溪을 사이에 두고 일본군과 대치했다. 29일 일본군이 다두강을 건너 바과산에 총공세를 펼쳤는데, 이 바과산 전투가 을미전쟁 중 가장 규모가 큰 전투였다. 싸움에서 오탕흥·오펑년 등의 우두머리를 잃고 사기가 꺾인 의용군은 장화 지역을 일본군에게 내주다시피 했다.

남부 지역 점령에 박차를 가하던 일본군이 10월에 자이·핑둥 지역에 상륙했을 때 타이난 민주국 대장군 유영복이 공격에 나섰으나 참패를 당하고 타이난을 일본군에 내줌으로써 마침내 을미전쟁은 막을 내렸다. 일본은 막강한 군사력과 첨단 무기로 무장했지만 의용군과 싸우는 과정에서 큰 희생을 치렀다. 지휘관이었던 기타시라카와노미야 요시히사 친왕도 을미전쟁으로 인해 목숨을 잃었다.

1937년 기타시라카와노미야 근위사단의 지도

을미전쟁 노선 안내도

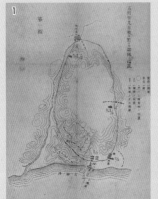

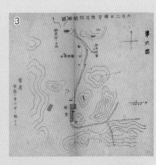

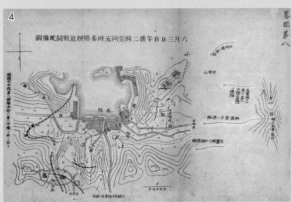

1 5월 29일 밤 근위사단의 위치
2 5월 30일 싼댜오링三貂嶺 부근에 배치된 부대와 벌어진 전투
3 6월 2일 루이팡瑞芳 부근에서 벌어진 전투
4 6월 3일 오후 2시~5시까지 지룽 부근에서 벌어진 전투
5 히시지마比志島 혼성여단混成旅團의 대령과 사령부원
6 바과산 포루를 점령한 모습
7 일본군과 협상에 실패한 유영복은 안핑에서 중국 본토로 떠났다.

타이완 민주국은
정말 민주적이었을까?

주말에 시먼딩西門町을 걷다 보면 종종 타이완 독립을 외치는 군중과 맞닥뜨리게 된다. 그들은 '타이완국'이라고 적힌 깃발을 들고서 거리를 지나는 사람들을 향해 자기의 이념을 전한다. 그러나 이러한 움직임이 이번이 처음은 아니다. 1895년 비록 짧은 기간이었지만 타이완이 정권을 잡았던 때가 있었다. 바로 '타이완 민주국' 시기다.

할양되느니 죽음을 택하겠다!:
타이완 민주국의 성립 과정

1895년 시모노세키 조약에 따라 타이완·펑후·랴오둥반도가 일본의 손에 넘어가는 상황에서 러시아·프랑스·독일 삼국이 끼어들어 일본을 압박했습니다. 랴오둥반도를 청나라에 반환하라는 요구였습니다. 그 결과 랴오둥 반도를 제외한 타이완과 펑후 제도만 일본의 식민 지배를 받게 되었습니다. 이에 분노한 타이완의 사신들은 순무 당경숭을 향해 청원 활동을 벌였습니다. 당경숭이 발표한 「대민보고臺民布告」를 살펴보면 당시 이들이 할양 소식에 얼마나 격분했는지를 확인할 수 있습니다. 타이완인들은 청나라 조정에 상소를 올린 뒤 영국·러시아·프랑스·독일에도 도움을 촉구했습니다. 랴오둥 반도를 되찾아준 것처럼 타이완도 반환되기를 바란다는 내용이었습니다. 그러나 이 모든 노력은 헛수고로 돌아갔고, 자립과 자강의 대책을 강구해야 하는

당경숭이 타이완 민주국 총통으로 추대된 후 사용된 국새 '민주국지보인民主國之寶印'

타이완인들은 "전쟁으로 모두가 죽어 타이완을 잃는 한이 있더라도 결코 호락호락하게 내주지 않겠다"며 결의를 다졌습니다.

반면 타이완을 할양 받은 일본은 상황이 뜻대로 풀리지 않고 분란만 이어지자 내부에서는 타이완 매각론이 제기되었습니다. 4월 17일에 시모노세키 조약이 체결되고 나서 5월 10일에 타이완 조사에 참여한 경험이 있는 가바야마 스케노리가 초대 총독으로 임명되었으니 매각론은 한 달도 안 되는 기간에 발생한 것입니다.

가바야마 총독이 임명된 지 5일 만에 당경숭은 「대민보고」를 발표한 데 이어서 진계동陳季同이 초안을 작성한 「타이완민주국 독립선언」을 공표했습니다. "하소연할 하늘이 없고 따를 주인이 없어, 이에 우리는 타이완이 독립 민주 국가임을 선언한다. (…) 나라의 모든 정책은 먼저 의회를 구성하여 의원을 선출하고 구체적인 법률과 조례를 제정하도록 한다."

이로써 타이완 민주국의 성립이 선포되었습니다. 당경숭이 총통으로 추대되었고, 구봉갑은 부총통 겸 단련사團練使(군사 업무를 주관하는 직책), 유영복은 대장군에 임명되었습니다. 수도는 타이베이, 국기는 파란 하늘에 노란 호랑이가 그려진 '황호기黃虎旗', 연호는 '청나라 조정을 받들다'라는 의미의 '영청永清'으로 정했습니다. 독립 국가의 연호가 '영청'이라 정해진 데는 당경숭을 포함한 대부분의 관료가 청나라 출신이라는 사실과 관계가 있습니다. 그러나 새 연호를 지었다는 사실 자체로 당경숭은 청나라를 배반한 셈입니다.

수용과 저항

타이완 민주국의 탄생은 무모한 도전으로 치부될 수도 있습니다. 그러나 그들은 군비를 마련할 실질적인 방안을 고심했으며, 군비 조달에 관한 방안을 민주국의 선언문에 명시하기도 했습니다. "머지않아 상하이·광주 그리고 동남아시아 일대의 부두에 회사를 설립해 자금을 마련할 것이다. (…) 타이완의 독립에 찬성하고 함께 나라를 지키려는 자에게는 타이완의 금광과 탄광, 논밭과 토지를 빌려주고 개척하여 모두가 이익을 취할 수 있게 할 것이다."

그러나 안타깝게도 발등에 떨어진 불을 끄지는 못했습니다. 5월 29일 아오디(지금의 신베이 궁랴오貢寮)에 상륙한 일본에 맞서 민주국 정규군은 치열한 전

타이완 민주국 연대표(1895)

4월 17일	청·일 양국의 시모노세키 조약으로 타이완·펑후·랴오둥반도가 할양되었다.
5월 10일	일본은 가바야마 스케노리를 초대 총독으로 임명했다.
5월 10일	당경숭은 「대민보고」를 발표해 "전쟁으로 모두가 죽어 타이완을 잃는 한이 있더라도 결코 호락호락하게 내주지 않겠다"라는 뜻을 밝혔다.
5월 25일	당경숭이 「타이완민주국독립선언」을 공포함으로써 타이완 민주국이 성립되었다.
5월 29일	일본군이 아오디에 상륙했다.
6월 3일	전쟁에 패한 민주국 정규군은 타이베이로 후퇴했다.
6월 6일	당경숭은 단수이에서 샤먼으로 도망쳤고, 이 소식을 접한 구봉갑 역시 은화를 챙겨 광동으로 달아났다.
6월 11일	구셴룽이 멍자의 관료들을 대표해 일본군을 맞이함으로써 투항했다.
6월 17일	가바야마가 타이베이에서 시정식을 거행했다.
6월 26일	유영복은 타이난에서 2대 총통으로 추대되었다. 도읍을 타이난으로 옮기고 대천후 궁大天後宮을 총독부로 삼았다.
8월 29일	일본과 민주국이 바과산 근처에서 치열한 전투 끝에 일본군이 승리를 거두었다. 이 사건은 훗날 '바과산 사건'으로 불리게 되었다. 유영복은 몰래 달아났고, 이로써 민주국의 짧디짧은 역사는 막을 내렸다.

투를 벌였으나 싸움에 밀려 6월 3일 타이베이로 후퇴하기 시작했습니다. 이 소식을 접한 당경숭은 6일 단수이에서 샤먼으로 도망쳤고, 총통 구봉갑 역시 은화를 챙겨 광둥으로 달아났습니다. 수뇌부가 비겁하게 도망친 사실이 알려지자 민심이 요동치기 시작했고, 무정부 상태가 되어버린 타이베이에서는 방화·살인·약탈 사건이 잇따랐습니다. 결국 6월 11일 구셴룽이 멍자艋舺의 관료들을 대표해 일본군을 맞이하고 투항했습니다. 구셴룽은 일본으로부터 훈勳6등 단광욱일장單光旭日章을 받고 일본 귀족원의 의원으로 인정되었으나 과거의 명성과 평판은 땅에 떨어졌습니다. 그는 일본의 식민 통치를 옹호했을 뿐만 아니라 타이완의 정치 권력을 되찾기 위해 임헌당林獻堂이 타이완 의회 설치 청원을 주도했을 때는 공익회公益會를 조직하여 저지하는 데 앞장섬으로써 민족 반역의 길을 걸었습니다.

타이완 시정식

구셴룽이 성문을 열어주고 며칠이 지난 6월 17일, 가바야마 총독은 타이베이에서 시정식을 거행했습니다. 한편 26일 타이난에서 민주국 2대 총통으로 추대된 유영복은 도읍을 타이난으로 옮기고 대천후궁大天後宮을 총통부로 삼았습니다. 학자들은 이를 '제2공화국'으로 간주하고 있습니다. 일본은 타이베이를 점령하고 민주국은 타이난을 점령한 채 대치 중이었기에 평화 조약은 기대할 수 없는 상황이었습니다. 결국 8월 29일 남쪽의 유영복 세력과 북쪽의 일본군은 장화 바

타이완 민주국에서 발행한 지폐

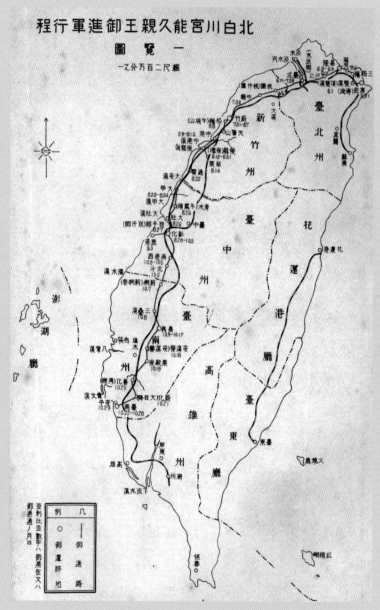

기타시라카와노미야 요시히사 친왕 부대의 타이완 진군 노선 지도. 당시 타이완에서 사망한 요시히사 친왕의 사망 원인을 둘러싸고 의혹이 끊이지 않았다.

아오디에 상륙한 일본 부대

과산에서 격전을 벌였습니다. 수많은 사상자를 낳은 바과산 전투는 일본의 승리로 돌아갔으며 유영복은 피신했습니다. 타이난의 관료들은 목사 토마스 바클레이(1849~1935)와 던컨 퍼거슨(1860~1923)을 불러 노기 마레스케乃木希典와 협상을 시도했으며, 일본군의 안전한 입성을 돕기로 합의했습니다. 이로써 타이완 민주국은 삼일천하로 끝나고 말았습니다.

일본과 타이완 모두에게 큰 피해를 입힌 바과산 전투는 타이완인에게 잊을 수 없는 아픈 기억으로 남겨졌습니다. 1936년 출간된 시인 우왕쑤吳望蘇의 유고 시집에는 이 싸움이 남긴 상처와 아픔에 관한 시가 담겨 있습니다. 역사는 승자의 기록이라 하지만 우리는 다양한 채널을 통해 이면에 감춰진 이야기를 접하고 기억할 수 있습니다.

타이완 민주국은 존속 기간이 너무도 짧았던 만큼 진정한 민주 국가로 인정하기에는 무리가 있습니다. 그러나 타이완이라는 섬에 단지 '거주'하던 자들이 '타이완인'이라는 정체성을 가지고 절체절명의 운명에 맞서려 했다는 점은 분명 의미가 있습니다.

타이완 민주국의 영어 명칭을 'The Republic of Formosa'로 표현하는 사람도 있고, 'The Taiwan Republic'이라 표현하는 사람도 있습니다. 책으로 번역할 때 역시 'The Formosan Republic'라고 적거나 'Republic of Taiwan' 또는 'The Formosan Democratic Republic' 등으로 적기도 합니다. 타이완 민주국에서 발행한 우표에는 'Formosan Republic'이라고 표기되어 있습니다. 실제로 '타이완 국가'가 탄생한다면 어떤 명칭이 적합할까요?

案

澎湖島所住

準 廚 桑

右者本島鳳港ノ商人ニシテ本年六月六日本官等ノ船ニ搭乗込メル橫濱丸ノ基隆港ニ入ルヤ自己ノ危ヲ忘レ小舟ニ凛シテ橫濱丸ニ来リ散兵ノ内情及台北附近ノ動静ヲ羅通シテ我軍ノ台北城進撃ヲ促シ土民ノ保護ヲ言繼シタル者ニシテ開港后軍隊免導トナリテ治道ノ人民ヲ説諭シ養食ノ資発給令ノ配當シナ又隊長ノ城功穫ト言ヘリテハ免錄ヲ従シ各戸ニ勤告シテ數ヲ賞セシ土民ノ勇恐等ヲ野フル者ニ従城内ニ近傍諸郡ノ超撃トナリテ治民ノ幕ヲ計リ過戸之ヲ祝收ヲ藍鮮ニ迫リテ有人民ヲ蓮ヲ說キテ稼食宿舍ヲ便ヲ与ヘ進ニ化鳳港ヲ越テ新竹ニ入リテ進軍ヲ又隊除及民政官ニ議隔ヶ此ニ開成ノ燦練トナリ歐情ヲ坼テ基礎ヲ基礎ニ従シ人民ヲ幕トナリテ治民ヲ幕ヲ計ケ鳳港ケ此ノ鎖並トナシ民政支配令ニ致ソ且基鎮兵ノ遠道偶施ニ議隔幾ケ此ノ鳳民ノ鎖並ヲ力ヲ致シ民苦悩遠ヲ喫ヶ家族散散此ニ至ル達刀施ヲ以テ勤六等旭日章御下賜之其勤勞功績熱カラサルコトヲ旗国領彼縦此際特典ヲ以テ勤六等旭日章御下賜之同人ノ功勞新到成相成候様履歴申添別紙履歷書相添及寫申候也

福澎總督

2

年

月

日

1 타이완 시정식

2 1896년 『타이완사료고본臺灣史料稿本』. 구센룽에게 훈장을 내린 사유가 적혀 있다.

3 구센룽

타이완에서 일본의 식민 통치 체제는
어떻게 확립되었을까?

1896년 '육삼법六三法'이 제정되면서 타이완 총독이 행정권·군사권·입법권을 장악하게 되었으나 1906년의 '삼일법三一法'으로 인해 총독의 입법권이 제한되었다. 1921년에는 '법삼호法三號'가 제정되어 황제의 칙령에 따라 일본 법률이 타이완에 적용되었으며, 총독은 일본 국내의 법과 천황의 칙령에 저촉되지 않는 선에서 법령을 제정할 수 있었다. 일본이 타이완을 통치하는 동안 타이완 총독은 행정권을 장악했으며 입법·사법 체계의 감시는 제대로 이뤄지지 않았다.

제국의 사각지대

일본의 타이완 통치에 대한 평가는 어떠할까요? 과거 '반일反日' 역사관을 가진 이들은 대부분 1895~1915년까지 계속된 크고 작은 항일 무장 투쟁, 1920년대~1930년대까지 계속된 의회 설립 청원 운동, 1930년의 우서霧社 사건 등의 반일 항쟁을 예로 들어 "조국에 충성을 맹세한 타이완인들은 끊임없이 일본의 지배에 저항했다"라고 주장해왔습니다. 그러나 세월이 흐른 지금, 일본 시대에 그들이 그토록 일본에 항거했던 까닭을 좀더 명확하게 설명할 수 있게 되었습니다. 그들의 저항은 단지 청나라에 대한 충성심 또는 새로운 중국의 탄생을 염원하는 심정의 발로라기보다는 자신들의 권익을 보호하고 불평등을 해소하고자 하는 등의 여러 요인이 복합적으로 작용한 것이었습니다.

따라서 항일 관련 사건들로 인해 일본은 일시적 혼란을 겪기는 했지만 51년이라는 기간 동안 순조롭게 식민 정책을 펼쳤으며 무난히 타이완의 근대화를 이끌었습니다. 이렇듯 일본의 타이완 식민 통치가 꽤 안정적이었다는 평가를 받는다는 점에서, 일본이 타이완에 어떤 체제를 도입했으며 사람들이 어떻게 대응했는지를 살펴보는 일은 중요한 문제입니다.

기본적으로 일본의 타이완 통치는 '식민 통치'였습니다. 도쿄나 오키나와가 '제국의 영토'인 것과 달리 타이완은 일본 제국의 '식민지'였기 때문입니다. 모두 일본의 영토이긴 하지만 식민지에 대해서는 헌법과 법률이 차별적으로 적용되었다는 것을 뜻합니다. 타이완에 대한 통치는 부임 총독의 성향에 따라 손바닥 뒤집듯 바뀌곤 했으며, 식민지 관련 법률이 따로 제정되어 있었기 때문에 타이완인은 정치·경제·문화·교육 모든 분야에서 불이익을 당할 수밖에 없었습니다.

19세기 말 일본이 서구 열강과 새롭게 불평등 조약을 체결하고 근대 국가의 헌법 체제를 정비하는 동안 타이완은 법의 '사각지대'에 놓여 있었습니다. 타이완은 제국의 헌법이 정한 영토 범위에서 벗어나 있는데다 통치 초기 타이완의 저항이 심해 군사 통치 체제 아래 있었던 것입니다. 이에 메이지 정부는 국가 법률, 식민지의 권리, 총독 권한의 축소 등을 놓고 격렬한 논쟁을 벌였으며 외국인 고문단이 제공한 영국과 프랑스의 식민 체제 사례를 참고하여 공식적인 식민지로 삼기로 했습니다. 그리고 1896년 타이완 총독에게 조례 제정의 권한을 부여하는 '육삼법'을 제정하여 타이완에 긴급 상황이 발생할 경우 중앙정부의 허가 없이 총독이 명령을 내릴 수 있게 했습니다. 이 법으로 타이완 총독은 행정권은 물론 무장 저항 세력을 진압할 수 있는 강력한 군사권 그리고 입법권까지 장악하게 되었습니다. 일본 의회와 학자들은 제국의회의 감시

우서 사건 때 일본인들은 원주민 부족 간의 갈등을 조장했다.

우서 사건

일본 총독부는 산림 자원을 개발하기 위해 원주민 토벌에 나섰다. 자신들의 사냥 터전을 잃고 쫓겨난 원주민들은 강제 노역에 동원되어 노동을 착취당했다. 일본에 대한 원주민의 분노와 반발이 점점 강해지던 중 1930년 10월 27일 시디그족 족장 모나 루다오는 마흐푸 마을을 포함한 6개 마을의 원주민들을 이끌고 운동회가 열리고 있는 우서공학교를 습격했다. 134명의 일본인이 살해되었으며, 그중 2명은 기모노 차림의 타이완인이었다. 우서에 있는 일본 경찰 주재소도 습격을 당했다.

타이완 총독부는 31일부터 대규모 무장 군경을 징집하고 시디그 부족에 반감을 지닌 다른 부족을 포섭해 우서를 공격했다. 원주민들이 숲속으로 숨어들자 일본군은 총과 대포를 쏘고 비행기로 독가스를 살포하는 등 무참한 '반역자 처단'을 감행했다. 한 달간의 사투 끝에 족장 모나 루다오는 자결했고 습격에 동참한 다른 부족들도 희생되었다. 또한 수백 명의 원주민은 일본에 굴복하지 않고 죽음을 택했다. 일본은 남은 이들을 거두어들인 후 그들의 신변을 보호했으나, 1931년 4월 25일 일본 경찰의 묵인 아래 일본에 협조적인 토다족이 6개 부족의 생존자들을 습격, 226명의 사상자가 발생했다. 사건 이후 총독부는 각 부족의 생존자들을 가와나카지마川中島로 이주시켜 투항 의식을 거행한 후 유화 정책을 통해 원주민들의 반일 투쟁을 약화시켰다. 우서 사건은 일본 통치 시대의 마지막 대규모 무장 독립 투쟁이었다.

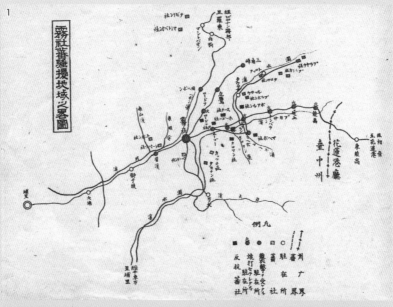

1 우서 사건 지도   **2** 우서 전경   **3** 우서 사건의 주동자 모나 루다오(중앙)

망을 피해 임의적으로 법을 행사하는 타이완 통치에 비판의 목소리를 높였습니다.

일본의 타이완 식민지 법제 정책

일본 제국이 식민지 법제를 정비함에 따라 타이완은 총독부 중심 체제로 통치되었습니다. 지방 관청과 기술 관료들이 정책 집행 업무까지 맡기 시작하면서 지방 사회 곳곳에 국가 권력이 미치게 되었습니다. 1896년 육삼법이 제정되어 타이완 총독에게 행정권·군사권·입법권이 주어졌다가, 1906년에 도입된 삼일법으로 총독의 입법권이 소거되었습니다. 1921년 법삼호가 제정되면서 타이완은 천황의 칙령에 따라 일본의 법률 적용을 받게 되었으며, 총독은 일본 국내법과 천황의 칙령에 저촉되지 않는 선에서 법령을 제정할 수 있었습니다. 일본이 타이완을 지배하는 내내 타이완 총독은 행정권을 마음대로 행사했으나 입법·사법 체계의 감시 기능은 제대로 작동되지 않았습니다.

총독 밑에서 행정 업무를 처리하는 민정장관(1919년 이후 명칭이 총무장관으로 바뀜)은 총독의 오른팔이자 실무자였습니다. 특히 통치 초기에 내란이 일어났을 때 총독이 일본에 가서 중앙기관과 의견을 조율하는 동안 민정장관은 식민지에 관한 여러 업무를 소화해야 했기 때문에 실질적 통치자였다고 해도 과언이 아닙니다. 1898~1906년까지 총독 직을 맡았던 고다마 겐타로 兒玉源太郎와 민정장관 고토 신페이後藤新平가 바로 그러한 관계였습니다. 당시 여러 직책을 맡고 있던 고다마 겐타로가 1904~1905년 사이 러일전쟁을 승리로 이끄는 동안 민정장관 고토 신페이는 타이완의 위생 제도를 확립하고 철도를 건설했으며, 토지조사 사업과 전매 사업 등 주요 사업을 추진했습니다. 총독과 민정장관의 통솔 아래 기술 관료가 정책과 법률을 제정하면 이하 관할 기관과 지방 관청이 정책과 법률을 집행하는 방식으로 이루어졌습니다. 지방 관원들은 상부의 지시에 따라 정책 실무를 처리하는 동시에 경찰의 보갑保甲 제도[향촌의 치안 유지와 함께 총독부 경비와 경찰의 업무 부담을 덜기 위한 제도]에 협조했으며, 타이완 출신 지방 유지들의 협력을 이끌어내어 상부의 지시를 관철시켰습니다.

국가 권력이 개인에게 끼치는 영향

일본의 식민 체제가 보여준 국가 권력은 청나라 때와는 사뭇 달랐습니다. 청나라 시대에 타이완의 중앙 권력은 현 단위 행정구역까지 미쳤을 뿐 그 이하로는 지방 세력가들에 의해 좌우되었습니다. 그러나 일본 시대에는 경찰 제도와 보갑 제도가 갖춰져 국가 권력이 개인에게까지 행사되었습니다.

잘 알려져 있다시피 일본 식민 시기는 '경찰 통치'의 시대였습니다. 초기에 빈번한 반일 투쟁으로 인해 사회가 혼란해지자 근대적 경찰 제도가 도입되었고 이후 경찰이 지방의 행정 업무까지 관할하게 된 것입니다. 실제로 1897년 제3대 타이완 총독으로 부임한 노기 마레스케는 지역의 치안 상황에 따라 타이완을 3개의 구역으로 나누고 각각 군대·헌병(군사 경찰)·경찰을 파견해 마을을 수비하는 삼단경비제를 실시하여 지역 곳곳에서 출몰하는 반일 세력을 진압했습니다. 그러나 기관의 권한이 겹치면서 혼선이 빚어지자 후임 총독인 고다마 겐타로는 그의 오른팔인 고토 신페이와 함께 경찰 제도와 지방 행정 제도를 결합한 방식을 도입했습니다. 즉 고위 경찰 관료를 지방 관

1914년 5월부터 8월까지 토벌에 나선 총독부에 투항한 타이루거 원주민들. 당시 사쿠마 사마타佐久間左馬太 총독은 원주민과의 전투에서 부상을 당했다.

청의 수장으로 임명하여 경찰 업무와 행정 업무를 병행토록 한 것입니다.

치안 유지와 행정 업무를 동시에 추진하여 일거양득의 효과를 거두자 이번에는 인력을 충원해 촘촘한 순찰망을 구축했습니다. 이 점에 대해 당시 일본 국내와 식민지 타이완을 비교해볼 필요가 있습니다. 일본에서는 한 명의 경찰이 담당한 인구가 1052명이었던 반면 타이완 경찰은 652명이었습니다. 상대적으로 타이완 경찰들은 순찰 업무를 수행하는 데 더 많은 시간을 투자할 수 있었기 때문에 효과적인 통제 결과를 얻었습니다. 이러한 변화에 힘입어 경찰들은 위법 행위를 저지른 범죄자를 체포하는 기존의 업무 범위를 넘어 사회 공공질서를 유지하는 다양한 역할을 수행했습니다. 예컨대 지방 정

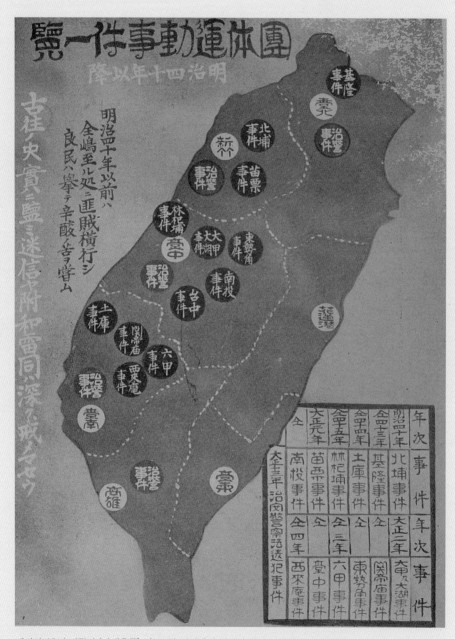

메이지 40년 이전의 '단체운동' 지도. 각 지역에서 일어난 항거 사건이 표시되어 있다.

부와 협력해 세금을 징수하고 호적을 관리했을 뿐만 아니라 정책을 선전하고 위생과 방역을 관리하는 등 여러 행정 업무를 맡았습니다. 통치 후반에는 전쟁으로 인해 사회 통제의 중요성이 강조되면서 엄격한 경제 통제(암거래 단속)와 사상 통제(특별고등경찰)가 이뤄졌습니다. 한편 원주민 부족은 한족보다 더 오랫동안 저항했기 때문에 별도의 경찰 제도를 적용하는 등 이원화된 사회 치안 체제를 갖췄습니다.

'보갑'의 효과

일본 시대에 경찰이 타이완 사회를 통제하는 주체가 될 수 있었던 것은 단순히 경찰의 힘이 강했기 때문도 아니며 시스템이 완벽했기 때문도 아닙니다. 보갑 조직을 통해 주민이 서로를 감시하게 한 것이 결정적인 요인이었습니다. '보갑'은 원래 청나라 통치 당시 지방의 치안을 유지하기 위해 도입된 민병 제도로서 농촌 10가구를 1패牌, 10패를 1갑甲, 10갑을 1보保로 조직하여 보갑 내부의 구성원들이 서로 감시하게 함으로써 밀입국자를 체포하거나 반란 세력을 토벌하는 지방 관청에 협력하도록 만든 장치였습니다. 그러나 갈수록 보갑 조직의 관리가 허술해지면서 제 기능을 발휘하지 못하게 되었습니다. 일본 시대에 들어 총독부는 신출귀몰한 항일 세력을 타도하려면 반드시 현지 주민들의 협조가 필요하다는 사실을 깨달았습니다. 이에 1898년 고다마 겐타로 총독은 구센룽의 의견을 수렴하여 청나라의 보갑 제도를 응용한 '보갑 조례'를 반포하고 '보갑총국'을 설치하여 사회를 감시하고 통제하기 시작했습니다. 동시에 각 지역마다 장정단壯丁團을 설치해 17~47세 사이의 건장한 남성들이 의무적으로 치안 활동과 기초 건설에 참여하게 했습니다. 일본 시대

경찰을 보살에 비유한 '남무경찰대보살南無警察
大菩薩'

민중을 상대로 경찰의 협력을 통한 예방과 방위
의 중요성을 선전하고 있다.

경찰을 '대인'이라 불렀던 일본 시대

일본 시대에 경찰은 기본 임무인 치안 활동 외에도 많은 업무를 담당했다. 주요 업무로는 공중위생 관리
·호적 관리·아편 단속·도량형 통일·보갑 관리 등이었는데, 오늘날에 비춰보면 거의 만능 엔터테이너
또는 멀티플레이어로 활동했다고 볼 수 있다. 처리해야 할 업무가 워낙 많다 보니 경찰은 타이완인의 일
상생활에서 흔히 볼 수 있는 존재였다. 바꿔 말하자면 경찰은 민간인에 가장 가까운 '국가 권력'이었다
고 할 수 있다. 경찰마다 기질과 능력의 차이가 있었으므로 불법 행위를 엄격히 단속하는 경찰도 있었지
만 '갑질'을 일삼는 경찰이 적지 않았다. 타이완 사람들은 이러한 경찰 권력에 대한 두려움과 무서움 때
문에 경찰을 '다런大人'이라고 높여 부를 수밖에 없었다. 그래서 지금도 타이완에서는 경찰을 다런이라
부르는 노인들을 쉽게 볼 수 있다. 그러나 속으로는 경찰을 통치자의 앞잡이로 여겼기 때문에 앞에서는
다런이라 높이면서 뒤에서는 '개' 또는 '네 발 달린 짐승'이라고 불렀다. 문학가 라이허賴和의 소설 『저
울一杆稱仔』에도 묘사되어 있듯이 경찰 통치는 일본 시대 타이완인의 생활에 큰 영향을 끼쳤다.

일본 시대에 만들어진 경찰 제도의 영향은 지금까지도 남아 있다. 사람들의 눈에 띄는 곳에 파출소를
설치하여 치안 활동을 강화한 것이 그중 한 사례다. 전 세계에서 이러한 시스템이 남아 있는 곳은 아마
일본과 일본의 식민지였던 타이완이 유일할 것이다. 오늘날 타이완인은 경찰이 개인의 삶에 개입하는
데 익숙하며, 사람들이 크고 작은 갈등을 경찰이 해결해주길 바라고 의지하게 된 데는 이와 같은 역사
적 배경이 있다.

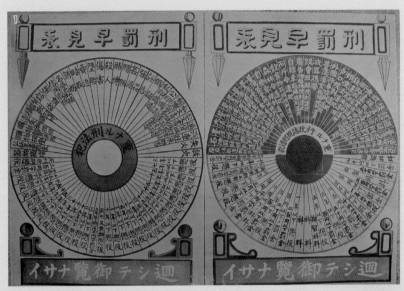

1 각양각색의 범법 행위와 그에 따른 형벌
2 메이농美濃 파출소와 경찰 '다런'

의 보갑은 10호를 1갑, 10갑을 1보로 구성했는데, 1보가 1000호였던 청나라에 비하면 훨씬 작은 규모였기 때문에 통제력이 한층 강력했습니다.

보갑을 이끄는 갑장甲長과 보정保正이 되려면 먼저 해당 주민들의 추천을 받아 정부가 허가하는 과정을 거치는데, 대부분 명망 있는 지방 관료나 새롭게 떠오르는 권력자들이 갑장이나 보정 직을 맡았습니다. 이들은 평소에 지방 사회에서 힘깨나 쓰는 자들이기 때문에 그 누구보다 효율적으로 보갑을 운영했으며 민중으로 하여금 치안 유지·호구조사·병충해 예방·도로 건설·전족 금지령 등 경찰의 다양한 업무에 협조하도록 이끌었습니다. 대신 통치자로부터 요직을 얻어냄으로써 지방 사회에서 자신의 영향력을 더욱 확대해 나갔습니다.

식민지 사회

일본은 근대화와 더불어 제국주의로 전환하는 기점에 타이완이라는 첫 해외 식민지를 손에 넣게 되자 식민지 통치에 관한 법적 문제를 놓고 갑론을박을 벌였습니다. 이 문제가 매듭지어진 후에도 여러 외적 요인으로 인한 혼란은 거듭되었습니다. 제국 의회는 보조금을 핑계로 타이완 통치에 개입했고 총독부는 육삼법을 연장하여 제국 의회의 개입을 피하려 했습니다. 뿐만 아니라 일본 국내의 정치·경제와 대외 전쟁 등 수많은 변수가 타이완 사회에 영향을 끼쳤습니다.

식민 통치 초기에 타이완 총독은 행정권·군사권·입법권을 부여받아 권력의 삼위일체를 이루었으며, 경찰 제도와 보갑 제도를 정착시켜 타이완의 사회질서가 안정되는 추세였습니다. 그러나 20세기 초반 타이완 통치가 본격적

타이베이주州에서 열린 '경찰위생전람회'에 방문한 원주민

인 궤도에 들어선 후에도 총독의 절대 권력을 상징하는 육삼법은 폐지되지 않았고 경찰은 여전히 보갑 제도를 통해 치안과 행정을 병행했습니다. 이와 같은 식민 체제로 일본의 통치가 지방 사회에 속속들이 영향력을 발휘한 데 대해 타이완 사람들은 각기 다른 반응을 보였습니다. 예를 들어 청나라의 유민遺民으로서 일본 제국에 협력할 수 없다는 신념을 지닌 지식인들은 일본의 통치에 대해 다양한 방식으로 항거한 반면 정치·경제적으로 일본 권력에 협력해 식민 정책의 추진을 돕고 그 대가로 자신의 사회적 영향력을 보장받으려한 지식인들도 있었습니다.

일본의 통치가 안정권에 접어들자 이민족의 통치를 거부하거나 일본군에

저항하는 이들은 줄어들었으며, 정권 교체에 대한 관심을 끊고 그저 개인의
삶에 충실하고자 하는 사람이 늘어났습니다. 개중에는 새로운 정권이 들어설
때 적극적으로 협력하는 태도로써 신분 상승을 노리는 이들도 있었습니다.

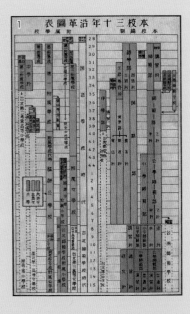

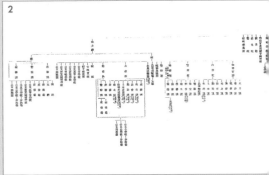

1 타이베이사범학교(지금의 국립타이완사범대학) 30주
  년 연혁 발전 도표
2 1929년 5월 당시 타이완 총독부의 행정기관. 총
  독부 통치 기관의 계보라 할 수 있다.

타이완 총독부의 통치 체제

을미전쟁으로 인해 타이완인의 저항이 심해지자 일본은 타이완의 특수한 상황을 고려한 통치 전략을 구상하지 않을 수 없었다. 1896년 3월 30일, 일본 국회는 육삼법을 공포함으로써 총독이 상황에 따라 적절한 대책을 세우고 법적 효력이 있는 율령을 반포할 수 있도록 하는 입법권을 부여했다. 이에 따라 총독은 입법권·행정권·군사권을 모두 보유한 채 일본 국회의 감독을 받지 않고 정책을 시행할 수 있게 되었다. 결국 타이완은 일본의 법적 테두리 바깥에서 별도의 통치 체제를 받게 되었다.

처음에는 국회 입법권의 침해를 우려하여 육삼법의 적용 기간을 3년으로 제한하였으나, 1906년(메이지 28)에 처음 시행된 이래 총 세 차례 연장되어 11년 8개월 동안 존속되었다. 이후 대체된 '삼일법' 역시 기본적인 틀은 육삼법과 비슷했다. 다만 타이완에서 시행되고 있는 법률에 위배되는 율령은 반포할 수 없다는 차이가 있었다. 1921년 삼일법은 '법삼호'로 대체되어 일본이 투항하기 전까지 이어졌다. 법삼호는 천황의 칙령에 따라 일본의 법률을 전부 또는 부분적으로 타이완에 적용하는 것으로, 총독은 타이완에 필요한 법률이 일본에 존재하지 않을 경우 또는 일본의 법률을 타이완에 적용시키기 어려울 경우에만 율령을 제정할 수 있었다. 이로써 총독의 입법권이 축소되긴 했지만 결국 총독이 율령을 반포할 수 있다는 사실에는 변함이 없었다. 이에 1920년대부터 육삼법의 철폐와 타이완 의회 설립을 요구하는 온건개혁파 세력이 나타났다.

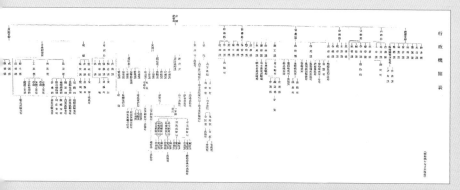

3 1923년 타이완에 방문한 일본 황태자를 환영하기 위해 총 8600명의 타이베이공학교 학생들이
동원되어 총독부 앞에 늘어선 모습.

4 타이베이 천후궁天后宮. 일본 통치 초기에 타이베이 판무서의 임시 사무소로 사용되다가 타이완
총독부 박물관으로 사용하기 위해 이전되었다.

5 1913년 제4대 타이완 총독 고다마 겐타로와 민정장관 고토 신페이를 기념하기 위해 기부금을
걷어 '고다마 총독/고토 민정장관 기념관'을 짓기 시작했다. 1915년 기념관이 완공된 후에는
'타이완총독부 박물관'이라는 이름으로 바꿨다.

6 내무국 관할의 기상관측소. 1898년 타이난에 준공된 기상관측소로, 원형 건물과 굴뚝 모양의
탑으로 이루어져 있다. 현재는 국가 고적古蹟으로 지정되어 있다.

타이완인은
식민지 경제에서 착취만 당했을까?

일본 통치 초기 고다마 겐타로가 타이완 총독으로, 고토 신페이가 민정장관으로 부임한 이후 타이완의 정세는 안정을 되찾기 시작했다. 고토는 타이완의 옛 풍습을 조사한 후 그에 따른 정책을 제시하는 '생물학적 원칙'의 기초를 마련했으며, 총독부는 이러한 원칙 아래 타이완의 옛 토지 제도와 법률 제도를 계승하여 안정적인 통치를 유지했다. 또한 일본 학자들을 초빙해 타이완의 사회 조사를 진행하고 그 결과를 토대로 정책을 수립했다.

3대 조사와 식민지 경제 발전의 기초

일부 학자들은 정치적 탄압과 식민지 경제의 착취 사례를 들어 일본이 타이완을 억압적으로 통치한 사실을 비판하고 있습니다. 식민지 경제란 시장을 점령해 이익을 취하면서 '농산품을 헐값에 구매하고 본국 시장의 수요에 따라 식민지의 산업 발전 방향을 결정'하는 것을 의미합니다. 이에 따르면 일본이 타이완에서 전개한 경제 정책은 분명히 식민지 경제의 특성을 지니고 있습니다. 실제로 일본이 타이완의 경제 정책을 결정하고 재정 편성에 관한 주요 권한을 쥐고 있었기 때문에 타이완인의 자본은 억압적 환경에 처해 있었습니다. 그러나 일본 시대의 타이완 경제를 완전히 일본의 착취로 규정할 수 있을까요? 그렇게 생각한다면 식민지 건설이 타이완 경제 발전에 끼친 영향과 그 체제 아래 활동한 타이완인의 적극성을 낮게 평가한 것입니다. 객관적으로 보면 일본은 청나라 시대의 전근대적인 타이완 경제 구조를 발전시켜 근대 자본주의 경제 체제를 이루었다고 평가할 수 있습니다. 이는 단순히 겉으로 드러난 부분적 체제가 아니라 정밀한 조사와 정확한 통계, 조직적인 행정의 뒷받침으로 내실 있게 구축된 것이었습니다.

타이완의 정세는 타이완 총독 고다마 겐타로와 민정장관 고토 신페이가 부임한 이후 안정을 이루기 시작했습니다. 고토는 타이완의 옛 풍습을 조사한 후 그에 따른 정책을 제시하는 '생물학적 원칙'의 기초를 마련했으며, 총독부는 이러한 원칙 아래 타이완의 옛 토지 제도와 법률 제도를 계승함으로써 안정적인 통치를 유지시켰습니다. 또한 일본 학자들을 초빙해 타이완의 사회 조사를 진행한 다음, 그 결과를 토대로 정책을 수립했습니다. 당시 실시된 3대 주요 조사는 다음과 같습니다.

(1) 토지 조사

총독부는 1898년 '임시 타이완 토지조사국'을 설립하여 지적地籍 조사를 통해 토지 소유 관계를 파악하기 시작했습니다. 그 결과 청나라 때부터 골치를 앓아온 토지소유권 분쟁 문제가 해소될 수 있었고 토지세 수입도 대폭 증가했습니다. 조사가 진행된 시기는 불신풍조가 만연했던 을미전쟁 직후로, 당시 총독부는 어떻게 지주들의 협조를 이끌어낼 수 있었을까요? 땅에 대한 그들의 권익을 제대로 보장해줌으로써 토지 신고에 적극적으로 임하도록 한 것입니다. 당시 조사를 통해 등록된 경지 면적은 63만 갑甲(타이완의 지적地積 단위로, 1갑=0.97헥타르)으로, 청나라 시대에 류명전에 의해 등록된 토지가 36만 갑이었던 데 비하면 대략 1.75배나 되는 면적입니다. 토지세 수입 또한 1902년에는 92만 엔이었으나 1905년에는 298만 엔으로 약 3.3배가 늘었습니다. 그 밖에도 총독부는 토지 소유 현황을 투명하게 정리하여 안전한 토지 거래가 이뤄 지도록 하여 일본의 자본가들이 타이완에 투자를 하거나 기업을 설립하도록 유도했습니다.

(2) 전통 관습에 대한 조사

1901년 총독부는 교토대학의 법학자인 오카마스 산타로岡松参太郎 등을 초빙하여 임시타이완관습조사회를 결성했습니다. 이는 타이완 사회의 전통적인 법률 제도와 경제 활동 등을 조사하여 향후 입법에 참고하기 위한 것으로, 1909년부터는 원주민의 관습에 대한 조사가 추가 실시되었습니다. 이러한 조사를 바탕으로 향토학과 민속학 연구가 활발하게 진행되었고, 이후 일본이 중국의 여러 지역을 점령할 때 해당 지역의 전통 관습을 조사한 다음에 통치 정책을 세우는 선례가 되었습니다.

(3) 인구 조사

1905년 타이완의 인구 현황을 정확히 파악하기 위해 총독부는 임시 타이완 호구조사부를 조직하고, 주민의 불안감을 조성하지 않는 선에서 호적 현황을 파악하기 시작했습니다. 흥미로운 점은 1904~1905년에 전개된 러일전쟁으로 일본 국내의 인구 조사가 연장되는 바람에 타이완 호구 조사가 동아시아 최초의 과학적 인구 조사가 되었다는 사실입니다. 이때의 조사 방식은 이후 일본이 자국의 현황을 조사하는 형식에 영향을 끼쳤습니다.

　1905년 10월 1일부터 시행되는 타이완 최초의 인구 조사를 앞두고 총독부는 보갑과 지방 관청을 통해 이 소식을 타이완 주민들에게 수차례 통보했습니다. 국가의 행정 조사를 처음 맞이한 사람들은 인구 조사를 놓치면 국적과 호

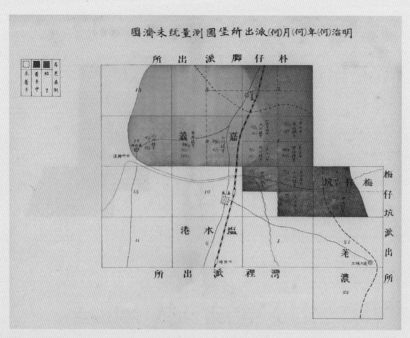

푸쯔자오朴子腳 지역의 토지 측량 자료. 파출소에서 측량과 지형도 제작을 지원했다.

핑푸족平埔族의 지문 조사

석자정惜字亭. 1900년 타이완 총독부 및 법원의 관리들이 참여한 타이완관습연구회는 타이완의 다양한 관습을 조사해 식민 통치의 참고 자료로 삼았다.

인구 조사를 통해 작성된 세대단위표

적을 잃을지도 모른다는 두려움을 느꼈습니다. 조사 전날인 9월 30일에는 자신의 호적지로 향하는 수많은 사람들로 인해 철도 교통이 마비되는 현상을 빚기도 했습니다.

　일본은 근대 국가의 행정 체제를 바탕으로 식민지 타이완의 인구와 토지 규모를 철저히 조사했으며, 이를 통해 산업 발전에 투입될 수 있는 인구 규모를 예측했습니다. 또한 관습 조사 결과에 의거하여 타이완 사회에 적용 가능한 통치 정책을 마련하는 등 개혁 추진에 신중을 기함으로써 사회 혼란을 방지하고 원활한 통치 환경을 조성하려 했습니다. 이러한 조사들을 기반으로

타이완의 세부 현황을 파악한 일
본은 20세기 초반부터 근대화 법
제를 도입하기 시작했습니다. 토
지 거래가 안전하게 이뤄질 수 있
도록 일전일주제一田一主制(하나의
토지에 대한 소유주를 한 명으로 제한
함)를 제정하고, 화폐 제도를 만
들고 도량형을 통일했습니다. 또
한 개인의 재산권을 보장해줌으
로써 타이완 자본주의 생산 양식
의 내적 기반을 구축했습니다.

일본 시대 때 타이완 은행에서 발행된 10엔 교환권

외적 기반으로는 기차·도로 등 근대화된 교통운수 체계를 구축함으로써
타이완 전 지역을 단일 시장권으로 만들어 효율적인 물자 소통을 이루었습니
다. 나아가 선박과 비행기 노선을 통해 타이완과 일본을 동일 경제권으로 묶
어내자 생산량과 무역량이 대폭 증가했고, 이에 따라 경제 성장률도 상승했
습니다. 경제학자들의 통계에 따르면 1903~1940년대까지 타이완의 1인당
GDP는 1.97퍼센트의 성장률을 기록했는데, 이는 당시 세계의 평균치를 훨
씬 웃도는 수치라고 합니다.

이와 같은 내용을 종합해보면, 일본 통치 초반에 총독부는 정밀한 조사와
효율적인 정책을 통해 근대화 경제 발전의 토대를 구축했다는 사실을 알 수
있습니다. 여기서 궁금한 점은 조사를 실시할 때 많은 기자재와 인력이 투입
되고 그에 따른 임금이 지불되기 마련인데 도대체 이 재정을 어떻게 충당했을
까 하는 점입니다. 오늘날 일본의 타이완 식민 통치에 대해 이야기하는 어떤

이들은 일본 정부가 무력을 사용하거나 강력한 행정력으로 타이완의 저항 세력을 진압했기 때문에 수월하게 전통 사회에서 벗어나 근대적 면모를 갖출 수 있었다고 주장합니다. 그러나 사실은 그렇지 않습니다. 타이완에 근대 경제의 기틀을 마련하기 위해 총독부는 조사 및 건설 추진에 막대한 자금을 투자했습니다. 당시 제국 의회에서는 타이완을 통치하는 데 매년 1000만 엔의 보조금을 투입해야 하는 실정을 고려하여 타이완을 프랑스에 매각해야 한다는 주장이 제기되기도 했습니다. 고다마와 고토가 타이완에 부임되었을 때 역시 총독부는 극심한 재정적 압박에 시달리고 있었습니다. 제국 의회가 더 이상 보조금을 핑계로 타이완 통치에 개입하지 못하도록 서둘러 지방 관청의 행정조직을 개편하고 불필요한 인원을 줄여야 했습니다. 물론 개발에는 막대한 비용이 투입되어야 하기 때문에 재정 절감만으로는 역부족이었습니다. 이에 총독부는 주된 생활 자원을 정부가 독점함으로써 새로운 수입원을 창출해냈습니다.

전매와 지방의 '심복'

식민 시기 타이완에서 처음으로 독점 매입의 대상이 된 품목은 '주요 생활자원'이 아니라 청나라 통치 당시부터 이미 널리 보급되었던 아편이었습니다. 갑작스럽게 아편 공급을 금지하면 사회적 불안을 야기할 수 있다고 판단한 총독부는 이미 아편에 중독되었거나 허가증을 가진 사람들만 아편을 구매할 수 있게 했습니다. 그리고 1897년에는 아편을 전량 회수해 전매로 바꾸고 가격을 올리는 소극적인 방식으로 서서히 아편 금지 정책을 전개했습니다. 아편 전매로 거두어들이는 재정 수입은 꽤 쏠쏠했으나 모든 아편 물량은 일본의 미쓰이물산三井物産을 통해 수입되었으며 타이완인은 그저 소비자일 뿐이었습니다. 타이완의 사신 계층은 총독부의 이러한 정책에 대해 '타이완인을 독살하려는 계획'으로 오해하기도 했습니다.

아편을 피우는 모습

1930년대 전후로 재정 수입원이 다각화되어 더 이상 아편 전매에 의존할 필요가 없게 되자 총독부는 1929년 개정아편령改正鴉片令을 통해 허가증을 소유하지 못한 이들에게 추가로 허가증을 발급해주었습니다. 이는 타이완 지식인들의 분노를 샀습니다. 당시 타이난 출신 문학가 연횡連橫은 준정부 기관에서 발행하는 『타이완일일신보』에 「신아편전쟁구가론新鴉片政策謳歌論(또는 아편유익론鴉片有益論)」이라는 글을 발표했습니다. 이에 임헌당 등의 사신들은 총독부의 아편 정책을 지지한 연횡

전매 제도

전매 제도란 정부가 물건의 생산과 유통 라인을 장악하여 독점 사업을 진행하는 방식으로, 청나라 때 타이완의 전매 품목은 소금과 장뇌 등 특산품이었다. 일본 시대에는 통치와 건설 사업에 필요한 경비를 조달하기 위해 총독부가 전매를 제도화했다. 처음에는 아편 금지 정책의 일환으로 아편을 독점 판매하다가 나중에는 소금·장뇌·담배·술·알코올·성냥·계량기·석유 등도 전매 목록에 포함되었다.

1901년 총독부는 전매국을 설치해 각종 전매 사업을 총괄하게 했으며, 판매 수익은 총독부 재정의 주요 수입원이었다. 1897년 당시 단일 품목이었던 아편 전매로 거두어들인 수입은 총독부 세입의 30.85퍼센트나 되었다. 1907년부터 담배·장뇌 등 품목을 늘려 수입이 55.26퍼센트까지 늘어난 것을 보면 전매 사업의 수익금이 당시 재정에 얼마나 큰 부분을 차지했는지를 알 수 있다. 초기에는 아편이 주요 수입원이었으나 후반의 주요 품목은 담배나 술이었다.

1 총독부 전매국專賣局 전경
2 전매되기 전에 민간에서 만들어진 술
3 주류 전매가 시작된 이후 타이완 전매국에
서 판매된 후구주虎骨酒의 라벨

을 비판하고 배척했습니다.

전매로 취급된 다른 생활 자원으로는 1899년의 소금, 1900년의 장뇌, 1903
년의 담배, 1922년의 술(1904년에 이미 주류세를 징수하기 시작했다) 그리고 제2차
세계대전 시기의 성냥·석유·계량기 등이었습니다. 전매 사업이 공식화된 것
은 1901년으로, 총독부는 전매국을 설치하여 모든 전매 사업을 총괄하게 했
고 지방 세력가들도 사업에 참여할 수 있게 했습니다. 우선 각 지역에 전매국
지부를 설치하고 해당 지역의 세력가를 대리상으로 지정하여 특정 상품이나
전매품을 판매하도록 하는 식입니다. 계약 기간인 1년이 만료되면 연장 계약
을 맺거나 제3자에게 넘길 수 있었습니다.

대리상 선정의 주요 기준은 '순종적인 태도'였습니다. 해마다 대리상을 교
체할 수 있었기 때문에 총독부는 지역별 대리상의 성과를 조사한 뒤, 식민 통
치에 협조적인 인사를 우선적으로 선정했습니다. 이렇듯 총독부가 국가의 권
력을 이용해 기존의 지역경제 구조에 개입하는 전매 방식은 다른 상업 활동에
비해 식민지 정책의 성향이 짙은 것이었지만 판매량과 수익이 보장되기 때문
에 지방의 많은 세력가들은 식민 통치에 협력하는 태도를 보였습니다. 식민
지 통치 기반의 주요한 재원을 충당하는 전매 제도 덕분에 식민지 경제는 활
기를 띠기 시작했고, 지방 사회를 원활히 통치하는 데 도움이 되었습니다.

투자인가, 수탈인가

일부 세력가들이 식민 통치와 전매 사업에 협력하여 경제적 이익을 거둔 반
면, 식민지 사회 경제 구조의 기층 세력이었던 농민들은 고통스러운 삶을 견
뎌야 했습니다. 물론 그들이 항상 약자의 처지에 있었던 것은 아닙니다. 일본

시대에 대부분의 타이완인은 농업에 종사했기 때문에 타이완 사회의 주요 구성원은 농민이었습니다. 다만 식민 경제 체제에서는 같은 농업 분야라 할지라도 때에 따라 차지하는 비중이 달랐습니다. 즉 1920년대 전반기에는 제당업이 중시되었으나 후반기에 들어서는 쌀 생산과 제당이 각축을 벌였습니다.

통치 초기만 해도 일본은 타이완에서 생산되는 사탕수수설탕에 주목하여 본국의 자본가들을 끌어들였습니다. 즉 설탕 함량이 더 높은 사탕수수 품종과 고효율 설비를 개발하는 데 투자하게 함으로써 타이완의 제당업을 발전시켰습니다. 1901년에는 농학 박사 니토베 이나조新渡戶稻造가 식산국장殖産局長에 임명되어 제당업에 관한 조사와 연구를 진행했습니다. 「당업개량 의견서糖業改良意見書」는 그의 연구 성과를 모은 결정체로, 타이완 총독부가 제당업을 발전시키는 데 크게 기여했습니다.

또한 총독부는 자본가들을 끌어 모으기 위해 1905년 '원재료 수확구역' 제도를 시행했습니다. 이 제도는 농민이 사탕수수 재배에 필요한 비료 등의 제반 생산재를 구매할 수 있도록 제당소가 자금을 빌려주는 조건으로 농지 근처의 제당소에 사탕수수를 판매하는 시스템으로, 사탕수수 가격을 제당소가 결정하도록 했습니다. 이에 일본의 자본가들은 첨단 설비를 갖춘 제당회사가 타이완에 설립될 수 있도록 자금을 투자했고, 그와 동시에 기존의 전통적인 제당소(당부糖廍)는 자취를 감추게 되었습니다. 새롭게 들어선 제당주식회사들은 총독부의 지원 아래 중소 규모의 제당소를 인수 합병하기 시작하여 1927년 무렵에는 일본인이 운영하는 신식 제당소가 타이완 신식 제당소의 80퍼센트를 차지하게 되었습니다. 결론적으로 타이완의 제당업은 일본인 자본가들에 의해 잠식되었습니다.

식민 경제 체제에서 타이완의 제당업이 일본 기업들에 의해 좌우되면서부터 생산량은 늘어났지만 수익률은 부진했습니다. 게다가 제당소로 가져간 사탕수수의 무게가 부당하게 측정되는 경우가 허다했습니다. "가장 어리석은 자는 재배한 사탕수수를 제당회사에 가져가 무게를 재는 자"라는 말이 생겨난 것도 이 때문이었습니다. 결국 1920년대에 들어 사회 운동이 곳곳에서 발생했을 때 사탕수수를 재배하

린번위안林本源제당주식회사 사장
린슝정林熊徵

는 타이완 농민들도 농민 운동에 가담했습니다. 1924년의 얼린二林 사건이 그

얼린 사건

일본이 제당업을 발전시키기 위해 원재료 수확구역 제도를 실시하자 농민들은 사탕수수를 자유롭게 거래할 수 없게 되었으며, 사탕수수의 가격도 제당소가 책정하게 되었다. 1924년 장화 지역의 린번위안제당주식회사의 사탕수수 매입 가격이 다른 회사에 비해 낮다는 사실이 알려지자 얼린 마을의 농민들은 분노했다. 이에 촌장인 린루林爐와 의사 쉬쉐許學가 농민들을 대표해 제당회사에 임시 보조금을 지급해줄 것을 요청했고, 베이더우北斗 군수의 중재를 통해 회사는 1갑당 5엔의 보조금을 지원하기로 결정했다. 농민의 요구가 쉽게 받아들여지자 타이완 전 지역의 사탕수수 농가들도 잇따라 제당회사에 항의를 제기하고 사탕수수 가격 인상을 요구하고 나섰다.

이를 계기로 문화협회는 사탕수수 농가와 청년들을 계몽시키기 위해 얼린 마을에 '농촌 강좌'를 개설했으며, 1925년 6월 문화협회 이사 리잉장李應章이 '얼린사탕수수농업조합'을 설립했다. 조합의 구성원은 400여 명이며, 리잉장이 대표로 추대되었다. 타이완에서 맨 처음 농민조합 운동을 전개한 그들은 농민의 생활을 개선하고 사탕수수 가격을 조정하기 위해 베이더우·타이중·총독부 등에 수차례 청원을 제기했지만 긍정적인 대답을 받아내지 못했다. 10월 6일 리잉장은 다시 한 번 제당회사에 청원을 제기했으나 회사 대표에게 거절당하자 10월 22일 제당소 대표와 조합 농민이 충돌하는 사건이 발생했다. 타이중의 지방법원 검찰관은 공무방해·상해·소요 등의 죄목으로 얼린의 농민 93명을 체포했고, 1927년 4월 13일 3심을 거쳐 25명이 유죄를 선고받고 징역에 처해졌다.

대표적인 사건입니다.

펑라이미와 미당상극

사탕수수 농가들이 일본 기업의 자본에 의존하여 거래 가격에 타격을 받고 있을 무렵 타이완의 쌀 농업은 비교적 자유로웠습니다. 타이완 출신 지주들이 직접 농지와 정미소를 관리하고 자금을 대출해주었기 때문이기도 하지만, 이곳에서 생산되는 쌀은 일본인이 선호하는 품종이 아니었기 때문에 일본 기업의 관심을 끌지 못했던 것입니다. 이에 총독부는 식민지 타이완의 쌀 수출 시장을 일본으로 확대하여 일본의 식량공급 체제에 편입하기 위해 새로운 품종을 개발하고 수리 시설을 개선하는 데 총력을 기울였습니다. 그 결과 1922년 일본인 농학자 이소 에이키치磯永吉와 스에나가 메구무末永仁가 '펑라이미蓬萊米'라는 새로운 쌀 품종을 개발했습니다. 펑라이미는 타이완과 일본 시장의 입맛을 사로잡으면서 인기를 얻기 시작했고, 타이완과 일본은 쌀 재배 시기가 겹치지 않았기 때문에 타이완 농민들은 본격적으로 펑라이미를 재배하기 시작했습니다. 수확된 펑라이미는 일본으로 대량 수출되었고, 봄철마다 쌀값이 폭등하는 문제를 해소하는 데 큰 도움을 주었습니다.

쌀 농가의 수입이 증가하자 사탕수수를 재배하던 농민들이 쌀 농사로 눈길을 돌리기 시작했습니다. 그리고 쌀과 설탕의 상극적 관계(미당상극米糖相剋)가 시작되었습니다. 여기서 짚고 넘어가야 할 점은 미당상극 현상은 일본 자본으로 운영되는 제당소들이 쌀농사에 위협을 느껴 발생한 문제라는 것입니다. 타이완 농민들의 입장에서는 오히려 사탕수수 가격이 덩달아 올라 큰 수익을 올리게 되었습니다.

타이완의 전통적인 제당소인 당부糖廍

타이완 3대 신식 제당소 중 하나인 메이지 제당

미당상극 문제는 1920년대 중반부터 심화되었습니다. 총독부는 제당업을 발전시키기 위해 후보상법後補償法과 미가비준법米價比準法을 제정했습니다. 전자는 사탕수수 수익의 지급이 늦어지거나 금액이 줄어들 경우 제당 회사가 농민들이 입은 손해를 보상하는 제도이고, 후자는 쌀 농가와 사탕수수 농가의 수익 차이가 발생하는 현상을 막기 위해 쌀 품종 중 가격이 저렴한 재래종 쌀의 가격에 맞춰 사탕수수 가격을 조정하는 제도입니다. 마침 관개 시설이 부족한 자난嘉南 평원 지역에 수로를 개설하는 공사가 드디어 1930년에 완공됨에 따라 지금의 윈자난雲嘉南 지역을 포함한 15만 갑의 토지에 농업용수를 공급하는 막중한 역할을 담당하게 되었습니다. 총독부가 관개수로를 설치한 이유는 농업용수를 통제하여 쌀 생산량을 조절하는 방식으로 미당상극 문제를 해결하기 위해서였습니다. 그러나 수로 개설 이후 오히려 논에 물을 채워 벼를 재배하는 농지가 많아지면서 쌀 생산량이 대폭 증가했습니다. 반면 제당소는 사탕수수 재배 농민들을 끌어들이기 위해 더 나은 조건을 제시할 수밖에 없었습니다. 불행 중 다행인 것은 사탕수수 농사를 짓는 농민의 수가 더 많았다는 점입니다.

미당상극

일본 통치 초기에 제당업은 타이완 경제 발전의 핵심 분야였다. 그러나 당시 일본에서는 인구 증가와 농촌 인구의 감소로 인해 식량 부족난이 발생했고 이와 관련한 폭동 사건이 수차례 일어났다. 이 문제를 해결하기 위해 일본은 1920년대부터 타이완에 적극적으로 펑라이미를 보급하기 시작했고, 타이완을 일본의 식량 공급지로 삼으려는 계획을 세웠다. 이로써 설탕 공급지 역할을 하던 식민지 타이완은 주요한 쌀 공급지로 자리 잡게 되었다. 게다가 펑라이미 재배 기술이 나날이 발전하면서 쌀값이 크게 오르자 많은 농민은 사탕수수 대신 쌀농사에 뛰어들기 시작했다. 이로 인해 쌀과 설탕은 '상극' 관계가 되었다.

사진의 왼편은 사탕수수 밭, 오른편은 쌀을 재배하는 논이다. '미당상극'
은 일본 시대에 대두된 타이완의 농업 경쟁이다.

펑라이미의 수출이 확대되면서 쌀 가격이 나날이 오르자 재래종 쌀값도 덩
달아 오르면서 사탕수수의 가격 상승에 영향을 끼쳤으며, 이는 설탕 생산비
의 증가로 이어졌습니다. 그러나 미당상극 문제는 단순히 쌀과 사탕수수의
가격 경쟁이 아니었습니다. 타이완 자본가와 농민 그리고 일본의 자본가들
사이에 형성된 대립 구도가 근본적인 문제였던 것입니다. 결국 쌀과 사탕수
수 산업 모두 생산 부문 간의 불합리한 분업 구조로 인해 농민과 자본가 사이
에 분열이 일어날 수밖에 없었습니다.

이러한 내용들을 미루어 볼 때 일본은 식민 경제 효율성을 위해 일방적으
로 타이완 농민들을 착취했다기보다는 식민지 근대화를 위해 많은 노력을 기
울였으며, 일본 정부와 상인들이 줄곧 우세를 점한 것도 아니었음을 알 수 있
습니다. 물론 일본 시대의 타이완 경제가 지배국인 일본에 의해 좌지우지되
었던 것은 사실입니다. 펑라이미는 정해진 시기에만 수출할 수 있었고 일본

산 쌀과 경쟁할 수 없었으며. 사탕수수의 생산량은 증가했으나 일본은 설탕 수입량을 늘리려 하지 않았습니다. 경제 정책을 수립할 때도 기본적으로 경제적 환경과 조건을 고려하기보다는 식민 통치의 수요를 최우선에 두고 생각했습니다. 전매 제도를 이용해 지방의 권력가들과 협력 관계를 맺고 총독부의 정책을 통해 미당상극 문제를 조율한 예가 그러합니다.

그럼에도 불구하고 일본이라는 식민 통치자가 거대 자본을 투자하여 하드웨어와 소프트웨어 기반(교통·금융·법률·토지 소유권 정리 등)을 구축했기 때문에 타이완의 경제가 발전하고 근대화를 이룰 수 있었던 것은 사실입니다. 식민지 경제 정책을 설계한 것은 총독부였으나 타이완의 경제가 항상 총독부의 의도에 따라 전개된 것도 아니었습니다. 원래 농업용수를 통제하여 미당상극 문제를 해결하고자 자난 대천을 설치했으나 뜻대로 추진되지 않은 것만 봐도 알 수 있습니다. 타이완 민중은 타이완 경제 발전의 기여자이자 수혜자였으며 결코 도마 위의 생선 같은 약자는 아니었습니다.

자난 대천의 우산터우烏山頭 댐을 위에서 내려다본 모습. 댐의 모습이 산호를 연상시켜 산호담珊瑚潭이라 불리기도 했다.

1919년 타이완의 제당업 지도

일본 시대의 교육은
계몽인가, 우민화인가

시모노세키 조약 이후 타이완과 펑후 제도가 일본에게 할양되자 타이완 각
지에서 거센 저항이 이어졌다. 이는 일본군의 예상을 완전히 벗어난 것으로,
타이완의 무장 투쟁은 1915년 시라이안西來庵 사건이 터질 때까지 계속되었
다. 총독부는 이러한 저항 세력을 진압하는 한편으로 근대 교육 제도를 타이
완에 정착시키는 계획에 착수했다. 교육을 통해 제국의 통치에 순종적인 타
이완인을 양성하기 위한 것이었다. 이러한 통치 전략 아래 타이완의 전통 서
당은 현대적인 학교로 탈바꿈하게 되었다.

교육 칙어와 동화 정책을 둘러싼 논쟁

근대 교육의 특징 중 하나는 국가가 모든 사람을 대상으로 일관된 교육 방침
을 제정한다는 것입니다. 이러한 교육 방침은 사람들에게 어떠한 시선으로
세상을 바라보고 평가해야 하는지에 대한 방향을 제시합니다. '우리나라'의
영토 경계는 어디까지일까? 어떤 역사적 사건이 있었을까? 모두가 반드시
알아야 할 지식은 무엇일까? 지식 전달에 적합한 언어는 무엇일까? 이러한
교육을 통해 국민에게 지식과 가치관을 주입시키면 모두가 동의하는 '상식'
이 됩니다.

당시 일본의 교육 방침은 1891년 메이지 천황이 반포한 '교육 칙어'라 할
수 있습니다. 교육 칙어에는 '일본은 하나의 대가족으로 예로부터 천황에 충

성을 맹세해왔으며 앞으로도 그럴 것'이라는 내용이 담겨 있습니다. 그러나 타이완이 일본의 식민지가 되면서 간단치 않은 문제가 발생합니다. 타이완인은 일찍이 천황에게 충성을 맹세한 적이 없는데 이제 와서 '대가족'의 일원이라 할 수 있을까요? 타이완 초대 학무부장을 역임한 이자와 슈지伊澤修二는 그렇다고 대답한 반면 1911년 학무부장을 맡게 된 구마모토 시게키치隈本繁吉는 그럴 필요가 없다고 했습니다. 식민지 타이완의 현대 교육은 이러한 갈등의 과정에서 점차 발전했습니다.

의무교육과 '국어':
이자와 슈지의 교육 이념

교육학자 이자와 슈지는 국가 차원에서 교육을 보급하고 교육을 통해 국가 이념을 주입하는 '국가 교육'을 실시해야 한다고 주장했습니다. 그리고 이러한 이념에 따라 전 국민을 대상으로 의무교육을 펼쳐야 한다고 강조했습니다. 여기에는 식민지 타이완이 일본의 일부이기 때문에 타이완인도 일본인이 되어야 한다는 생각이 깔려 있습니다. 그렇다면 어떻게 해야 타이완인의 의식을 '개조'할 수 있을까요? 이자와는 언어가 관건이라 생각했습니다. 이에 따라 그는 국어전습소國語傳習所와 국어학교 등을 설립하고 타이완인과 원주민이 일본어를 능숙하게 구사할 수 있도록 지도할 일본인 교사를 고용했습니다. 그는 우선 '타이완 교육의 발상지'로 널리 알려진 즈산옌 학당을 세워 타이완 학생들에게 국어(일본어)를 전수했고, 1896년에는 헝춘恆春에 설립된 국어전습소인 저로속분교장猪勝束分教場에서 원주민들을 대상으로 한 첫 근대 교육을 실시했습니다.

국어전습소에서 국민학교로:
멀고 먼 등굣길

즈산옌 사건 이후에도 근대 교육을 향한 타이완 총독부의 의지는 꺾이지 않았습니다. 그해에만 총 14개의 국어전습소가 설립되었고 타이베이에도 국어학교와 3개의 부속학교가 설립되었습니다. 국어학교란 말 그대로 언어를 배우는 곳으로, 설립 초기에는 일본의 통치 의도에 따라 대부분의 수업이 타이완어로 진행되었습니다. 당시 사용한 타이완어 교과서가 지금까지 남아 있습니다. 그러다가 1902년부터는 교사 양성에 초점을 두기 시작했습니다. 이는 국어학교의 목적이 통치에 유리한 이중 언어 인재를 양성하는 데 있었음을 말해주는 것입니다.

즈산옌 사건과 즈산옌 정신

1896년 설날, 즈산옌 학당에서 근무하던 가토리 미치아키[楫取道明]·세키구치 조타로[関口長太郎]를 포함한 6명의 교직원이 신년 행사에 참가하기 위해 총독부로 가던 중 항일 무장 집단의 습격을 받아 사망했다. 이 사건은 식민지 정부에게 적지 않은 좌절감을 안겨주었다. 이에 총독부는 무장 집단을 체포한 후 희생자들의 유족을 위로하고 후속 지원을 약속했으며, 희생자들의 시신을 즈산옌 '육씨선생묘'에 안치하고 추모 의식을 거행했다. 당시 일본 수상이었던 이토 히로부미[伊藤博文]는 희생자들을 기리는 '학무관료조난지비[學務官僚遭難之碑]'를 세웠다. 이후 이들은 '국궁진췌[鞠躬盡瘁] 사이후이[死而後已]'(죽을 때까지 나라를 위해 몸과 마음을 다바치겠다는 뜻으로, 중국 삼국시대 촉나라 재상 제갈량이 남긴 출사표)의 정신으로 교육 활동을 펼친 본보기 인물로 추앙되었다. 또한 이 사건이 남긴 '즈산옌 정신'은 일본 시대 타이완 교육에 큰 영향을 끼쳤다.

즈산옌 공원에는 살해당한 여섯 명의 교사를 기리기 위한 학무관료조난지비가 남아 있다.

　타이완 교육의 청사진을 제시한 이자와가 1897년 타이완 총독부의 예산 축소로 해임되자 그가 세운 계획에도 차질이 빚어졌습니다. 1898년 총독부는 '타이완 공학교령'과 '타이완 총독부소학교 관제' 교육령을 반포했습니다. 우선 '타이완 총독부소학교 관제'에 따라 일본에 거주하는 타이완인에 대해서는 기존의 4년제 교육을 통합 6년제로 전환하고, 식민지에 거주하는 일본인 아동을 대상으로 하는 심상고등소학교를 설립해 최상의 교육 환경을 조성했습니다. 타이완에 거주하는 한족들을 대상으로 하는 '타이완 공학교령'의 핵심은 괄목할 만한 성과를 거둔 국어전습소를 공학교로 전환하는 것이었습니다. 언뜻 보기에 공학교는 일본의 소학교와 비슷해 보이지만 사실 인종 분리(타이완인 입학 불가), 경비(지역에서 부담), 후속 교육의 부재(중등 교육기관이 설치되어 있지 않음) 등 여러 제한으로 인해 확연한 차이를 보였습니다. 당시 원주민 대상의 학교가 없었기 때문에 원주민들의 기초 교육은 기존의 국어전습소에서 수행되었습니다. 이후 1914년에 번인공학교 규칙이 마련되어 원주민 학생들을 전문적으로 가르치는 공학교가 등장했습니다. 이자와의 동화同化 교육이념은 '국어'와 '수신修身'〔일본 시대의 도덕 교과서〕이라는 과목으로 수행되었습니다.

　식민지 정부는 원래 원활한 통치를 위해 타이완인에 대한 교육 혜택을 제한하는 방침을 세웠으나 정세가 변하면서 더 나은 교육에 대한 타이완인의 요구가 거세지자 총독부는 태세를 전환할 수밖에 없었습니다. 기존의 '불교육不敎育' 방침을 철회하고 1919년 '타이완 교육령'을 반포하여 타이완 사람들에 대한 체계적인 교육 제도를 수립했습니다. 그 정도의 개혁 조치로 타이완 사람이 일본인과 동등한 교육 혜택을 누릴 수 있게 되었다고는 할 수 없지만, 이를 계기로 또 다른 식민지였던 조선과 동일한 출발선상에 설 수 있게 되었습

1 교실에서 수업을 받고 있는 학생들. 즈산옌 사건 이후 총독부는 타이베이성 안에 국어(일본어)학교를 세웠다.

2 타이완 총독부가 편찬한 교과서 『국민독본國民讀本』. 일본어로 타이완어를 교육하고 있다.

니다.

타이완 교육령이 반포된 지 얼마 지나지 않아 조선에서 나라의 독립을 요구하는 3·1 운동이 일어났습니다. 그와 더불어 세계적으로 민족 자결주의가 확산되자 일본 정부는 기존의 식민지 차별 정책에 대한 수정 방안을 고심하기 시작했습니다. 곧이어 일본은 내지연장주의內地延長主義라는 새로운 식민지 통치 이념을 제시했고 1922년에는 '신타이완교육령'을 공포했습니다. 그 내용은 더 이상 민족을 기준으로 소학교와 공학교를 구분하지 않는 대신 '일본어 사용' 여부를 새로운 입학 기준으로 삼겠다는 것이었습니다. 1941년 제2차 세계대전이 격전 상황으로 치닫기 시작하자 일본은 '국민의 충성심'을 고취하기 위해 소학교와 공학교의 구분을 없애고 모두 초등학교로 변경했습니다. 2년 뒤인 1943년부터는 일본인에게만 적용하던 6년간의 초등교육 대상을 전 국민으로 확대하면서 비로소 의무교육의 시대가 시작되었습니다.

원래 공학교와 소학교는 모집 대상자가 서로 달랐기 때문에 교육 과정에도 차이가 있었습니다. 소학교의 경우 식민지 사회에 적응하기 위해 중국어와 타이완어 등을 배우는 것 외에는 일본 본토와 큰 차이가 없었고, 교과서 역시 일본 문부성에서 편찬한 교과서를 채택한 반면 공학교의 교과서는 타이완 총독부에서 편찬한 것이었습니다. 그 결과 소학교 출신의 일본인 졸업생들은 공학교를 졸업한 타이완 학생들보다 훨씬 수월하게 심상고등소학교에 합격할 수 있었습니다. 그렇다면 공학교 졸업 후 상급 학교로 진학하고자 하는 타이완 학생들에게는 어떤 선택권이 있었을까요? 그들에게는 두 가지 길이 있

번동공학교蕃童公學校의 학생들

구식 서당 교육과 신식 학교 교육

한때 타이완 사람들은 학교생활을 즐겁게 여긴 적이 있었을까? 어떻게 그럴 수 있었을까? 우선 서당과 학교의 차이부터 살펴보자. 구식 교육은 대부분 서당에서 이루어졌는데, 당시의 서당은 지금의 학교와 큰 차이가 있었다. 서당은 여학생과 남학생의 비율에 큰 차이가 있었으며 교육 방식도 크게 달랐다. 기본적으로 서당에서는 별도의 규정이나 틀을 정하지 않고 개인의 능력과 필요에 따라 학생을 가르쳤다. 수업은 글을 익히고 시를 암송하고 편지를 쓰는 등 문예적이면서도 실용적인 내용이 주를 이루었다. 그에 비해 미술·음악·체육 등을 배우되 암송은 중시하지 않는 신식 교육은 훨씬 재밌었을 것이다.

1 장화소학교
2 소학교와 공학교의 체조 시간
3 1919년 여학교의 학생들

었습니다. 타이완 총독부에서 장려하는 실업 교육을 받거나, 오늘날 타이난에 있는 '좁은 문 카페窄門咖啡' 입구보다 더 좁은 중등 교육의 문을 두드리는 것이었습니다.

식민 통치에 필요했던 실업 교육

'실업 교육'이란 오늘날의 직업 교육과 비슷한 개념으로, 전문성을 갖추어 산업 발전에 기여할 인재를 육성하고자 하는 총독부의 의도가 담겨 있습니다. 초기에는 직업 교육 중심이었으나 중반 이후로는 공업과 상업 분야에 치중하는 등 시기에 따라 비중이 달라졌습니다.

1919년 타이완 교육령이 반포되기 전까지 실업 교육은 국어학교 실업부, 공학교 부속실업과, 강습 제도로 나뉘어 있었습니다. 국어학교 실업부는 농업·철도·통신 등의 과목을 개설해 타이완 학생들을 모집했습니다. 그러나 기존의 국어학교에서 실시했던 언어 교육과 교사 양성 교육에 따른 호감 때문인지 실업부에 지원하는 학생이 없어 1907년에 폐지되었습니다. 공학교 부

국어학교와 타이완의 예술

타이완의 국어학교에서는 1907년과 1924년에 일본인 화가 이시카와 긴이치로石川欽一郎를 교사로 초빙했다. 서양의 수채화를 맨 처음 타이완에 도입한 그는 자연 풍경을 묘사하는 방법을 가르쳤으며 리스차오李石樵·란인딩藍蔭鼎·니장화이倪蔣懷·리쩌판李澤藩 등 타이완 출신 예술가를 배출하여 타이완 예술계에 지대한 영향을 끼친 인물로 평가받고 있다.

이시카와 긴이치로가 그린 타이베이 천후궁

속실업과에 대한 반응 역시 별반 다르지 않았습니다. 반면 농사나 제당업 등 각 분야의 발전에 이바지할 인재를 양성하는 강습 제도는 유일하게 성과를 드러낸 경우로, 실습생들은 병원·식산국殖產局·당무국糖務局 등 여러 기관에서 지도를 받았습니다.

교육령이 반포된 이후 실업 교육은 강습 제도에서 실업학교 제도로 전환되었습니다. 실업학교는 크게 공업학교·상업학교·농업학교·간이실업학교로 나뉘는데, 그중 농업과 상업 위주로 교육하는 간이실업학교의 전신은 공학교 부속실업과입니다. 1922년 일본과 동등한 교육 실시를 선언한 신타이완 교육령 반포 이후 간이실업학교는 보습학교로 바뀌게 되었습니다. 제2차 세계대전이 발발했을 때는 전시 상황의 수요로 인해 타이완의 실업학교와 학생들이 급속히 증가했으며, 이는 전후戰後 타이완의 발전을 이끄는 주요 자본력이 되었습니다.

자이嘉義농업학교와 실습소

'좁은 문'의 중학교

1919년 타이완 교육령 전까지만 해도 타이완인을 대상으로 한 중등 교육은 아예 없었습니다. 당시 타이완인을 위한 중등 교육 기관은 일본 식민지 정부가 추진 설립한 국어학교 제4부속학교의 쉰창尋常중학과(오늘날의 젠궈建國중학교)가 전부였습니다. 타이완의 여학생을 대상으로 한 중등 교육은 국어학교 제1부속학교 여자 분교장(오늘날의 중산中山여자중학교)이 유일했습니다.

총독부가 타이완인에게 중등 교육의 기회를 제공하지 않은 이유는 무엇일까요? 고급 교육을 받게 되면 일본에 대한 저항의식이 생겨날 것을 두려워했기 때문입니다. 그러나 타이완인의 입장에서는 공학교를 졸업한 뒤 더 이상 진학할 수 없다는 것 자체가 불평등을 대변하는 것이기 때문에 일본이 우려하는 저항의식은 이미 싹트고 있었다고 할 수 있습니다.

의사 차이아신蔡阿信과 문명을 이끈 여성들

현대 교육의 큰 특징 중 하나는 여성도 남성과 동등한 교육을 받고 전문성을 갖춘 인재로 성장할 수 있다는 점이다. 가장 대표적인 인물로 1899년에 태어난 의사 차이아신과 1907년 출생한 화가 천진陳進을 꼽을 수 있다. 차이아신은 8세 때 처음 다다오청공학교에 입학하여 12세에 졸업한 뒤, 기독교 장로교회가 설립한 단수이 여학당에 진학하여 제1회 졸업생이 되었다. 이때 성적이 우수한 차이아신을 눈여겨본 캐나다인 교사가 그녀에게 일본 의과대학에 진학할 것을 권유했다. 1917년 일본으로 유학을 간 그녀는 동경여자의학전문학교(지금의 도쿄여자의과대학)에 들어가 의학 공부를 마친 뒤 1921년 타이완으로 돌아와 타이중에 칭신淸信의원을 개업했다. 그리고 6개월마다 30명의 학생을 모집하여 1년간 조산사 교육을 실시했다. 그녀가 가르친 전문 조산사들은 타이완 전역으로 진출해 의료 활동을 펼쳤다.

그 밖에 린위산林玉山·궈쉐후郭雪湖와 함께 제1회 타이완 미술전에서 입상한 화가 천진, 작가 겸 기자 양첸허楊千鶴, 의사 쉬스셴許世賢 등은 모두 타이완을 대표하는 훌륭한 여성으로 꼽힌다. 1930년대 이후 교육인구가 증가하면서 타이완의 여성들도 다양한 직업을 갖게 되었다. 비록 일본 시대 여성 교육은 현모양처에 중점을 두었지만 시대가 변하면서 고정관념에서 탈피해 경제적으로 독립하는 여성들이 점점 늘어나게 되었다. 바야흐로 신여성의 시대가 도래한 것이다.

1 최초로 타이완 학생을 모집한 중학교,
  타이완공립대중중학교
2 타이난제2중학교. 1945년에 타이완성
  립 타이난제1중학臺灣省立臺南第一中學
  으로 바뀌었다.
3 1920년 다다오청공학교의 모습

한때 모국으로 여기던 청나라가 1912년 멸망하고 중화민국이 세워지는 과정을 목격한 타이완 사람들은 크게 동요하기 했습니다. 그 무렵 총독인 사쿠마 사마타佐久間左馬太는 '오년이번계획五年理蕃計畫'을 추진하기 위해 타이완 사신 계층의 자본과 인력을 확보할 방안을 마련했습니다. 그는 우선 민심을 달래기 위해 1915년 타이완 학생들을 대상으로 한 최초의 중학교 타이완공립대중중학교(지금의 시립 타이중제1고급 중등학교)를 설립했습니다. 이를 계기로 타이완 총독부는 타이완인이 신식 교육을 갈망해왔음을 확실히 인식했으며, 앞서 언급한 타이완교육령을 제정하기에 이르렀습니다. 뒤이어 신타이완 교육령까지 반포함으로써 타이완인은 평등한 교육 권리를 보장받게 된 것처럼 보였으나 고등 교육을 향한 길은 여전히 멀고 험난했습니다.

일본인에 의한, 일본을 위한 고등 교육:
타이베이고교와 다이호쿠제국대학

일본은 식민지 정부에 대한 타이완인의 협력적인 풍토를 조성하기 위해 우선 초등 교육을 보급하는 데 주력했습니다. 식민 통치가 안정적인 단계에 접어들자 타이완에 거주하는 일본인들은 고등 교육기관을 설립해줄 것을 요구했고, 1920년 이후 대학 예비 과정의 성격을 지닌 7년제 학교인 타이완총독부 타이베이고등학교가 설립되었습니다. 이 학교를 졸업한 학생들은 일본의 대학에 자유롭게 진학할 수 있었으며, 1941년 다이호쿠제국대학에 예과 과정이 생기기 전까지는 이 학교를 졸업하는 것만이 대학에 진학할 수 있는 유일한 길이었습니다.

식민 통치가 점차 안정을 찾아가자 일본은 중국 남부 지역과 동남아시아 지역으로 진출하기 위한 남지남양南支南洋 정책 수립에 나섰습니다. 이에 따라 총독부는 지역을 조사할 연구원과 정책 기획 및 실행을 맡길 인재를 양성하고 자 1928년 다이호쿠제국대학(지금의 국립타이완대학)을 건립했습니다. 일본 제국의 최남단에 설립된 다이호쿠제국대학에 대한 정부 지원까지 더해져 열대 의학연구소 외에 남방자원연구소·남방인문연구소·남양역사연구소 등이 편제되는 등 동남아시아 지역에 관한 연구가 집중적으로 이루어졌습니다. 또한 다이호쿠제국대학 내 토속인종연구소에서는 최초로 타이완 인류학 연구가 진행되면서 타이완 본토 연구에도 심혈을 기울였습니다. 그 밖에도 경제학연구소의 조교수 둥자성東嘉生이 『타이완 경제사 연구』를 집필하고, 농학부 교수 이소 에이키치와 스에나가 메구무가 재래종 쌀의 개량종인 펑라이미를 개발하는 등 많은 성과를 이루어냈습니다.

　총독부가 고등 교육기관에 총력을 기울이는 모습을 지켜보는 타이완의 지식인들은 기뻐할 수도 슬퍼할 수도 없었습니다. 타이완인에게는 제대로 된 중등 교육의 기회가 주어지지 않는 상황에서 고등 교육기관에 진학할 수 있는

1929년에 완공된 타이베이고등학교(지금의 국립타이완사범대학)의 기숙사 건물

다이호쿠제국대학(지금의 국립타이완대학)

자격은 거의 타이완에 거주하는 일본인의 차지였기 때문입니다. 타이완에 고
등 교육기관이 들어서는 기쁨도 잠시, 타이완인은 식민지 차별대우의 뼈저린
참담함을 맛봐야 했습니다.

이룰 수 있었지만 원하지 않았던 해외 유학

타이베이고등학교와 다이호쿠제국대학의 설립으로 황폐했던 타이완의 고등
교육이 어느 정도 실현된 것은 사실이지만, 식민지 정부의 현지인 차별대우
로 인한 진학의 어려움은 여전했습니다. 이에 학업의 뜻을 품은 학생들은 타

이완을 벗어나 일본·중국·유럽·미국 등지로 유학을 선택해야 했습니다.

1919년 이전까지는 타이완의 초등 및 중등 교육 제도가 불완전했기 때문에 대부분의 해외 유학생들은 초·중등 교육 대상자였으나, 이후부터는 고등 교육을 받기 위해 타이완을 떠나는 유학생들이 늘기 시작하여 1934년에는 절반이 넘는 학생들이 유학길에 오르게 되었습니다. 고등 교육을 원하는 사람들은 크게 늘어난 반면 기회의 문은 여전히 좁았음을 알 수 있습니다.

해외 유학의 대상국 역시 언어와 국경 문제로 인해 타이완 유학생들은 일본을 택하는 경우가 대부분이었으며, 법률·경제·정치·이공계 학과에 진학해 현대 지식을 흡수하기 시작했습니다. 그러던 중 1920년 초반에 민족자결주의가 세계적으로 확산되자 식민지 정책의 불공평함을 자각한 유학생들은 비교적 자유롭게 정치적 활동을 펼칠 수 있는 일본 본토에서 저항 운동을 벌이기 시작했습니다. 이들의 활동은 타이완에서 육삼법 철폐 운동, 타이완 의회 설치 청원 운동을 촉발하는 계기가 되기도 했습니다.

중국으로 유학을 떠나는 학생도 적지 않았습니다. 초기에 총독부는 이들이 중국에서 저항의식을 키우게 될 것을 우려하여 중국 유학을 통제했으나 다른 나라를 경유하여 은밀히 들어가는 학생들까지 막을 수는 없었습니다. 그 밖의 대상국은 지금도 여전히 인기 있는 미국과 유럽이었으며, 1930년 이후에는 만주국으로 유학을 떠나는 이들도 생겼습니다.

일본 시대 타이완의 고등 교육은 식민지 출신의 엘리트를 양성하기 위한 게 아니라 타이완에 거주하는 일본인을 위한 교육이었습니다. 그나마 고등 교육에 진입한 소수의 타이완 엘리트들이 있긴 했지만 총독부는 이들의 진로를 의학계로 유도했습니다. 의학 분야는 자원 배분에 관한 발언권을 획득할 수 있는 농업이나 공업, 인문학 분야와 달리 엄청난 기술력과 방대한 지식을 필요로 하는 영역이기 때문입니다. 한편 제국의 남진 정책 덕분에 다이호쿠제국대학은 동남아시아 지역에 관한 풍부한 지식과 자원을 축적할 수 있었고, 향후 일본이 동남아시아 지역으로 진군하는 데 적지 않은 도움을 주었습니다. 그러나 식민지 정부가 물러나고 국민정부가 들어서자 '남쪽만 바라보던' 타이완은 '서쪽을 바라보게' 되었고 그동안의 연구 성과는 거의 무용지물이 되고 말았습니다. 이를 계기로 타이완의 고등 교육은 새로운 국면에 접어들었습니다.

　수많은 불평등이 따르기는 했지만 결과적으로 일본 시대의 현대 교육은 타이완 사회에 큰 영향을 끼쳤다고 할 수 있습니다. 과학·예술·체육 등 현대식 교육을 통해 타이완 출신 엘리트들이 양성되었으며, 무엇보다 의무 교육을 추진한 덕에 여성의 사회 진출 기회가 열렸다는 데 의미가 있습니다.

내지연장주의의 타이완 사회는
어떤 모습이었을까?

1921년 타이완의회 설치 청원 운동 이후 1934년까지 총 15회에 걸쳐 청원서 제출이 이루어졌다. 1923년 총독부는 치안경찰법을 제정했고 경찰은 의회 설치를 요구하는 정치적 결사 활동에 강경 대응했다. 청원 운동을 주도한 주요 인물은 무봉霧峰 린씨 가문의 사신 린셴탕林獻堂을 비롯한 장웨이수이蔣渭水·차이페이훠蔡培火·라이허賴和 등 대부분 타이완문화협회의 구성원이었다. 이후 해외 유학생들이 공산주의, 삼민주의, 레닌주의 사상과 이론을 들여오면서 문화협회는 좌파와 우파로 분열되기 시작했다.

동화와 차별 대우

1920년대의 식민지 타이완 사회를 생각할 때 가장 먼저 떠오르는 것은 무엇일까? 1997년 이후 『타이완 인식認識臺灣』(역사편) 교과서로 수업을 받은 학생이라면 대부분 린셴탕을 중심으로 한 타이완의회 설치 청원 운동 또는 내지연장주의를 떠올릴 것입니다. 이러한 내용을 떠올렸다는 것만으로도 그 시대에 대해 절반쯤은 이해한 것이라 할 수 있습니다. 그렇다면 이 사건들은 왜 일어났을까요? 타이완 사회에는 어떤 영향을 끼쳤으며, 어떤 결말을 맞았을까요? 지금부터 하나씩 살펴보겠습니다.

1920년대 타이완에서 발생한 각종 사회 운동은 일본의 내지연장주의와 맞물려 있었습니다. 그러나 그보다 먼저 일본 식민지 통치의 근본이라고 할 수

다이쇼大正 천황 즉위식

있는 국체론國體論부터 살펴볼 필요가 있습니다. 일본의 근대화라 하면 대부분 '1868년 메이지 유신을 통한 일본의 서구화'를 떠올리지만, 일본이 여러 속국을 거느린 덕분에 메이지 유신을 거쳐 중앙집권 체제를 갖춘 통일 국가로 거듭날 수 있었다는 사실은 간과되는 경우가 많습니다. 즉 일본은 근대화와 국가 통합이 동시에 추진되었으며, 초기에는 좋은 나라를 건설하는 문제에 대한 매뉴얼(SOP)이 준비되어 있지 않아 문제를 맞닥뜨린 후에야 해결책을 찾는 경우가 허다했습니다.

일본의 근대화에서 빠질 수 없는 개념은 바로 '국체國體'입니다. 국체란 '일본은 만세일계萬世一系〔일본 황실의 계보는 한 번도 단절된 적이 없다는 개념〕의 천황을 중심으로 하는 신국神國이다'라는 천황제 이데올로기입니다. 이러한 천황의 절대적 권위와 천황 중심의 국가신도國家神道 사상은 일본이 근대 서구의 민족 통일 국가라는 개념을 수용하는 과정에서 핵심적인 요소로 작용했습니다. 뿐만 아니라 과거에는 영향권 밖에 있던 새로운 영토들도 국체 사상의 영향을 받기 시작했습니다. 앞서 식민 통치에 대해 설명할 때도 언급했듯이 일본은 타이완을 할양받아 첫 해외 식민지를 거느리게 되면서 근대적 의미의 '국가'가 되었다고 할 수 있습니다. 그런 상황에서 타이완을 본국과 동일한 법률이 적용되는 '영토'로 봐야 할지, 아니면 특별법을 적용할 '식민지'로 봐야 할지 고민에 빠질 수밖에 없었습니다. 결국은 조약 협상 등의 외교적인 요소를 고려해야 했기 때문에 식민지로 결정되었으나, 언어나 종교 사상이 완전히 다른 타이완에 천황 중심의 국가신도 사상을 적용하기에는 분명 무리가 있었을 것입니다.

타이완을 식민지로 삼은 일본 제국은 총독(일본의 현지사縣知事보다 더 높은 권력을 가지고 있었다)을 중심으로 한 특별 통치 형식을 수립했고, 총독부는 일본 헌법이 아닌 타이완의 특수성을 고려한 방식으로 통치를 펼쳤습니다. 이에 타이완 사람들이 일본 국민과 동등한 권리를 요구하고 나서자 총독부는 타이완의 '특수한 상황', 즉 민도民度(백성의 지식·교육·문화·생활 수준의 정도)가 낮기 때문에 섣불리 일본의 법률을 적용할 수 없다는 구실을 내세워 일시적으로 특별법을 적용할 것이며, 타이완이 충분히 성장한 후에 다시 고려하겠다는 입장을 밝혔습니다. 이 문제를 둘러싸고 일

다이쇼 천황

본의 정계와 학계, 타이완의 지식인들은 논쟁을 벌였습니다. 그러나 일본 제국이 타이완인에 대한 차별을 폐지하고 일본 국민과 동등한 권리를 부여해야 할지, 아니면 특수한 상황을 유지하여 타이완이 일본에 동화되지 못하도록 해야 할지 갈피를 잡지 못했습니다.

메이지 유신의 주역 이타가키 다이스케板垣退助는 1914년 타이완을 방문하여 린셴탕·차이페이훠 등의 사신과 함께 타이완동화회臺灣同化會를 설립한 후, 타이완에 대한 차별대우를 폐지하고 타이완인을 일본에 동화시켜야 한다는 주장을 펼쳤습니다. 이어서 1918년 린셴탕은 일본에 유학 중인 타이완 학생들과 함께 '육삼법 철폐 기성동맹회'를 조직하여 특별법 제도를 폐지하고 타이완을 제국의 헌법 체계에 편입시키려는 활동을 전개했습니다. 그러나 타이완의 특수성을 부정하는 것이라는 린청루林呈祿 등의 비판에 부딪히자 이들의 주장은 힘을 잃었으며 오히려 린청루가 주장하는 타이완의 특수성에 타이완 지식인들의 힘이 쏠리면서 타이완의회 설치를 요구하는 청원 운동이 전개되었습니다.

비바람 몰아치는 타이완 사회

육삼법 철폐 운동이 잦아들고 타이완의회 설치 청원 운동이 일어난 이유는 타이완의 독립성을 요구하는 타이완 지식인들이 늘어났기 때문이기도 하지만 외부 환경의 변화도 무시할 수 없는 요인이었습니다. 제1차 세계대전이 종결되고 나서 1919년 1월 파리에서 승전국이 주도하는 평화회의를 앞두고 일본에서 유학 중이던 조선인 학생들은 이 평화회의에 조국 독립의 기대를 걸고 있었습니다. 그런 와중에 독립 운동을 지원해온 고종 황제가 서거하는 일이

同化會述聞錄㈠(林獻堂)

大正三年月日獻堂買(煒肉痰) 假館都門 於是櫻
花武士之魂雲錦天孫之斎 珠光寶氣鳳吹鸞歌萬
萬國衣冠毅擊摩之地上 游旗鼓伏波慣海之場
洗々泰東海之雄風蘇々羅中天之赤日堂或皇哉
不任蓋四死觀國之育炎然 觀海者必觀其瀾登峯
者必遊来倘。 由今思往殆可謂未始來遊也者
蓋未登季譽之堂。 不得謂之龍門之士不入闟史
之室乎 吾得閟夫柱下之說是用蕭其辰裳申以肅戒
與家兄烈堂敬謁飯垣老伯。 老伯以嶽々之身

린센탕

린센탕이 쓴
『동화회술문록同化會述聞錄』

발생하자 조선의 민심은 요동치기 시작했습니다. 급기야 고종의 장례식을 이
틀 앞둔 1919년 3월 1일 조선 전국에서 사람들이 '독립 만세'를 외치는 3·1운
동이 일어났습니다.

조선의 3·1 운동과 더불어 세계적으로 확산되는 민족자결주의로 인해 일
본의 제국주의는 큰 타격을 입게 되었습니다. 더욱이 당시 일본에서는 다이
쇼 데모크라시 시대를 맞아 민주주의 사상이 확산되고 있었으며 정당 정치 체
제가 꽃피기 시작할 무렵이었습니다. 이에 일본의 하라 다카시原敬 수상은 덴
겐지로田健治郎를 타이완 총독으로 임명했습니다. 타이완 최초의 문관 출신 총
독인 덴 겐지로는 내지연장內地延長 정책을 실시했습니다. 이것은 타이완에도
일본의 법령이 적용됨을 의미하는 것으로, 예를 들어 1920년의 지방 제도 개
편(주州·시市·가街·장庄에 지방 관선의회를 설치)과 1922년 1월 천황의 칙령에 따라

일본 본토의 법률을 부분적으로 타이완에 적용하는 '법삼호' 실시(총독의 입법권 축소)가 그러한 사례입니다. 같은 해 4월에는 새로운 교육령이 반포되었습니다. 주요 내용은 중등 이상의 교육은 일본인과 타이완인이 함께 받는 것을 원칙으로 한다는 것, 초등 교육은 일본어 구사 능력에 따라 소학교나 공학교로 진학할 수 있다는 것입니다. 그 밖에도 일본인과 타이완인 간의 통혼을 허용하고 태형笞刑을 폐지하는 등의 유화 정책이 실시되었습니다.

총독부가 이러한 '호의'를 베풀었음에도 불구하고 1920년대에 사회 운동이 뜨겁게 전개되었던 이유는 무엇일까요? 타이완을 일본의 법 테두리 안에 두고자 하는 내지연장 정책은 겉으로 보기에는 차별대우를 해소하려는 노력

타이중시립 타이중제1고급중등학교의 전신인 타이중주립 제1중학교. 타이완 학생들을 대상으로 한 최초의 중등 교육기관이었다.

같지만 실제로는 일본 식민 체제를 강화하기 위한 통제 수단이었기 때문입니다. 즉 타이완인을 서서히 동화시켜 타이완의 특수성을 지우려는 것이었습니다. 타이완 총독의 입법권 역시 천황의 칙령에 의해 축소된 것처럼 보이지만 원래 총독의 통치권은 일본 입법부의 감시에서 벗어난 사각지대에 있었습니다. 린셴탕·린청루·차이페이휘 등 타이완 지식인들은 총독의 전제 정치를 비판하는 한편 타이완의 특수성이 유지되기를 원했기 때문에 타이완인이 참여하는 의회를 설치하라는 요구는 더욱 드높아질 수밖에 없었습니다.

타이완의회 설치 청원 운동

1921년 타이완의회 설치 청원 운동이 시작된 후 1934년까지 총 15회에 걸쳐 청원서 제출이 이루어졌습니다. 1923년 총독부는 '치안경찰법'을 제정하여 의회 설치를 요구하는 정치 결사를 강경 진압했습니다. 청원 운동을 주도한 주요 인물은 무봉 임씨 가문의 사신 린셴탕을 비롯하여 장웨이수이蔣渭水·차이페이휘·라이허賴和 등 대부분 타이완문화협회의 구성원이었습니다. 온건 성향을 지닌 이들은 청원서 제출이라는 방식으로 기존 체제에 저항했으나 소수의 일본 종교인과 몇몇 의원의 지지를 받았을 뿐 제국의회에 청원안이 통과된 적은 없었습니다.

이후 해외 유학생들이 공산주의·삼민주의·레닌주의 사상을 들여오면서 문화협회도 좌파와 우파로 분열되었습니다. 1927년 급격히 좌경화된 문화협회로부터 퇴출

장웨이수이 동상
(후원청 제공)

장웨이수이蔣渭水 기념공원(후원청 제공)

당한 린셴탕·차이페이휘·리잉장·장웨이수이 등은 타이완 민중당을 결성해 의회 설치 청원을 이어갔습니다. 물론 제국의회는 여전히 묵묵부답이었습니다. 1930년 린셴탕·차이페이휘 등은 노농勞農 운동을 지지하는 장웨이수이와 결별하고, 타이완지방자치연맹을 조직하여 합법적인 지방자치와 의회 설치를 주장했습니다. 그러나 1934년 일본 국내에서 파시즘이 득세하면서 타이완의 자유주의와 민족자결주의는 동력을 잃었고 청원 운동의 불씨도 허무하게 꺼져버리게 되었습니다.

타이완의회 설치 청원 운동의 영향

타이완의회 설치 청원 운동은 린셴탕을 비롯한 지주, 자본가 계급, 보수파 세력을 중심으로 비교적 온건하게 이뤄졌습니다. 식민 통치를 받고 있는 타이완의 정치 상황을 고려할 때 그럴 수밖에 없었을 것입니다. 그러나 자본가의 착취에 저항하는 노동자와 농민을 옹호하는 협회 내 좌파 인사들과 기타 단체들은 이러한 온건적인 운동 방향을 맹렬히 비판했습니다. 뜨뜻미지근한 운동 방식은 내지연장주의와 타협할 위험이 있으며 일본 정부에게 주도권을 넘겨 주는 순간 흐지부지될 가능성이 높기 때문에 효과적인 투쟁이 아니라는 것입 니다. 실제로 타이완의회의 지위와 권한이 확립되는 과정을 살펴보면 시간이 지날수록 식민지 정부의 뜻을 받아들여 의회 권한이 축소된 사실을 확인할 수 있습니다. 초기에는 일본 제국의회로부터 독립된 입법권과 예산권을 발휘할 수 있는 특별 의회를 구축하려 했으나 후반으로 갈수록 요구 조건이 약화되었 고, 마지막에는 일본의 지방의회와 동일한 권한을 요구하기에 이르렀습니다.

반면 일본의 식민 통치를 지지하는 구센룽, 린슝정 등은 좌파 인사들의 태 도는 일본과 타이완의 조화로운 관계를 위태롭게 만드는 반역 행위라며 비판 했습니다. 이에 질세라 총독부도 청원 운동을 하는 자들과 대면 '소통'을 시 도했는데, 대개는 그들을 진압(앞서 언급한 1923년의 치안 경찰 사건)하거나 재정 적으로 이들의 채권을 추심하는 식의 방해 공작을 펼쳤습니다.

그럼에도 불구하고 타 이완의회 청원 운동은 타 이완 사회와 일본 각계각 층에 커다란 반향을 불러 일으켰습니다. 우선 타 이완 지식 계층은 이러 한 현상을 다이쇼 데모크 라시의 입헌주의와 인도 주의 영향을 받아 생겨난 자치 운동으로 인식하고

무봉 린씨 채소밭에 남아 있는 '역사櫟社'(일본 시대 타이완 3 대 시사詩社 중 하나) 시인들의 이름이 새겨진 비. 문화협회의 하계학교는 1924년부터 무봉 린씨 가옥에서 열렸다.(후원 청 제공)

식민 모국인 일본의 헌정 체제를 끌어들여 폭정에 맞서 싸우고자 했습니다. 그러나 식민 통치의 틀을 벗어날 도리가 없는데다 타이완이 하나의 민족으로 독립할 수 있을지 확신할 수 없었습니다. 일부 지식인은 난처한 상황을 타개할 만한 나름의 방안을 모색했으나 이율배반적 모순을 극복하지 못한 채 내분을 자초하기도 했습니다. 그럼에도 불구하고 의회 설치를 요구하는 서명 운동과 강연은 계속 이어졌습니다. 타이완문화협회는 연극·영화·신문 등을 전달 매체로 삼아 사람들에게 이념 교육을 펼쳤으며, 글을 읽지 못하는 서민을 위해 비문자 위주의 교육을 실시하는 등 민주주의 인권의식을 홍보하는데 힘썼습니다. 이 과정에서 법치주의, 헌정 제도, 자치제 등의 개념이 타이완 사회에 널리 알려지게 되었습니다.

청원 서녕 운동에 참여한 계층은 일본에 있는 타이완 유학생을 비롯한 타이완의 사신 계층 그리고 일반 민중으로, 1920년대에는 수백 명에 불과했지만 1930년대에 들어 3000명까지 늘어났습니다. 또한 1923년 문화협회에서 주관한 강연이나 연극에 참석한 사람은 총 2만 명이었지만 1926년에는 11만 명으로 늘어났습니다. 일본 시대 중반 타이완 인구가 300~400만 명이었던

문화협회의 '메이타이퇀'

메이타이퇀美臺團은 1925년(다이쇼 14) 타이완문화협회 회원인 차이페이훠가 설립한 단체다. 그는 영화라는 새로운 매체를 이용해 이념 교육을 시키겠다는 생각으로 도쿄에서 영상 설비를 구입하고 입담 좋은 자들을 모아 단체를 결성했다. 메이타이퇀은 타이완 서쪽 지역 농촌 마을을 순회하면서 주민들에게 영화를 보여준 뒤 입담꾼을 통해 그 내용을 설명해주는 활동을 펼쳤다. 차이페이훠는 영화를 보여주기 전에 자신이 직접 지은 노래를 관객들에게 가르치고 함께 불렀다. 노랫말은 주로 타이완 민중이 아름다운 환경에서 살면서 지식보다는 지혜를 향해 나아가기를 바라는 뜻을 담고 있다.

점을 감안할 때 큰 호응을 얻었음
을 알 수 있습니다. 나아가 그때
까지만 해도 타이완 사람들은 한
족, 타이완 본토인, 원주민, 중국
인 등으로 불리고 있었기 때문에
'타이완인'이라는 개념이 뚜렷하
지 않았으나 자치주의를 외치는

타이완문화협회 회원 기념비(후원청 제공)

목소리가 드높아지면서 비로소 '타이완인'이라는 공동체 의식이 형성되었습
니다.

　일본 국내에서는 기독교 신자들과 일부 학자들이 박애 정신과 입헌주의를
내세우며 폭정에 맞서 싸우는 타이완을 지지해주었지만 타이완의회 설치에
대해서는 의견이 분분했습니다. 정치권의 국회의원들은 타이완의회가 설치
될 경우 개헌 논의가 제기될 것을 우려했습니다. 내지연장주의 정책을 추진
한 덴 겐지로 타이완 총독 등은 식민지의 특별 통치 방식을 폐지하거나 타이
완 대표를 선출해 제국의회에 참석시키자는 등의 대안을 제시했습니다. 그러
나 대체로 타이완의회의 설치는 일본 제국으로부터의 '독립'을 의미한다는
인식 때문에 의회 설치 주장은 힘을 얻지 못했습니다.

순종적인 타이완인으로 만드는 식민 교육

식민지 체제에 대한 지식인의 저항은 의회 설치 청원 운동에 그치지 않았습니
다. 그들은 식민 교육과 '국어(일본어)' 교육 문제를 되짚어보기 시작했고, 백
화문白話文 운동 또는 타이완어 로마자 표기 등의 방식을 통해 언어 문제를 해

결하려 노력했습니다.

식민 통치 초반에 교육자 이자와 슈지는 "국가 권력을 이용해 교육을 추진해야 하며, 교육을 통해 국가의 영향력을 강화할 수 있다"고 주장했습니다. 또한 타이완 총독부 초대 학무부장에 임명된 후에는 "타이완인에게 일본어를 가르쳐 그들이 일본의 일부가 될 수 있도록 동화시켜야 한다"라며 국어(일본어) 국가주의적 교육 방침을 내세웠습니다.

통치 초기에 총독부는 일시적으로 서당과 공학교의 공존을 허용했는데, 이는 중국의 한족 문화가 몸에 배어 있는 타인완인의 반발을 우려한 조치였습니다. 1910년대부터는 본격적인 초등 교육(공학교)을 실시하여 교육 제도를 개혁했습니다. 특히 타이완 아동이 식민지 정책을 자연스럽게 받아들일 수 있도록 총독부가 직접 교과서를 편찬하여 사상을 주입시켰습니다. 초등 교육은 실과 교육이 중시되었으며 수업은 중국어로 진행되었습니다. 이는 '식민 정책을 추진하는 데 협조적이고 모반을 일으키지 않는 순종적인 타이완 백성'을 길러내려는 의도에 따른 것이었습니다. 반면 심화 교육 과정에서 타이완

국립타이베이교육대학의 전신인 타이베이시립사범학교에서 학생들이 아침조회 체조를 하고 있는 모습

청소년이 저항의식에 눈 뜨
게 될 것을 우려하여 중·고
등학교 교육에 대해서는 소
극적으로 대응했습니다. 중
·고등 교육기관에 진학하고
자 하는 타이완 학생들은 상
대적으로 많은 기회를 가지

1897년에 설립된 스린士林여성분교장의 교사와 학생들

고 있는 일본 학생들과 불공평한 경쟁을 펼치거나 재정 지원을 받아 유학을
떠날 수밖에 없었습니다.

언어에 대한 저항과 수용

1920년대 사회의 주축을 이루는 핵심 계층은 식민 통치가 시작된 이후 새롭
게 등장한 지식인들입니다. 그들은 식민지배적 성향이 다분한 일본어 교육
을 성토하고, 현대 지식을 흡수할 수 있는 대체언어 수단을 찾기 위해 고심했
습니다. 1922년 장화 지역의 사신 황청충黃呈聰은 문화협회에서 발행하는『타
이완민보』에 당시 중국에서 유행하는 백화문 운동에 관한 기사를 게재하면
서 "내 입에서 나오는 대로 쓰자我手寫我口"라는 기치를 내걸었습니다. 그러나
베이징 표준어인 한어漢語를 바탕으로 한 백화문을 타이완에서 사용하기에는
비실용적이었기 때문에 대중화되지 못했습니다. 반면 문화협회의 차이페이
훠는 손쉽게 배울 수 있으면서도 당시 많은 사람이 사용하고 있는 언어 수단,
즉 민난어 구어가 적합하다는 판단 아래 민난어를 로마자로 표기하자는 '타
이완어 로마자 표기 운동'을 전개했습니다. 그러나 타이완 총독부는 일본 국

어 교육의 보급에 방해가 된다는 이유
로 로마자 표기 운동을 강력히 탄압했
습니다. 게다가 로마자 병음은 한자만
큼 체계적이지 않으며 타이완의 문화와
전통에 부합하지 않는 면이 있기 때문
에 대중적으로 보급되지 못했습니다.

일본어 교육을 받아들인 대부분의 타
이완인들은 일본어를 근대 문명과 새로
운 지식을 흡수하기 위한 도구로 여겼
을 뿐 일본이 교육을 통해 자신들을 동
화시키려 한다고 생각하지는 않았습니

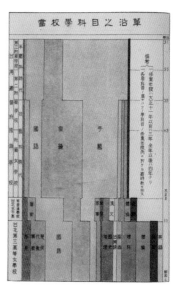

중학교의 학습 과목 설치 연혁

다. 실제로 대부분의 타이완인은 일본
인 관원을 만나면 일본어를 사용했지만 평소에는 일본어를 거의 쓰지 않았
고, 심지어 지방의 행정기관에서 회의를 진행할 때도 일본어를 사용하는 일

『타이완민보』

일본 시대에 순수 타이완인의 자본으로 운영되었던 신문사로, 전신은 『타이완청년臺灣青年』이
다. 1920년(다이쇼 9) 도쿄에서 유학 중이던 타이완 유학생들에 의해 창간되었으며, 1927년 신
문사가 타이완으로 옮겨지기 전까지는 타이완 총독부가 발행을 허용하지 않아 도쿄에서 편집·
발행되었다. 초기에 『타이완민보』는 월간지로 발행되다가 세월이 흐르면서 격주간지·주간지로
전환되었고, 1932년 『타이완신민보』로 제호를 바꿔 일간지로 발행되었다.
1921년 타이완문화협회 구성원들이 신문 제작에 참여하기 시작하면서 『타이완민보』는 문화협
회의 이념을 알리는 중요한 매개체가 되었다. 또한 타이완의 대중들에게 계몽운동·노동운동·농
민운동·신문학운동 등 새로운 지식과 문물을 전달하는 '타이완의 유일한 언론기관'으로 자리 잡
게 되었다.

은 드물었습니다. 그러나 일본은 1930년대 후반 전쟁을 준비하기 시작하면서 공공장소에서 일본어를 사용하도록 강요했고, '일본어 사용 가정'에는 생활 자금을 지원했습니다.

정리해보면 일본어 교육에 내포된 의도를 알아챈 타이완의 지식인들은 민족을 위해 부단히 저항하고 새로운 길을 개척하려 노력했습니다. 반면 일반 대중은 일본어 교육이 자신의 정체성을 흔드는 일이라 생각하지 않았으며, 오히려 일본어를 수단으로 새로운 지식을 습득하고 자기 발전을 도모하고자 했습니다. 일본어를 익히는 것 자체가 일본의 전통과 민족 정신을 받아들이는 행위라는 점을 인식하지 못한 것입니다. 민족 정신을 지키기 위해 새로운 언어 수단을 찾으려던 지식인들의 노력은 앞서 언급한 온건 보수파 지주들이 일으킨 의회 설치 청원 운동과 일맥상통하는 면이 있습니다. 반면 농민과 노동자들은 좌파 사상의 영향을 받아 지주와 자본가 계층의 착취에 거세게 저항했고, 일부 지식인과 공산당 세력도 그들의 행렬에 동참하게 되었습니다.

농민 운동

일본 시대 타이완 최초의 농민 운동은 1912년 린치푸林杞埔(지금의 난터우南投 주산竹山)에서 일어났습니다. 당시 총독부는 자이·린기푸·더우류斗六 지역에 걸친 1만5000갑의 대숲을 국유지로 강제 편입한 후 미쓰비시제지주식회사에 소유권을 넘겨주었습니다. 이에 대나무를 키우는 현지 농민들이 거세게 항거한 운동이 바로 린기푸 사건입니다. 이어서 1910년대부터 1920년대까지 타이완에서 대량의 설탕과 쌀이 생산되고 수출량이 크게 늘어나면서부터 농민과 자본가·지주 사이에 갈등이 불거졌고 농민의 투쟁을 돕기 위해 지식인들이

가세했습니다. 이때부터 농민의 저항은 조직 규모를 갖추기 시작했습니다. 1925년 장화현 얼린 지역 반차오板橋의 린씨 가문이 세운 린번위안林本源 제당 주식회사의 사탕수수 매입 가격이 다른 회사에 비해 현저히 낮다는 사실이 알려지자 농민들은 크게 분노했습니다. 그들은 문화협회 이사 리잉장李應章의 지도 아래 얼린사탕수수농업조합을 설립하고 회사·지방 관청·총독부에 지속적으로 청원했습니다. 결국 1926년 총독부가 단속에 나서면서 조합이 해산된 사건이 바로 '얼린 사건'입니다.

  얼린 사건의 영향으로 펑산鳳山·마더우麻豆 등지에서도 농민 조합이 생겨났습니다. 1926년 젠지簡吉·황스순黃石順은 가오슝의 자본가 천중허陳中和의 횡포에 항거하기 위해 펑산농민조합을 이끌고 농민 운동을 전개했습니다. 이들은 신싱新興 제당회사를 운영하는 천중허가 사업을 확장하기 위해 소작농의 토지를 강제로 빼앗은 데 항의하며 토지를 되돌려줄 것을 요구했습니다. 이후 젠지·황스순 등은 사회주의의 영향을 받아 1926년 9월 타이완 전 지역을

1 사탕수수를 재배하는 여자 농부
2 난터우 주산의 특산품인 대나무 젓가락을 포장하는 모습

망라하는 타이완농민조합을 설
립했으며 1927년부터는 일본 노
동 운동의 영향을 받아 계급 투쟁
을 외치는 등 좌경화되었습니다.
1928년 젠지가 타이완공산당의
셰쉐훙謝雪紅과 합세한 이후 타이
완 공산당 세력은 농민 운동에 더
욱 깊이 관여하기 시작했습니다.

　타이완농민조합이 좌경화되어
계급 투쟁을 벌였다고는 하지만
그들이 농민을 위해 노력했다는
사실에는 변함이 없었습니다. 그

1 가오슝의 자본가 천중허의 본가
2 천중허물산주식회사의 정미공장

타이완농민조합

일본 시대에 식민지 정부는 '공업은 일본, 농업은 타이완'이라는 방침을 관철시키기 위해 타이완
의 제당업에 적극적으로 개입하여 사탕수수의 생산과 판매를 엄격히 통제했다. 그 과정에서 매
입 가격을 낮게 책정하거나 무게를 엉터리로 측정하는 등의 폐단이 속출하자 농민들의 불만이 고
조되었다. 그런 와중에 1925년 린번위안제당주식회사의 횡포에 분노한 농민들이 리잉장 등의
지도를 받아 저항 운동을 일으킨 것이 바로 얼린 사건이다.
그 후 각 지역의 농민들도 줄줄이 조합을 조직하고 농민 운동을 벌였다. 1926년 10월에는 젠지
등이 각 지역의 농민들을 이끌고 펑산에서 집회를 열어 타이완농민조합을 결성했으며, 자본가와
지주의 착취에 저항하는 다양한 항쟁에 나섰다. 예컨대 대숲을 국유지로 편입하려는 총독부의
독재에 항거했으며, 퇴직 관원들이 사유지를 소유하지 못하도록 저지했다. 그러나 1929년 이후
총독부가 좌파 세력을 뿌리 뽑는다는 명분으로 대대적인 검거에 나서면서 1931년 타이완농민
조합은 강제 해산되었다.

들은 농지 강탈에 반대하는 동시에 아동 노동 금지와 최저임금법 제정을 주장했으며, 이러한 외침은 타이완 전 지역 농민의 공감을 얻었습니다. 1926년 수천 명에 불과하던 조합원은 1927년 2만4000여 명으로 크게 늘었고, 지부 역시 6개에서 22개로 확대되었습니다. 농민 운동이 급진화되자 1929년 2월 12일 총독부는 대대적인 수색 작업을 벌였고(2·12 대검거 사건), 타이완농민조합과 관련 기관의 수많은 조직원들이 검거되었습니다. 이후 조합 활동은 비밀리에 전개되었으나 1930년대에 주요 구성원이 잇따라 구속 수감되면서 농민 운동은 막을 내리게 되었습니다.

노동 운동

일본 시대 초기에 제당업을 제외한 다른 산업 분야는 충분한 공업화가 이루어지지 않았기 때문에 공장의 규모도 작았고 노사 간의 갈등도 농업 분야만큼 극심하지 않았습니다. 그러나 1920년대 후반 시멘트·소금 등의 산업이 어느 정도 규모를 갖추기 시작하면서 본격적인 노동 운동이 시작되었습니다. 좌파 성향의 타이완문화협회와 타이완민중당이 순회 연설과 연극 활동을 통해 노동자 의식을 고취하는 활동을 전개하고 노동자 조직화 전략을 제시하면서부터 노동 운동의 열기는 더욱 고조되었습니다.

1927년부터 좌경화한 타이완문화협회는 롄원칭連溫卿과 같은 좌익 청년의 주도로 적극적인 노동 운동을 전개했습니다. 이에 타이완 각지에서 기계공업 협동조합이 설립되었고, 1927~1928년까지 가오슝의 타이완철공소와 일화방직 타이베이공장 등에서 파업이 일어났습니다. 1927년 노동 운동을 지지하는 장웨이수이의 주도로 결성된 타이완민중당은 이후 점차 좌파 성향을 띠기

1 1928년 노동 파업이 발생했던 가오슝아사노 시
멘트 공장
2 장웨이수이가 개원한 다안의원大安醫院이 있던
자리에 지어진 이메이義美 식품 건물. 옌핑베이
루延平北路에 있다.(후원청 제공)

시작했으며, 각 지역에서 노동조합이 조직되기 시작했습니다. 1928년 2월에는 타이완 최초로 전국적 규모의 노동 운동 조직인 타이완공우총연맹臺灣工友總聯盟이 설립되었습니다. 타이완공우총연맹은 각 지역에서 벌어지는 노동운동을 하나의 운동으로 통합하고 노동자의 권리와 복지를 증진하기 위해 만들어진 연합 단체였습니다. 연맹이 설립된 지 1년도 안 되어 65개의 조합이 연맹에 가입하고 조직원은 8000명으로 늘었습니다.

타이완공우총연맹은 수차례 대규모 파업을 벌였는데, 그중 가장 유명한 사건으로는 1928년 가오슝의 아사노淺野시멘트 공장 파업과 1929년 타이완제염회사 파업입니다. 장웨이수이와 연맹은 대외적으로는 신문을 발행해 여론의 관심을 이끌고 대내적으로는 자본가와의 분열을 막기 위해 노력하는 등 파업의 조직화를 위해 적극적으로 나섰습니다. 앞서 언급한 두 번의 대규모 파업은 모두 자본가와 식민 당국의 결탁에 격분하여 발생한 사건으로, 간부들이 체포되는 선에서 파업이 종료되었습니다. 그러나 파업을 통해 타이완 사회는 노동자의 권익 보호가 얼마나 중요한 것인지 깨닫기 시작했습니다. 1930년대 총독부가 사회 통제에 관한 기준을 대폭 강화하기 전까지 전 지역에 걸쳐 크고 작은 파업이 발생했으며 대부분 성공적인 결말로 마무리되었습니다.

내지연장주의 동화 정책

1920년대의 타이완 사회를 살펴보면, 총독부가 도입한 내지연장주의 정책으로 인해 일본 문화와 언어가 타이완인의 삶에 깊숙이 파고들었습니다. 내지연장주의의 목적은 타이완이 제국과 동등한 법적 권리를 누릴 수 있도록 하기

황민화 시기에 꼭두각시 인형극을 통해 미토 고몬水戶黃門〔에도 시대 2대 미토 번주藩主이자 유학자였던 도쿠가와 미쓰쿠니德川光圀의 별칭〕의 이야기를 재해석했다.

위한 게 아니라 일본의 언어와 문화 교육을 통해 '일본인이 되어야 차별 대우에서 벗어날 수 있다'라는 인식을 심어주는 데 있었습니다. 이에 대해 타이완 각지에서 청원 운동, 언어 운동, 노동 운동이 속출했습니다. 또한 자신의 법 제정 권리를 주장하고 정치·경제적 압박에 저항하는 과정에서 동화·계몽· 좌익·보수 등의 이념이 한꺼번에 전파되었습니다. 이러한 현상에서 당시 식민지 정부가 만들어놓은 틀에 저항한 당시 타이완인의 의지를 엿볼 수 있습니다. 지식인들은 문명화를 받아들이면서도 일본화에는 거부했고, 일반 대중은 동화 교육을 발판 삼아 자신이 원하는 근대 문명과 지식을 빠르게 흡수하는 등 다양한 방식으로 틀을 벗어나고자 했습니다.

일본 시대의 교육 사진

1 1920년 일본으로 수학여행을 떠난 사범과 여학생들
2 1923년 타이베이제3고등여학교(지금의 중산여중) 1기 졸업생

3 1926년 타이베이제3고등여학교에서 열린 제1회 음악회

4 1927년 타이베이제3고등여학교에서 열린 제1회 위산玉山 등산대회

5 1923년 타이완을 방문한 일본 황태자를 반갑게 맞이하는 타이베이 제3고등여학교 학생들

일본 시대의 문학:
'국어'는 누구의 언어인가?

1934년 양쿠이의『신문배달부』가 도쿄『문학평론』공모전에서 2등상을 수상
했고(1등 공석), 1935년 뤼허뤄呂赫若의『우마차』와 웡나오의『당백』이 일본 잡
지에 실리게 되었다. 1937년에는 룽잉중의『모과나무가 있는 마을』이『개조』
잡지의 제9회 현상소설 공모전에서 가작상을 수상했다. 이들은 타이완의 일
본어 문학이 식민 모국 작가들의 작품에 견주어도 손색이 없음을 증명해냈
다. 타이완의 일본어 문학 황금 시대가 도래한 것이다.

한문 문학:
시작은 고전문학에서부터

1895년 을미년 타이완이 일본에 할양된 이후 타이완의 문학계에는 큰 지각변
동이 있었습니다. 기존의 타이완 문학은 벼슬에 오르는 관문이자 나라와 백
성을 걱정하는 벼슬아치들의 심정을 표현하는 수단이었으며, 뜻을 이루지 못
한 자들에게는 감정을 토로하는 피난처와 같은 것이었습니다. 따라서 당시의
문체를 보면 과거 시험에 사용하는 글말체(문언문文言文)가 일반적이었습니다.
그러면 과거 제도가 사라져 문학과 벼슬의 연결고리가 끊어진 이후 타이완의
문학은 어떤 변화를 겪게 되었을까요?
　모두가 알다시피 일본은 1868년에 단행된 메이지 유신을 통해 근대화를 이
룰 수 있었습니다. 이 시기에 "내 입에서 나오는 대로 쓰자"라는 기치를 내건

언문일치 운동이 활발히 전개되었습니다. 이전의 일본 문학은 중국 고전문학의 영향을 받아 주로 문어체 문장을 구사했고 대량의 한자·한문이 포함되어 있었습니다. 그러나 메이지 유신 이후 서양 현대문학의 영향을 받은 작품이 늘기 시작하더니 결국은 주류로 자리 잡게 되었습니다. 이 전환의 과정에서도 전통적인 한문 교육을 받고 자란 일본의 지식인들은 여전히 자기의 문학적 존재감을 과시하고 있었습니다. 오랫동안 중국 고전문학으로 문학적 소양을 넓혀왔으며 비록 읽는 방식은 달랐지만 한문을 자유자재로 구사하여 시를 지을 수 있는 일본 문인들에게 고전문학의 전통을 그대로 유지하고 있는 타이완 문인들은 신선한 호기심을 불러일으켰습니다. 한편 타이완을 지배하게 된

우쒀윈吳瑣雲과 여성 한학연구회

"오늘은 무슨 날인가? 큰 소리로 여성의 해방을 외치고, 사회로 나아가는 날이 아닌가? 타이완이 어떤 곳인가? 우리 백성이 이리저리 흔들리다 가장 먼저 정착하고 가장 빨리 발전한 곳이 아닌가? 아아! 해방! 해방이라는 새로운 단어에는 많은 의미가 담겨 있구나. 어설픈 이들이 모인 곳에서 이를 연구한다면 좋은 결과를 얻지 못할 것이다."

이 내용은 1924년 3월 2일 『타이완민보』 제2권 제5호에 실린 우쒀윈 여사의 광고 문구로, 한학을 좋아하는 여성을 모집해 여성 한학연구회를 조직하겠다는 소식이다. 그러나 광고가 게재되자 적지 않은 보수파 인사들이 '여자는 재능이 없어야 덕을 쌓을 수 있다'며 시대에 뒤떨어진 주장을 펼쳤다.

이에 『타이완통사臺灣通史』를 편찬한 남성 지식인들이 여성 단체를 위해 팔을 걷어붙이고 응원했다. "오늘의 여성은 예전의 여성과 다르다. 사회의 흥망성쇠는 남녀 모두의 책임이고 한문을 연구하는 것도 더욱 그러하거늘 어찌 이를 의심하는가? 오직 열정적인 마음으로 그 뜻을 높이고 연구에 힘쓴다면 현명한 스승과 이로운 벗이 함께 절차탁마하게 될 것이다. 그 기대를 저버리지 않는다면 의심하던 자도 근심하지 않고 기뻐할 것이다."

이들은 오늘날의 여성은 과거의 여성과는 다르다고 말합니다. 그리고 사회의 흥망성쇠조차 남성과 여성 모두에게 달려 있는데 하물며 한문을 연구하는 바람직한 모임을 비난할 이유가 있느냐고 묻습니다. 비록 마지막에는 '한학에 더욱 열심히 노력해야 한다'라고 덧붙이긴 했으나, 당시의 지식인들이 옛 것을 그대로 지키려고만 한 게 아니라 시대와 더불어 발전하려 노력했음을 알 수 있다.

1932년 타이베이 공자묘에서 찍은 타이완시인대회 단체사진

일본 식민지 정부는 '사람은 달라도 글자는 같아야 한다'고 주장했습니다. 여기에는 일본과 타이완이 공유하고 있는 중국 고전문학 지식을 바탕으로 양국의 지식인들을 서로 소통시키고자 하는 의도가 깔려 있습니다. 식민 지배라는 막막한 두려움에 떨고 있던 타이완 지식인들에게 이 소식은 평화를 상징하는 올리브 가지와 같은 것이었습니다.

1898년 고다마 겐타로 총독은 민심을 달래고자 제1회 '향로전饗老典'을 개최했습니다. 80세 이상의 명망 있는 인사와 저명한 문인을 초대하는 형식의 이 행사는 이후 타이난, 타이중, 펑산 등에서도 개최되었습니다. 1900년대에 들어서자 고다마 겐타로 총독은 타이완 전 지역의 문인들을 타이베이 단수이 관淡水館에 초대하여 '양문회揚文會'를 개최했습니다. 대체로 과거에 급제한 지방 출신의 문인들이 모여 시를 읊거나 글을 짓는 모임으로, 때로는 일본이 지은 관청이나 학교 등 여러 기관을 견학하는 일정을 추가하기도 했습니다.

1901년 제1회 양문회 단체사진

일본 정부 입장에서 타이완 문인들을 위한 행사란 지방에서 웬만큼 세력을 지녔거나 명성이 높은 사신들을 포섭할 절호의 기회였습니다. 반대로 초청에 응한 타이완의 사신들에게 시가를 읊고 지을 수 있다는 것은 식민지로 전락한 타이완에서 중화 문명의 불씨를 지킬 수 있는 유일한 희망이었습니다. 이처럼 타이완의 한문 문학(옛 문학)은 각자가 원하는 바를 얻는 방식으로 시사詩社·문사文社·음사吟社의 전통을 이어갔습니다. 당시 타이완 전 지역에 370여 개의 시사가 있었는데, 그중 중부 지역의 역사櫟社와 북부의 영사瀛社 그리고 남부의 남사南社가 대표적인 시사였습니다. 문사의 경우 신명회神明會가 일으킨 시사지만 후에 유교 단체로 전환한 숭문사崇文社가 가장 대표적입니다.

이들은 고사故事를 인용해 시를 짓고 읊었지만 고지식하고 융통성 없는 늙은이로 취급하는 것은 바람직하지 않습니다. 오히려 식민지 타이완이 일본 제국의 지배 아래 '문명 개화'의 시절을 맞이하자 문인들은 '새로운 문명'에 주목하기 시작했습니다. '문명을 추구하는 것' 역시 그들의 변치 않는 관심사였기 때문입니다. 오늘날에는 당시 문인들의 문어체 문장을 술술 읽기는 어렵겠지만, 중요한 것은 그러한 '옛 문학'에도 전혀 촌스럽지 않은 어휘와 사상이 담겨 있다는 사실입니다.

신구 문학 논쟁

이민족의 통치를 받게 된 분노가 가라앉기도 전에 식민지 정부의 심각한 차별 대우가 더해지자 타이완인의 울분은 더욱 깊어졌습니다. 이에 타이완이 일본에 할양된 후부터 약 20년 동안 무장 항일 투쟁은 끊임없이 이어졌습니다. 반면 자력으로는 일본 제국에 대적할 수 없다는 사실을 깨달은 사신 계층은 식민지 정부에게 비교적 온건한 방식으로 통치해줄 것과 불평등한 대우를 해소해줄 것을 요청했습니다. 그러한 활동을 펼친 대표적인 조직은 1914년 린셴탕과 이타가키 다이스케가 설립한 타이완동화회라 할 수 있습니다. 린셴탕을 비롯한 타이완의 사신들은 이미 일본의 관원들과 한문학 교류를 통해 우정을 쌓아왔으나, 공적인 경우에 사적 친분을 이용하는 방식은 쉬운 일이 아니었습니다. 결국 설립된 지 1년 만에 동화회는 총독부의 명령으로 해산되었습니다.

당시 현대식 교육을 받고 해외유학을 떠난 젊은 타이완 지식인들은 격동하는 세계의 변화를 지켜볼 수 있었습니다. 1912년 청나라는 중화민국에 자리를 내주고 나서야 '세계 열강의 식민지'라는 딱지를 떼어낼 수 있었고, 1915년 인도로 돌아온 간디는 비폭력·비협력 운동을 통해 영국의 식민 통치에 저항했습니다. 1917년 러시아에서는 사회혁명으로 제정 러시아의 차르 체제가 무너졌고, 혁명의 지도자 레닌은 '사회주의 혁명'을 제창했습니다. 1918년 미국 대통령 우드로 윌슨은 민족자결주의를 주장했습니다. 이러한 국제적 사건들

2016년 징슈靜修여중에서 열린 타이완문화협회 창립 95주년 기념회

을 접한 타이완 유학생들은 타이완인에 대한 총독부의 차별 행위를 묵과할 수 없다는 결론을 내리게 되었습니다. 타이완 유학생들은 다이쇼 데모크라시가 확산되어 자유롭게 정치 활동을 펼칠 수 있는 도쿄에서 신민회新民會를 조직하고 『타이완청년』지를 발행하여 자신들의 이념을 널리 전파하는 한편 일련의 정치 활동을 펼쳤습니다.

국제 사회에서 나타나고 있는 변화들을 본보기로 삼아 활발한 정치 활동을 이어가던 타이완 유학생들은 문화의 중요성에 대해서도 인식했습니다. 온 국민이 함께하지 않는다면 자신들의 정치 활동은 실패할 것이 뻔하며, 모두가 한마음 한뜻이 되기 위해서는 새로운 시대에 대한 기본적인 인식을 공유할 필요가 있다고 판단한 것입니다. 이에 지식인들은 '민지民智 계발'에 앞장섰습니다. 1921년 타이베이에서 타이완문화협회를 설립한 장웨이수이는 다음과 같이 주장했습니다. "타이완 사람들이 앓고 있는 병은 지식의 영양 결핍증이다. 이 병은 지식을 풍요롭게 만드는 영양 식품을 섭취해야 나을 수 있다. 문화 운동이 바로 유일한 치료법이며, 문화협회는 이 병을 전문적으로 연구하고 치료하는 기관이다." 타이완문화협회는 『타이완민보』를 창간하고 나서 타이베이·신주·타이난 등지에 신문을 읽을 수 있는 공간을 마련했습니다. 협회는 주로 강연이나 강습회를 열거나 극단을 만들어 연극을 선보였을 뿐만 아니라 '메이타이투안'을 조직해 이곳저곳을 돌아다니면서 교육 영화를 상영하기도 했습니다. 교육이 덜 발달되었던 당시에는 글로 전달하는 것보다 강연이나 연극을 통한 선전 활동이 훨씬 효과적이었기 때문입니다.

같은 시기, 구舊문학의 개혁을 주장하는 세력이 등장했습니다. 1920년 타이완 최초로 컬럼비아대학교에서 공부한 경제학 박사 천신陳炘은 『타이완청년』지에 「문학과 직무」라는 글을 발표하여 문학은 '문화를 이끌어가는 선구자'이지만 구문학은 "보기 좋은 미사여구만 늘어놓는 죽은 문학"이라고 주장했습니다. 새로운 문화를 접하고 싶다면 반드시 먼저 새로운 문학을 수용해야 한다는 천신의 주장은 꽤 설득력이 있었습니다. 예를 들어 유럽에서는 마르틴 루터가 라틴어로 된 신약성서를 독일어로 번역함으로써 일반인도 쉽게 지식을 습

『타이완민보』 다다오청 발행처가 있던 자리. 옌핑베이루에 위치하며 현재는 '워킹북Walkingbook'이라는 서점 겸 식당으로 잘 알려져 있다. 근처에 장웨이수이의 다안의원이 있었다.

1936년에 발행된 『타이완 신문학』 신년 창간호

1902년에 발행된 『타이완 문예』 창간호의 목차

득할 수 있는 길을 열어주었습니다. 일본에서는 메이지 유신 이후 서구화와 함께 언문일치 운동이 일어났고, 중국에서는 청나라가 몰락한 이후 백화문 운동이 활발히 전개되었습니다. 당시 타이완에서 사용되던 한문은 비교적 이해하기 쉬운 문어체가 많아서 중국 고전문학에서 주로 사용되는 문언문에 비하면 읽고 쓰기 쉬운 편이었지만, 일반 대중이 상용하기에는 문턱이 높았습니다. 특히 시가의 경우 율격을 갖추고 고사나 고전을 인용하기 때문에 더욱 진입 장벽이 높았습니다. 이러한 상황에서 신문학의 발전은 시간 문제였을지도 모릅니다.

1924년 장워쥔張我軍이 『타이완민보』에 「끔찍한 타이완 문학계」라는 글을 발표했습니다. 그는 구문학이 어떤 면에서 본질을 잃었는지를 낱낱이 밝히면서 권력자들이 지식을 과시하기 위한 도구로 전락했다고 주장했습니다. 당시 문학계에 대한 분노를 고스란히 드러낸 이 글은 신구문학 논쟁의 신호탄이었습니다. 질책의 대상이 된 시인들은 이념의 변화는 수용하되 문학의 형식까지 바꿀 필요는 없다면서 언짢은 심기를 감추지 않았습니다. 또한 신체시新體詩와 극작품 또는 소설과 같은 신문학은 서양 문화를 모방한 행위이며, 구문학의 유구한 문화와 전통을 무시하는 것은 우리의 문화적 자산을 버리는 것이나 마찬가지라고 주장했습니다. 롄야탕連雅堂을 비롯한 옛 문인들도 신문학에 대한 자신의 의견을 피력하기 시작했습니다. 중립적인 입장에서 중재에 나선 문인들도 적지 않았지만 양측은 한동안 서로를 질타하는 공방전을 이어갔습니다.

1933년 타이완문예협회는 설립하자마자 중국어 백화문으로 쓰인 작품을 소개하는 『제일선第一線』 『선발부대先發部隊』 등의 간행물을 잇달아 발행했습니다. 1934년에는 주로 중국어로 된 간행물을 발행하는 타이완문예협회와 일본어 간행물을 발행하는 타이완예술연구회가 연합하여 타이완문예연맹이라는 조직을 결성하고 『타이완 문예』지를 창간했습니다. 1935년 양쿠이楊逵는 이념이 다르다는 이유로 『타이완 신문학』이라는 잡지를 따로 발행했습니다. 그러나 1936년 신문과 잡지의 한문란을 폐지하라는 총독부의 지시와 재정 부족 등의 문제로 『타이완 문예』와 『타이완 신문학』의 발행이 중단되면서 타이완의 신문학 운동은 종지부를 찍게 되었습니다.

당시 문학계 인사들의 신구 논쟁이 세상의 변화에는 무관심한 안일한 공방전으로 비쳐질 수도 있겠지만, 사실 그들은 타이완 문학의 활로를 찾기 위해 나름의 방식으로 노력한 것입니다. 그들이 벌인 논쟁의 쟁점 또한 사소한 게 아니었기 때문에 1924년과 1926년 그리고 1941년에 세 번에 걸쳐 큰 논쟁이 발생했습니다. 그러나 길고 긴 논쟁에서 진정한 승자는 가려질 수 없었습니다. 변함없이 타이완인은 공식적으로 일본어를 사용해야 했고 학교에서는 일본어 위주의 교육을 받아야 했기 때문입니다. 후에 신문학이 타이완에서 발전할 수 있었던 것도 사실상 정치적 환경과 시대적 흐름의 영향일 뿐 논쟁을 통해 얻어낸 성과라고 할 수 없습니다. 그렇다고 해서 구문학이 완전히 과거 저편으로 사라져버린 것은 아닙니다. 제2차 세계대전의 종식을 앞두고 일본 정부가 한문 말살 정책을 펼치던 시기에 구문학을 대표하는 문인들은 『풍월風月』이라는 중국어 간행물이 정식으로 발행하여 활동했기 때문입니다. 한문의 명맥을 이어가기 위한 그들의 노력은 헛되지 않았습니다. 신구 문학과 타이

타이완 화문話文 논쟁

신구 문학 이외에 새롭게 수면 위로 떠오른 쟁점은 바로 언어 문제였다. 타이완의 문인들은 신문학을 발전시키려면 어떤 언어를 사용해야 할지 심각한 고민에 빠졌다. 지배국의 언어인 일본어를 사용할 수도 있고 전통적인 한문이나 중국의 백화문을 사용할 수도 있었다. 또는 타이완어를 문자화하거나 '로마자화'하여 병음 문자로 만들 수도 있었다.

논쟁의 발단은 1930년 황스후이黃石輝가 발표한 두 편의 글이다. 그는 「어떻게 향토 문학을 논하지 않을 수 있는가」와 「향토 문학의 재조명」이라는 글을 통해 타이완어로 불리는 타이완의 모든 사물은 한자로 표기되어야 한다고 주장했다. 궈추성郭秋生 또한 「타이완 백화문을 만들기 위한 제안」이라는 글에서 타이완어는 한자로 써야 하고 문자화되어야 한다며 황스후이의 주장에 힘을 실어주었다. 덧붙여 문자화할 수 없는 타이완어는 새로운 글자를 만들어 사용해야 한다고 했다. 이후 그의 주장에 대한 찬반 논쟁이 일어났다. 좋은 방안이라고 찬성하는 사람도 있었지만 타이완어가 '저속'하기 때문에 문학 창작에 적합하지 않다고 말하는 사람도 있었다. 1932년 궈추성은 『난인南音』에 '타이완 화문話文 코너'를 만들어 자신의 이념을 실천에 옮기고자 했으나 여러 문제로 인해 이 코너는 얼마 지나지 않아 중단되었다. 결국 1934년 화문 논쟁은 별다른 성과를 거두지 못하고 종결되었다.

1932년에 발행된 『난인南音』 창간호

완 화문話文 그리고 향토 문학을 둘러싼 타이완의 수많은 논쟁들이 오늘날 유
난히 값진 유산으로 남은 이유는 무엇일까요? 식민 지배 아래 타이완이 앞으
로 어떻게 나아가야 할지, 문학은 어떤 발걸음을 내디뎌야 할지 끊임없이 고
민한 문인들의 흔적이기 때문일 것입니다.

타이완의 일본어 문학

타이완이 일본의 식민지가 된 후 일본어는 자연스럽게 타이완인의 삶에 스며
들었습니다. 1898년 창간된 『타이완 신보臺灣新報』에는 일본어로 쓰인 소설이
게재되었으며, 소설 이외에 일본 전통문학인 단카短歌와 하이쿠俳句도 식민
통치 시기에 유입되었습니다. 유입 초기에는 언어와 문화의 장벽으로 인해
대부분 타이완에 거주하는 일본인들 사이에서 향유되었으나 일본어 교육이
보급되면서부터는 타이완인도 일본 문학작품을 감상하고 창작하기 시작했습
니다. 다만 사계절이 뚜렷한 일본과 달리 타이완은 계절 구분이 뚜렷하지 않
았기 때문에 타이완인으로서는 계절감을 중시하는 단카나 하이쿠를 짓기에
어려운 점이 있었습니다. 반면 소설의 경우 매우 다양한 소재가 선보였는데,
대체로 중국·일본의 역사나 전설을 묘사한 통속 소설 또는 현실 삶의 고민을
그린 문학작품이 주를 이뤘습니다.

　1933년 도쿄에서 유학 중이던 장원환張文環·왕바이위안王白淵 등은 타이완
예술연구회를 조직하고 『포르모사』라는 일본어 잡지를 통해 민요를 다듬어
소개하거나 신문학 창작을 권장하는 글을 실었습니다. 이후 타이완문예협회
와 손잡고 타이완문예연맹으로 거듭나게 되자 타이완예술연구회는 해산되
었습니다. 타이완문예연맹은 『타이완 문예』라는 잡지를 창간하고 중국 백화

문으로 쓰인 문예물이나 작품성 있는 일
본 소설을 실었습니다. 얼마 지나지 않
아 양쿠이는 타이완의 현실에 더욱 밀착
한 문학을 선보이기 위해『타이완 문예』
를 떠나『타이완 신문학』을 창간했습니
다.『타이완 문예』와『타이완 신문학』은
양쿠이·웡나오翁鬧·장원환·뤼허뤄·주
뎬런朱點人·차이추퉁蔡秋桐과 같은 작가
들의 다양한 작품을 양산한 타이완 문학
의 산실이라 할 수 있습니다. 1934년 양
쿠이의『신문배달부送報伕』는 도쿄『문

1940년에 발행된『문예 타이완』창간호

학평론文學評論』공모전에서 2등상을 수상했고(1등 공석), 1935년 뤼허뤄의『우
마차牛車』와 웡나오의『당백戇伯』은 일본 잡지에 실렸습니다. 1937년에는 룽
잉쭝龍瑛宗의『모과나무 자라는 마을植有木瓜樹的小鎮』이『개조改造』잡지의 제9
회 현상소설 공모전에서 가작상을 수상했습니다. 이로써 타이완의 일본어 문
학이 일본인 작가들의 작품과 견주어 손색이 없음을 입증한 셈입니다.

　1937년 루거우차오盧溝橋 사건을 계기로 중일전쟁이 발발하자 타이완의 일
본어 문학도 정체기를 맞았습니다. 1939년 니시카와 미쓰루西川滿는 다른 일
본인 작가들과 함께 타이완문예가협회를 설립하고『문예 타이완』이라는 기
관지를 발행했습니다. 잡지 제작에 참여한 주요 인물로는 니시카와 미쓰루·
하마다 하야오濱田隼雄·룽잉쭝·니가키 고이치新垣宏一 등입니다. 니시카와 미
쓰루는 타이완의 역사와 풍토를 주제로 한 글을 썼으며 표현 방식에서는 낭만
적이고 이국적인 묘사를 선호했습니다. 이러한 예술지상주의에 반대하여 황

더스黃得時·장원환 등은 1년 후 타이완 작가들을 주축으로 한 『타이완 문학』
을 창간했으며 사실주의적 경향을 추구했습니다. 이후 나카야마 스스무中山侑
·뤼허뤄·사카구치 레이코坂口澪子·나카야마 치에中山千枝·양첸허 등도 합류했
습니다. 『문예 타이완』과 『타이완 문학』이 공존하던 시절은 타이완에서 일본
어 문학의 황금기였다고 할 수 있습니다.

전쟁이 길어지자 식민지 정부는 문화 정책을 축소하기 시작했고, 일본어로
창작 활동을 펼치던 작가들은 '국가 정책'에 협조해야 할지 고민에 빠졌습니
다. 이러한 문제는 전쟁이 끝난 뒤에도 해결되지 못한 채 오히려 더 큰 어려움
에 직면하게 되었습니다. 국민정부가 타이완으로 정부 소재지를 옮기면서 중
국어가 국가 공용어로 지정되고 일본어 사용이 금지되었기 때문입니다. 일본

중정기념당의 문학보도文學步道에 양쿠이 작가를 소개하는 글이 쓰여 있다.

어로 문학 활동을 하던 타이완 작가들에게는 악몽과 같은 세상이 도래한 것입니다. 결국 시대의 어두운 그림자 속에 남겨진 그들은 '말을 잃어버린 세대'가 되었습니다.

일본 시대의 원주민 정책:
동화책인가, 강경책인가

1906년 사무카 사마타 총독이 두 차례에 걸쳐 추진한 '5개년 이번계획'은 '생번 소탕'을 이용한 발전 전략이었다. 총독은 원주민 지역에 경계선을 치고 고압 전기선과 지뢰 등으로 번계를 봉쇄한 후 직접 군사를 이끌고 토벌 현장을 지휘했다.

일본인의 눈에 비친 고산족

일본은 타이완을 할양받은 이후 한족뿐만 아니라 옛날부터 거주해온 원주민과도 마주해야 했습니다. 청나라 시대에 타이완 원주민은 한족화 정도에 따라 '생번'과 '숙번'으로 나뉘었으며, 이러한 명칭은 일본 메이지 시대까지 계속되었습니다. 더욱이 일본인과 한인漢人은 원주민을 비문명인으로 인식하여 '번인(오랑캐)'이라 불렀습니다. 1923년 타이완을 시찰 방문한 일본의 황태자는 번인이라는 명칭에 차별적 의미가 있으니 사용을 금해야 한다고 주장했습니다. 이에 타이완 총독부는 원주민에게 '고산족'이라는 새 명칭을 부여했습니다.

'번인'이 '고산족'으로 불리게 되면서 총독부의 원주민 정책도 '이번理蕃'에서 '황민화皇民化'로 바뀌었습니다. 과연 이번 정책이란 어떤 정책이었을까요? 성공적이었을까요? 또 우서 사건은 어떻게 발생하게 되었을까요?

식민 통치 초기, 일본은 원주민에 대해 방임적인 태도를 취했습니다. 원주민에 대해 잘 모르기도 했지만 그들이 한족과 손을 잡고 반란을 일으키지 않을까 우려했기 때문입니다. 그러나 1902년 지금의 먀오리苗栗현 난좡南庄 지역에서 산림 개간과 장뇌 채취 문제로 일본인 상인들과 사이시야트족 사이에 분쟁이 발생하자 일본은 무력 진압에 나섰고, 이 과정에서 수십 명의 원주민이 사망했습니다. 얼마 후 총독부의 참사관 모치지 로쿠사부로持地六三郎는 원주민의 이익보다 사회 전체의 이익을 우선적으로 고려해야 한다는 내용의 「번정蕃政 문제에 관한 의견서」를 총독부에 제출했습니다. 이후 총독으로 부임한 고다마 겐타로와 사쿠마 사마타는 이 의견을 기본 방침으로 삼았습니다.

난좡 사건 이후 원주민에 대한 관리 업무는 경찰국으로 이관되었는데, 기존의 관할 기관이 식산국殖産局이었던 점을 고려할 때 강압적인 행정을 펼쳤음을 알 수 있습니다. 1906년 총독으로 부임한 사쿠마 사마타는 일본에 저항하는 한인과 원주민을 강경 진압했으며, 또한 두 차례에 걸쳐 추진한 '5개년 이번계획'을 생번 '소탕'을 발전의 전략으로 삼았습니다. 즉 개발 구역을 특정하기 위한 경계선의 범위를 확장했을 뿐만 아니라 고압전기선과 지뢰 등으로 번의 경계를 봉쇄했습니다. 그는 원주민들과 마찰이 발생하면 직접 병사들을 이끌고 달려가 싸움을 지휘하는 등 임기 내내 수많은 시찰과 정벌을 시행했으며, 결국은 타이루거에서 원주민 토벌 작전을 벌이다가 부상을 입고 사망했습니다.

동화 정책으로 인해 일어난 반란

1915년 원주민 관할 기관이 경찰 본부 내 이번 부서로 옮겨지면서 규모는 축소되었으나 원주민에 대한 무력 진압 노선에는 변함이 없었습니다. 그 후 1919년

사쿠마 사마타 총독이 원주민들을 관저로 초대했을 때 찍은 사진

타이완 총독으로 임명된 덴 겐지로는 타이완 최초의 문관 출신 총독으로서 내지연장주의를 통치 이데올로기로 내세워 '동화 정책'을 실시했습니다. 이러한 정책은 이번 정책에도 큰 변화를 불러왔습니다. 그 정책의 핵심 목표는 원주민의 수렵·채집 문화를 농업과 임업으로 대체하고, 그들의 전통 문화를 근절하고(사냥·출초出草〔적의 목을 베는 행위〕·문신·발치 등의 풍습 금지), 현대 문명(도로 건설·현수교 설치·공중 화장실 설치·케이블 부설 등)과 일본 문화를 확산하는 것이었습니다. 또한 번동교육소와 번인공학교 등의 교육 기관을 설립하고 일본인과 원주민의 결혼을 장려하는 등 본격적인 원주민 동화책을 펼치기 시작했습니다. 그러나 문화적 충돌은 갈수록 심해지고 민족 간의 금전적·감정적 갈등이 끊임없이 발생하면서 1903년 그 유명한 우서 사건이 터지고 말았습니다.

우서 사건

1930년 10월 17일, 일본 식민지 정부의 폭정에 불만을 품은 시디그족의 족장 모나 루다오가 부족원들을 이끌고 운동회가 열리고 있는 우서공학교를 습격했습니다. 현장에서 134명의 일본인이 살해되었는데 그중에는 여성과 아이들도 있었습니다. 사건 발생 후 총독부는 강력한 보복 조치에 돌입했습니다. 원주민 거주지에 대포를 쏘고 비행기로 독가스탄을 살포하는 등 무참한 학살이 약 2개월간 지속되자 모나 루다오는 스스로 자결했고 대치전을 벌이던 원주민들도 죽임을 당하거나 스스로 목숨을 끊었습니다. 이에 각 부족이 멸족 위기에 처하게 되자 총독부는 남은 생존자들을 가와나카섬川中島으로 이주시켜 투항 의식을 거행했습니다. 일본이 타이완을 통치한 지 약 30년이 지나 발생한 이 사건으로 인해 당시 타이완을 완벽하게 지배했다고 믿었던 총독부는 큰 충격에 빠졌으며, 원주민 정책을 다시 검토할 수밖에 없었습니다.

우서 사건을 계기로 총독부의 강압적인 정책은 조금씩 완화되기 시작했습니다. 총독부는 예전처럼 각 부족과 마을 간 갈등을 교묘하게 조종하며 합종

자오반산角板山 번동교육소의 학생들

우서 사건의 주동자이자 시디그족의
족장이었던 모나 루다오

연횡을 거듭했습니다. 1937년 루거우차오 사건으로 인해 중일전쟁 체제에 돌입하게 된 일본은 자원 부족 문제를 타개하기 위해 타이완인을 완전한 일본인으로 만드는 동화 정책 노선에서 한발 나아가 황민화 정책으로 변경했습니다. 즉 천황에게 충성하는 백성으로 만들겠다는 목표 아래 번인을 '고산족'으로 부르기 시작했고 그들에게 황민화 사상을 주입했습니다. 1942~1943년에는 4000명의 원주민을 징집하여 고산족 의용대를 조직하기도 했습니다. 그들은 천황의 나라를 위해 타이완을 떠나 위험을 무릅쓰고 적진에 뛰어들어야 했습니다.

식민 통치가 종결되는 순간 일본의 원주민 정책도 끝이 났지만 그로 인한

사윈의 종

「사윈의 종莎韻之鐘(サヨンの鐘)」은 1943년에 만들어진 영화로, '莎鴛之鐘' 혹은 '莎勇之鐘'으로 표기하기도 한다. 영화는 실존인물인 아타얄족 소녀 사윈과 하융哈勇의 이야기를 다룬 것이다. 1938년 타이완으로 파견된 일본인 교사 다키타 마사키田北正記의 짐을 대신 옮겨주던 사윈은 퍼붓는 빗속에서 발을 헛디뎌 물에 빠져 숨지고 말았다. 사고로 목숨을 잃은 사윈의 이야기가 일본 관료들에게 전해지면서 그녀는 '파견된 교사를 보호하기 위해 온몸을 불사른 애국주의자'로 과대 포장되었다. 당시 타이완 총독 하세가와 기요시長谷川淸는 사윈을 기리기 위해 그녀의 가족에게 '애국 소녀 사윈'이라는 문구를 새겨 넣은 종을 하사했다. 그것이 바로 '사윈의 종'이다. 중일전쟁이 점점 격화되면서 사윈의 이야기는 갈수록 그럴듯하게 부풀려졌고, 1942년 총독부는 쇼치쿠松竹 주식회사에 영화 제작을 의뢰했다. 유명 배우인 야마구치 요시코李香蘭가 사윈 역을 맡았으며, 영화는 흥행에 성공했다.

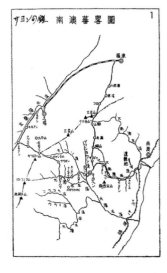

1 황민화의 전설이 된 사원의 종
2 난아오南澳 지역 약도에 사원이 사
  고를 당한 장소가 표시되어 있다.

영향을 지금도 찾아볼 수 있습니다. 타이완 원주민이 사용하고 있는 언어에
일본어가 꽤 투영되어 있다는 점 그리고 국민정부가 일본 정부의 통치 체제를
이어받아 온건책과 강경책을 번갈아 실시한 것이 그러한 예입니다. 뿐만 아
니라 문화의 우수성을 앞세워 자신들에게 충성하도록 세뇌하는 전략 역시 일
본의 영향을 받은 것이라고 볼 수 있습니다. 1980년대 이후 사회가 개방화하
고 곳곳에서 원주민들의 민족 운동이 일어나자 비로소 그들의 인권도 존중 받
을 수 있게 되었습니다.

황민화 운동:
타이완인은 일본인이 되었을까?

1920년대 다이쇼 데모크라시 시대가 열리면서 타이완의 지식인들은 의회 설치 청원 운동·자치 운동·계몽 운동·농민 운동 등 다양한 민족 운동을 펼쳤다. 1930년대 초반 황민화 운동을 중심으로 본격적인 교화 사업이 추진되자 타이완 사람들은 급변하는 사회에 어떻게 대응해야 할지 고민에 빠지게 되었다.

일본 제국의 아시아 진출을 위한 발판, 타이완

일본 시대에 중등 교육을 받은 타이완인들에게 식민 통치 말기의 대표적인 사건을 묻는다면 대부분 주저 없이 '황민화'라고 대답할 것입니다. 특히 1930년대 후반에 황민화 운동의 영향을 받은 이들 중에는 지금까지도 일본 시대를 그리워하는 사람이 적지 않습니다. 이에 대해 중국의 국수주의를 지지하는 이들은 타이완의 노년 세대가 '노예화'되었다고 비난합니다. 과연 1930년대 들어 활발하게 전개되었던 황민화 운동의 실체는 무엇이며, 타이완인에게 어떤 영향을 끼쳤을까요? 실제로 황민화가 이루어졌을까요? 해답을 찾기 위해 우선 1930년대 국제 사회의 변화와 일본 제국의 정세 그리고 제2차 세계대전의 전초기지와 동화 정책의 진행 상황 등을 살펴보도록 하겠습니다.

20세기 초반 근대 국가로 발돋움한 일본은 8국 연합군·러일전쟁 등 여러 대외 전쟁을 치른 후 중국 북부 지역으로 세력을 확장해 나갔습니다. 중국에

1943년 동남아 지역을 확보하기 위해 전쟁에 투입된 청년들

게 일본의 이러한 행보는 침략적 행위로 간주되었으나, 일본은 생존에 필요한 토지와 자원을 확보해야 했고 호시탐탐 조선과 만주를 노리는 소련에 대응하기 위해서도 세력 확장이 부득이했습니다. 1920년대 일본 경제는 공황을 맞아 농민들은 빈곤에 허덕이고 자살률이 급증하는 등 각종 사회 문제가 그치지 않았습니다. 외부적으로는 끊임없이 만주 지역을 자극하는 소련에 대응하여 만주의 국방 및 자원 가치를 지키기 위해 1931년 만주에 주둔 중인 일본 관동군이 만주사변(9·18 사변)을 일으켜 중국 동북 지역을 점령했습니다. 이듬해 관동군은 만주국을 세우고 청나라의 마지막 황제인 푸이溥儀에게 정권을 넘겼으나, 관동군은 만주국의 정치와 경제에 언제든 개입할 수 있었습니다. 관동군의 이러한 거침없는 행보가 일본 정부의 허가 아래 진행된 것은 아니었습니다. 그러나 일본 국내 경제가 위기를 맞은 틈을 타 군부 세력이 쿠데타(1932년의 5·15 사건, 1936년의 2·26 사건)를 일으키고 정권을 장악함으로써 일본은 군국주의의 길로 나아가게 되었습니다.

국제연맹은 중국 북부 지역을 빠르게 점령해가는 일본군의 행보를 거세게 비난했습니다. 1933년 일본은 이 문제에 관해 외교 협상에 나섰으나 뜻대로 이루어지지 않자 국제연맹 탈퇴를 선언했고, 미국을 필두로 한 국제 사회는 일본에 금수 조치를 단행했습니다. 에너지 수입 의존도가 높은 일본이 국제 사회에서 고립되는 상황에 처하자 정부는 제국의 식민지와 점령지로부터 군수 물자와 자원을 충당하기 시작했습니다. 그중 일본 공산품의 최대 소비 시장이자 농업 원료 공급지인 타이완은 일본에 물자를 공급하고 일본군이 동남아 지역으로 진출하기 위한 기지가 되었습니다. 다시 말해 일본에서 동남아 지역으로 향하는 모든 비행기는 중간에 연료를 보급해야 했기 때문에 타이완을 경유했으며, 1940년대 초반 태평양전쟁이 터졌을 때는 동남아 지역에서 전쟁을 벌이는 일본군에게 무기·탄약·식량 등의 군수물자를 조달하는 전략적 요충지 기능을 했습니다.

황민화 정책

일본 제국이 군국주의로 나아가는 과정에서 타이완이 중요한 역할을 수행하게 되었다는 것은 전보다 훨씬 많은 인적·물적 자원이 빠져나가는 것을 의미합니다. 그러나 타이완인은 식민 지배를 받고 있었음에도 불구하고 순순히 일본의 명령에 따르지 않았습니다. 설령 순종적인 태도를 취했다 하더라도 타이완인을 이민족으로 여긴 일본 군부와 정부는 석연치 않게 보았을 것입니다. 더욱이 당시 일본의 가장 큰 적인 중국이 타이완인의 '옛 조국'이었으므로 일본으로서는 당연히 긴장의 끈을 늦출 수 없었을 것입니다. 이에 따라 총독부는 타이완인을 일본 제국의 신민으로 만들기 위한 '일본화' 정책을 펼치기 시작했습니다. 1930년대 중반 타이완인을 대상으로 추진된 일련의 일본화 정책들은 훗날 '황민화 운동'으로 불렸습니다.

일본 식민지 정부가 통치 초기부터 타이완인을 일본인으로 만들기 위해 부단히 애썼다고 생각하는 사람이 많습니다만, 사실 일본 제국은 단 한 번도 타이완인을 일본인으로 대한 적이 없었습니다. '국체(일본은 만세일계萬世一界의 천

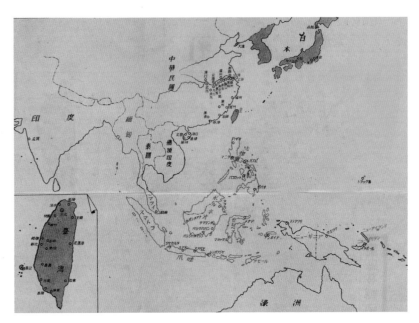

동남아시아 지역으로 향하는 길목에 위치한 타이완은 전략적 요충지 역할을 했다.

황을 중심으로 하는 신국神國이다)' 사상을 따르는 자신들과 달리 타이완인은 국어(일본어)를 사용하지 않으며 신도神道와 천황을 믿지 않았기 때문입니다. 타이완인을 일본인으로 여기지 않는 일본 정부는 차별을 당연시했고, 제국의 헌법보다 더 까다로운 법률 체계를 만들어 타이완인에게 불리한 행정을 전개했습니다. 타이완 총독부가 일본어 교육을 적극 추진한 것은 사실이지만 저항이 불거질 것을 우려하여 현지의 생활방식이나 신앙까지 일본화하려 들지는 않았습니다. 동화 정책도 강제성이 없었기 때문에 타이완의 종교와 문화는 보존될 수 있었습니다.

그러나 일본은 1930년대에 대규모 전쟁을 준비하면서 타이완의 민족의식과 생활문화를 뿌리 뽑기 위해 황국 신민화 정책을 펼쳤고 총독부는 강제적인 동화 정책을 전개했습니다. 정책의 구체적인 내용이나 핵심 과제는 시기에 따라 차이가 있는데, 전쟁 대비 태세에 돌입한 1930년대 초반에는 주로 일본어 보급과 위생 개선 등의 사회 교화를 추진했습니다. 1937년 중일전쟁이 발발한 후

젠궁建功 신사(지금은 국립타이완예술교육관). 중일전쟁이 시작되자 국민정신 총동원 정책의 일환으로 신사 참배가 강요되었다.

에는 국가를 위해 개인의 희생을 요구하는 '국민정신 총동원' 체제에 따라 신사 참배가 강요되었고 한문 사용을 금지했습니다. 타이완인들에게 일본어 사용이 강제되었고 이름도 일본식으로 바꾸도록 했습니다.

태평양전쟁과 군사 동원

1941년 미국의 개입으로 중일전쟁은 태평양전쟁으로 확전되었습니다. 전선이 태평양·인도양·동아시아 및 동남아시아 지역으로 확대되자 더 많은 인적 물적 자원이 필요해진 일본 제국은 식민지에 대한 대대적인 강제 동원령을 내렸습니다. 먼저 1940년 일본은 기존의 정당을 해산하고 대정익찬회大政翼贊會를 설립했고, 이를 중심으로 새로운 정치 체제인 익찬翼贊 체제를 구축했습니다. 1941년 타이완 총독부도 대정익찬회를 모방한 황민봉공회皇民奉公會를 설립해 천황 중심의 전시 동원 체제를 구축했습니다. 황민봉공회는 타이완의 민간단체(보갑·청년단 등)를 관할하면서 지원병을 모집하기 시작했습니다. 이와 함께 경제 체제를 통제 경제로 전환하고 대대적인 소비 절약 운동을 전개했습

니다.

전쟁이 장기화되면서 병력이 보충되고 황민화 운동이 가시적 성과를 나타내자 타이완인에 대한 일본의 경계심이 다소 느슨해졌습니다. 이에 1941년 6월 타이완 총독부는 1942년부터 지원병 제도를 실시하겠다고 선포했습니다. 1942년 한 달여 간 1000명 정도의 육군 지원병을 모집하는 데 무려 42만 명의 타이완 청년이 몰려들었습니다. 학자들의 분석에 따르면 당시 42만 명은 타이완 전체 성인 남성의 14퍼센트에 해당하는 수치입니다. 지원자 중에는 자신의 강한 의지를 입증하기 위해 '혈서'를 쓰기도 하여 총독부 측을 깜짝 놀라게 했습니다. 1943년에는 조선과 타이완에서 해군 특별지원병 제도가 동시에 실시되었는데, 타이완의 경우 1000명 모집 정원에 31만 명의 지원자가 몰렸습니다. 타이완보다 일찍 지원병 제도가 실시되었고 모집 규모도 큰 조선의 경쟁률이 50~60대 1 정도인 데 반해 타이완에서는 300~400대 1이라는 높은 경쟁률을 기록했습니다. 타이완에서 그토록 적극적인 반응이 나타난 이유는 당시의 열광적인 분위기 또는 황민화 교육의 영향이기도 하지만 지원병에게 두둑한 수입이 지급되었기 때문이었습니다. 1945년 전세가 점점 불리해지자 일본은 타이완에 징병제를 전면 도입하여 그해 8월 일본이 투항하기 전까지 약 20만 명의 타이완인이 징집되었습니다.

한편 동남아시아 지역에서 언어와 지형 문제에 부딪친 총독부는 원주민들을 모아 고산족 의용대를 조직했습니다. 당시 총독부

1943년 해양 훈련군의 열병 행진

는 지역에 따라 원주민과 한족을 각기 다른 방식으로 통치하고 있었는데, 산지 행정권에 속한 원주민들은 매우 엄격한 감시와 강도 높은 노역에 시달리고 있었습니다. 1930년의 우서 사건도 바로 이러한 배경에서 발생했습니다. 그럼에도 불구하고 그로부터 10년 만에 상당수의 원주민이 의용대에 지원했습니다. 1942~1943년까지 일곱 차례에 걸쳐 약 4000명의 고산족 의용군이 파병되었고, 그중 3000여 명이 미국의 공격을 방어하기 위한 최전선인 뉴기니에서 목숨을 잃었습니다. 그들 중에는 부족의 용맹함이 일본에 뒤지지 않는다는 것을 증명하기 위해 자원한 사람도 있지만 대개는 교사와 경찰의 권유에 따른 것이었습니다.

남양 군도에서 전쟁을 벌이던 일본군에게 고산족 의용대는 어떤 존재였을까요? 일본인 병사들은 의용대 대원들이 산지 생활에서 터득한 기술과 사냥

1940년 황민도장척남사皇民道場拓南社 창립 후 타이완 신사 앞에서 선서하는 모습

대동아전쟁에 동원되었던 원주민 고산족 의용대

지식을 이용해 적을 살피고 기습 공격을 펼쳤으며 보급품을 찾아냈다고 회상
했습니다. 또한 그들은 일본인을 뛰어넘는 용기와 희생 정신을 발휘했다고
전해지고 있습니다.

황민화 정책에 대한 서로 다른 반응

이러한 배경을 보면 황민화 운동이 단순히 총독부가 발행한 공문서 한 장으로
추진된 게 아니었음을 알 수 있습니다. 1930년대부터 사회교화 사업을 비롯
한 신문의 선전 선동 그리고 일본 제국 정부의 국민정신 총동원 정책 등 타이
완인을 황국 신민으로 만들기 위한 여러 활동이 전개되었을 뿐만 아니라 1939
년 총독 고바야시 세이조小林躋造는 이러한 활동을 시정 방침으로 삼았습니

일본 제국이 꿈꾸던 대동아공영권(일본을 중심으로 동아시아 지역의 공존을 도모해 서양 세력을 몰아내야
한다는 정치 슬로건)

다. 황민화 운동이란 이와 같은 일련의 과정을 아우르는 역사적 어휘로, 타이완 동화 정책의 확장판이라 할 수 있습니다. 이러한 정책들은 타이완 사회 각 계각층에 깊숙이 침투되었으며 각양각색의 반응을 불러일으켰습니다.

일부 지식인들은 1930년대 초반 황민화 운동으로 본격적인 사회 교화가 이어질 무렵 이를 기회로 삼아 타이완인의 권리와 이익을 쟁취하기 위해 통치자 일본과 협상을 했습니다. 전시 체제 시절 타이완인들이 일본의 일방적이고 강압적인 행정 체제에 짓눌려 큰 희생을 치렀을 것이라 생각되겠지만, 당시 일본인들은 소수(일본 통치 말기 일본인 수는 20만 명, 타이완의 인구는 580만 명)에 불과했기 때문에 타이완인의 복종을 강요할 수는 없었습니다. 강력하고 효율적인 행정 체제와 현대화된 군대를 보유하고 있었다 해도 강압적으로 제압하려면 막대한 재정이 소모되기 때문입니다. 이에 일본이 선택한 차선책은 타이완 지역사회의 유력 인사나 지식인들을 끌어들인 후 그들로 하여금 지방 행정기관이 추진하는 황민화 정책에 협조하게 만드는 것이었습니다.

타이완의 세력가들은 식민 통치 협력이라는 '주도권'을 가지고 타이완인의 권익 협상에 나섰습니다. 예를 들어 1920년대에 대두되었던 의회 설립 청원 운동은 내부의 이념 대립과 총독부의 방해로 인해 1930년대 들어 지방자치 선거권을 요구하는 정도로 축소되었습니다. 1934년 타이완 지방자치연맹을 결성한 린셴탕, 차이스구蔡式穀 등이 타이완 의회 설립을 포기하고 일본의 동화 정책을 인정하는 대신 지방자치 선거권을 요구한 것입니다. 총독부는 식민지 타이완에서 보통 선거를 실시한다면 일본에 어떤 영향을 미치게 될지 고민에 빠졌습니다. 심사숙고 끝에 여기서 한 발 물러선다면 타이완 사회가 활기를 얻을 것이라 결론 짓고, 일본 중앙정부와 조율에 나섰습니다. 결국 1935년 제1회 시회市會 및 가장街庄협의회원 선거가 실시되었습니다. 이에 따라 정치에 뜻을 둔 타이완인은 선거를 통해 뜻을 펼칠 수 있게 되었고, 꽤 많은 유력 인사들이 선거에 출마했습니다. 그들은 선거단을 조직해 적극적으로 유세 활동을 펼쳤으며 각 지역의 투표율은 90퍼센트에 달했습니다.

강제로 일본인이 된다는 것

당시에는 투표권과 출마권에 제약이 있었기 때문에 모든 타이완인이 선거에 참여할 수는 없었습니다. 따라서 당시의 선거는 실질적으로 정치 참여가 보장되었다기보다는 자치권을 획득했다는 데 의미가 있습니다. 사실 일본 정부의 통제력은 사회·문화·경제·군사 각 분야에 깊숙이 미치고 있었고 이런 상

전시 총동원 체제 아래 타이베이주립 제2상업학교의 보국교우회 단체

황을 지켜보는 타이완인은 '황민'이 될 수밖에
없는 현실을 절감했습니다.

1930년대 후반에 일어난 중일전쟁은 1940
년대로 접어들면서 태평양전쟁으로 확전되었
습니다. 전쟁의 장기화와 금수 조치로 인해 자
원 고갈 문제에 직면하게 된 일본은 군수 물자
를 확보하기 위해 1938년부터 통제 경제를 실
시했습니다. 이에 타이완에서 철강·곡식·돼
지고기·설탕 등의 물자 유통이 통제되었고,
1942년부터는 무기를 제조하기 위해 전국적으
로 금속 제품이 수거되었습니다. 배급 물자만
으로는 생계유지가 어려워지자 민간에서는 밀
거래가 성행하기 시작했습니다. 이에 일본 정
부는 경제 경찰을 동원해 밀거래 단속을 강화
하고 보갑 조직과 협력해 사재기 행위를 단속

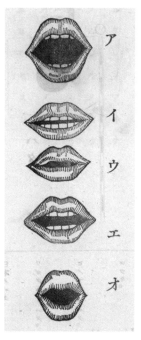

『황민독본皇民讀本』에 수록된 일
본어 발음의 입술 모양. 황민화
시기에 가정에서도 일본어를 사
용하도록 했다.

했으나 별 효과를 거두지 못했습니다. 한 예로 1940년 소학교에 근무하던 황
교사는 당시 지방 치안에 관여하는 청년단과 장정단으로 단속 활동을 하면서
고기와 생선 등을 몰래 숨겨 친척들에게 나눠주곤 했습니다.

총독부는 일본 제국에 대한 타이완인의 충성심을 높이기 위해 1940년 성명
姓名 제도 개혁을 발표하고, 성과 이름을 일본식으로 바꾸도록 강요했습니다.
비슷한 시기에 조선에서도 창씨개명이 실시되었지만, 그 방식은 사뭇 다른 양
상을 보였습니다. 조선의 창씨개명은 강압적이었던 데 반해 타이완에서는 집
안의 가장이 정부에 개명 신청을 하고 '일본어 사용 가정'이라는 조건에 부합

하면 일본식 성씨로 개명할 수 있었습니다. 그렇게 일본식 성명을 갖게 된 이들은 관공서에 우선적으로 임용되었고 그 자녀들은 진학 특혜를 얻었습니다.

당시 일부 엘리트와 공직자 들은 승진하기 위해 또는 모범적인 황국 신민이 되기 위해 이름을 바꾸었습니다. 타이완 전 총통 리덩후이李登輝는 '이와사토 마사오岩里政男'라는 일본식 이름이 있었고, 현 타이베이 시장인 커원저柯文哲의 조부는 '아오야마青山'로 성을 바꿨습니다. 반면 민간에서는 성을 바꾸면 '조상을 뵐 면목이 없다'는 인식 때문에 개명을 하지 않는 이가 많았습니다. 통계에 따르면 1941년 말 개명한 사람은 타이완 인구의 1퍼센트 정도였고, 1943년 전쟁이 가열되고 황민화 운동이 확산되었을 때도 개명한 사람은 2퍼센트에 그쳤습니다. 개명을 하더라도 '뤼呂'씨를 '미야시타宮下'로, '가오高'씨를 '다카가와高川'로 고치는 등 한족식 성의 흔적을 남기는 경우가 많았습니다.

공습 그리고 대피

전쟁이 후반으로 접어들면서 전세가 불리해지자 일본은 앞서 언급했듯이 식민지 타이완에서 징병제를 시행했고, 타이완 청년들이 전쟁에 동원되었습니다. 타이완은 동남아시아 지역과 일본 본토를 연결하는 전략적 요충지로 물자 보급기지 역할을 했으며 그 군사적 가치로 인해 중국과 미국의 군사적 타깃이 되어 1930년대 후반 수차례 공

주요 방공 기관 배치 안내도

습을 당했습니다.

중일전쟁이 시작되고 얼마 지나지 않은 1938년 2월 중일전쟁 기간에 중국에 파견된 소비에트 자원군이 맨 처음 쑹산松山을 공습했고, 이때부터 일본은 비행 공습에 대비하여 경계를 강화했습니다. 1942년 6월 동남아시아 지역에 대한 반격을 시작한 미국은 일본의 보급로를 차단하고 작전을 무력화하기 위해 타이완을 집중적으로 공습했습니다. 1943년 11월에는 신주新竹, 1944년 1월과 10월에는 가오슝을 폭격했으며, 1945년 5월 31일에는 타이베이 대공습으로 약 3000명이 사망하고 수만 명이 부상을 당했으며 총독부를 포함한 정부·민간 시설이 파괴되었습니다. 공습에 따른 무차별 폭격이 잇따르자 정부는 도시 거주자들을 농촌으로 대피시켰습니다. 지금의 노년 세대는 외딴 시골로 '소개疏開'되었던 기억이나 공습경보나 방공호와 같은 피난의 기억을 잊지 못하고 있습니다. 한 예로 당시 총독부 도서관(지금의 타이완국립중앙도서관)에 근무하던 가오비례高碧烈는 1945년 타이베이 대공습이 일어나기 전, 수개월에 걸쳐 16만 권이 넘는 책을 수레에 실어 각 지역으로 책들을 '대피'시킨 적이 있다고 합니다.

공습과 관련된 당시의 기억들은 이제 신화와 전설, 노래에 스며들어 타이완 문화의 일부가 되기도 했습니다. 지금의 핑둥현 완단萬丹의 사당인 완후이궁萬惠宮에는 도교 신앙에 등장하는 여신 마조媽祖가 맨손으로 폭탄을 잡고 있는 조형물이 설치되어 있습

핑둥현 완단 완후이궁 앞, 여신 마조가 맨손으로 폭탄을 잡고 있는 조형물(2014년 7월 저자 촬영)

니다. 이는 1944년 당시 해당 지역이 폭격을 맞고도 큰 피해를 입지 않은 것을 '마조의 영험한 힘' 덕분이라 여겨 주민들이 세운 기념물입니다. 그 밖에 가수 우바이伍佰가 부른 「공습경보」도 타이완 공습에 대한 기억으로 만들어진 노래입니다.

황민화를 둘러싼 다양한 견해

앞서 우리는 타이완인이 전쟁에 동원되었던 1930년대부터 1940년대 중반까지 일본이 어떤 이념으로 동화(황민화) 정책을 추진했는지, 타이완 사회의 구성원들은 어떻게 대응했는지 살펴보았습니다. 자, 그렇다면 다시 한 번 여러분에게 묻겠습니다. 타이완인은 황민화 운동으로 정말 일본인이 되었을까요? 물론 역사적 진실에 관해서는 다양한 견해가 존재하기 마련이므로 그렇다고 생각하는 분도 있을 테고 그렇지 않다고 생각하는 분도 있을 겁니다. 그러나 타이완에서 황민화 정책이 시행된 목적은 일본 통치자에 대한 충성심을 고취하여 전쟁에 필요한 지원을 얻기 위한 것일 뿐 타이완인을 진심으로 천황제 국가의 혈연으로 받아들이려 했던 것은 아닙니다. 또한 일본 정부는 정치·경제·문화·교육 등 각 분야마다 차별대우 정책을 펼쳤기 때문에 타이완인은 결코 일본인과 동등한 지위와 신분을 가질 수 없었습니다. 타이완의 인적 물적 자원이 필요한 상황에 닥쳐 일본이 유화 정책을 펼치며 뒤로 물러서는 모양새를 취하긴 했지만 한층 더 엄격한 전시동원 체제로 타이완 사회를 강하게 통제했습니다.

일본이 황민화 정책을 추진할 당시의 타이완 사회는 '위에서 정책을 세우고 아래에서는 대책을 세운다'라는 말로 요약할 수 있습니다. 의회 설립 운동

출정하는 군인을 환송하는 어린이들

을 주동한 지식인들 가운데 일부는 자신의 영향력을 이용해 황민화 정책을 추진하는 데 힘을 보탰고 그 대가로 참정권을 얻었습니다. 다만 일시적으로 손을 잡았다고 해서 완전히 복종했다고 볼 수는 없으며, 어떤 면에서는 본래의 입장을 견지했습니다. 예를 들어 린셴탕은 일본식 성씨로 개명하지 않았지만 막강한 사회적 영향력을 지니고 있어 일본 정부는 그를 함부로 대하지 못했습니다.

일본의 통제 정책에 대한 민간의 반응은 각양각색이었습니다. 징병에 자원한 이들 중에는 일본 제국에 충성을 맹세하는 자도 있었지만 생계 수단으로 지원한 자도 많았습니다. 더 많은 배급, 승진, 자녀 교육의 기회를 노리고 성명을 일본식으로 바꾸고 철두철미하게 일본에 충성한 자도 있었고, 끝까지 한족식 이름을 고집한 자도 있었습니다. 대부분의 사람은 오랫동안 계속된 차별 대우로 인해 일본인이 될 수 없음을 깨달았지만 일부는 일본인이 되기 위해 황민화 정책에 적극 호응하기도 했습니다. 대체로 사람들은 '일본인이 되는 것'을 생존 수단으로 삼았기 때문에 다양한 정책 가운데 자신에게 유리한 정책을 따랐을 뿐 천황의 신민이 되는 것에는 관심이 없었습니다.

황민화 운동의 흔적

전후 일본과 적대적이었던 중국 정권이 타이완을 통치하게 되자 타이완 사회에 깔려 있던 일본식 흔적이 지워지기 시작했습니다. 황민화 운동은 대다수의 타이완인이 시도한 적 없는 '항일' 전쟁으로 둔갑되었습니다. 그 영향으로 태평양전쟁 당시 일본군이 타이완을 공습했다고 여기는 사람도 있으며 입버릇처럼 '동맹군이 타이완을 폭격했다'고 말하는 사람도 있습니다. 여기서 말하는 동맹군은 누구인지, 누가 폭격을 당했는지는 중요하지 않습니다. 심지어 전쟁 당시 타이완인이 일본의 국민으로서 자발적 또는 반강제적으로 참전한 사실을 '노예화'로 치부해버리는 사람도 있습니다. 분명한 것은 당시에 일본인이 되기를 원했던 타이완인도 있었고 그렇지 않은 사람도 있었다는 것, 그리고 '일본인이 될 것인지'를 고민하는 과정에서 자기 정체성에 대해 자문하게 되었다는 것입니다. 오늘날 타이완의 복잡한 정체성 문제는 바로 이 지점에서 시작된 것입니다.

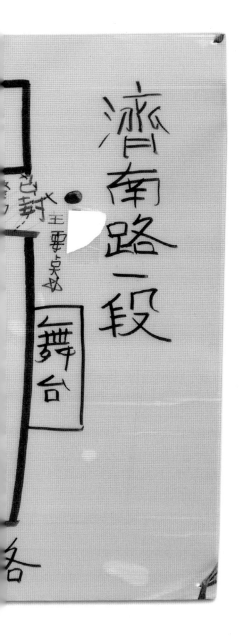

5장
전후 시대

2014년 해바라기 운동 당시 입법원 주변에 그려진
작자 미상의 그림

2 · 28 사건은
왜 일어났을까?

담배 암거래를 단속하는 과정에서 사망자가 발생하자 이에 항의하는 시민들이 공원에 모여 군중 대회를 열고 방송국을 점거해 타이완 전역에 소식을 전했다. 다음 날 타이완 각지에서 항의 시위가 벌어졌고, 통제 불가능한 상황으로 번지자 경비총사령부는 타이베이시에 임시 계엄령을 선포했다. 무장 군대와 경찰은 시내를 순찰하면서 무장한 타이완인을 발견하는 즉시 총격을 가했다.

제2차 세계대전의 종결

1945년은 타이완 역사에 기억되어야 할 해로 남았습니다. 그해 5월 타이베이는 최대 규모의 연합군 공습을 받아 주민 3000여 명이 사망했고, 8월에는 미국이 히로시마와 나가사키에 원자폭탄을 떨어뜨려 일본 천황이 항복을 선언했습니다. 일본의 항복으로 타이완, 한국, 홍콩, 베트남, 말레이시아, 싱가포르, 미얀마, 인도네시아 등 식민지와 반식민지 그리고 전쟁 점령지가 잇달아 해방을 맞았고 역사의 다음 단계를 맞이했습니다. 타이완도 예외가 아니었습니다.

1945년 10월 25일, 더글러스 맥아더 연합군 태평양 총사령관의 명령에 따라 타이완과 베트남 북부 지역의 일본군은 연합군 측인 장제스 장군에게 항복했습니다. 타이베이 공회당(현 중산기념관)에서 항복 조인식이 거행되었고, 안도 리키치安藤利吉 타이완 총독은 타이베이에서 행정장관 천이陳儀에게 항복했습

1 타이베이 2·28기념관 안에 전시
된 보도 사진. 일본이 항복을 알
리는 옥음玉音(일본 천황의 목소리
를 높여 부르는 말) 방송을 한다는
내용이다.

2 1945년 10월 25일, 타이베이 공
회당에서 일본군 항복 조인식이
거행되었다.

니다. 이에 중화민국은 타이완과 펑후 제도에 대한 주권을 되찾았음을 선언했으며, 여전히 '조국'에 대한 그리움과 동경을 간직하고 있던 타이완 사신 계층은 반대의 목소리를 내지 않았습니다. 이런 가운데 곧 국민정부가 등장하게 됩니다.

기쁨에서 분노로

국민정부를 맞이할 준비위원회를 구성했다는 것은 타이완인이 다시 조국의 품에 안기게 되어 기뻐했음을 말해줍니다. 그러나 타이완에 대한 인식이 미흡한 국민정부는 시대에 역행하는 조치를 취했습니다. 통치자만 바뀌었을 뿐 결국 이전과 다를 바 없는 상황이 전개되자, 사람들의 기대와 기쁨은 한순간에 분노로 바뀌고 말았습니다. 그 시작 지점에 행정장관 천이가 있습니다.

저장성 출신이며 일본 육군대학 1기 졸업생인 천이는 1934년 푸젠성 주석 시절인 1935년, 대표단을 이끌고 타이완을 방문해 일본 시정 40년 박람회에 참석했습니다. 그는 일본 제국의 도움으로 경제 발전을 이룬 타이완의 모

국민정부를 환영하다

일본이 8월 15일에 투항하고 나서 국민정부 정권을 넘겨받은 거징언葛敬恩이 10월 5일 타이완에 오기까지 50여 일간 정치 공백기가 발생했다. 일본의 행정 체제는 이미 붕괴되었으나 새로운 행정 체제가 마련되지 못한 상황이었기 때문에 타이완의 지방 엘리트와 지식인들은 사회 안정을 위해 자발적으로 단체를 조직하고 치안 유지에 노력했다. 이후 천신陳炘이 타이중에서 국민정부를 맞이할 준비위원회를 구성하자는 제안을 내놓았고 린셴탕과 예룽중葉榮鐘의 지지로 위원회가 성립되었다. 준비위원회의 주요 업무는 국민정부 환영(국기 제작, 국가 교육, 장식용 아치문 설치, 환영단 조직)과 지방질서 유지(청년봉사단 조직 등)였다. 지방의 명망 있는 인사들이 준비위원회 조직에 적극 협조한 덕분에 정권 교체가 성공적으로 이루어질 수 있었다.

1935년 타이완을 방문한 천이가 시정 40년 타이완박람회를 시찰하는 모습(제1회의장 일본 제철관 앞에서 촬영한 사진)

습을 부러워했으며, 타이완의 성공 경험을 통해 기후 조건이 비슷한 푸젠성을 발전시키고자 했습니다. 중국 관료 가운데 타이완이라는 섬에 대해 아는 자가 거의 없던 상황에서 장제스는 신뢰할 만한 고향 사람인 천이에게 타이완을 맡기기로 했습니다. 결국

1944년 타이완 조사위원회의 주임위원으로 취임한 천이는 얼마 지나지 않아 타이완 행정의 최고 수장인 행정장관에 임명되었습니다. 그는 일본인들로부터 타이완 통치에 관한 많은 자료를 수집했지만 그가 받아들인 것은 일본이 식민 지배로 이룬 경제적 성과였을 뿐 타이완인이 어떤 사회를 원하는지에 대해서는 고민하지 않았습니다.

국민정부 역시 타이완에 대해 잘 몰랐기 때문에 세계 각국으로부터 자료를 요청하거나 중국으로 건너온 타이완인들에게 협조를 구했습니다. 그러나 중국에서 활동하는 타이완인들은 오래전에 고향을 떠나온 처지라 실제 민심과는 간극이 있었습니다. 또한 국민정부의 복원 계획이 너무 복잡한 탓에 갈등의 여지가 드러나자 장관 기구에서는 타이완 상황이 특수하다는 핑계로 특별법을 제정했습니다. 그로 인해 일찍이 일본으로부터 식민 통치라는 '특별 대우'를 받은 타이완인은

푸젠성 주석 당시의 천이

타이완 광복을 축하하고 천이 장관의 취임을 환영하는 광고를 게재한 회사들(1945년 11월 2일자 『민보民報』)

두 번째 식민 지배를 겪게 되었다는 의구심을 품게되었습니다.

한편 제2차 세계대전은 종결되었으나 중국 국민당과 공산당은 내전이 한창이었습니다. 천이 정부는 타이완의 물자를 거둬들이기 위해 타이완성 무역회사를 설립했습니다. 이후 국민정부가 쌀을 걷어 중국으로 내보내기 시작하자타이완의 물가가 폭등했고 민생은 도탄에 빠졌습니다. 쌀 수취 업무를 담당하는 관료들이 뇌물을 받아먹거나 가족과 친족을 제멋대로 고용하거나 물자를강탈하여 잇속을 챙기는 사건이 비일비재했습니다. 심지어 타이완 고등법원수석 판사 장웨이주蔣慰祖가 횡령 혐의로 체포되는 등 정부 관료들의 부정부패행위가 잇따르자 국민정부에 대한 타이완인의 신뢰는 추락했습니다.

경제 분야에 대한 불만뿐만 아니라 황국 신민, 노예화 문제 역시 타이완인에게는 민감한 부분으로, 이 점은 21세기인 지금까지도 여전히 갈등의 불씨로 남아 있습니다. 2014년 주허이九合一 선거에서 롄잔連戰 전 부총통과 하오바이춘郝柏村 전 행정원장은 약속이나 한 듯 당시 시장 후보인 커원저가 황민화 시기의 관료였던 아오야마 원저青山文哲의 후손이라는 사실을 지적했습니다. 그로 인해 민족 분열에 가까운 사회적 파장을 낳은 것을 보면 식민지 시대는 오래전에 끝났지만 그 시대의 여파는 가시지 않았음을 알 수 있습니다.

사실 전쟁이 끝난 지 얼마 되지 않았을 때는 이런 지적이 낯설지 않았습니다. 外省외성 인사, 반산半山〔타이완을 떠나 중국에서 기반을 닦고 전쟁이 끝난 뒤에 타이완으로 돌아온 사람들〕과 정부 관료들은 이제 막 중국의 품에 안긴 타이완인에게 황국 신민이라는 꼬리표를 달았습니다. 그리고 타이완인은 한동안 일본으로부터 노예화 교육을 받았기 때문에 '재교육'이 필요하다고 주장했습니다. 일부 외성 인사들은 이런 주장에 반대를 표명하기도 했으나 영향력이 약한 탓에 설득력을 얻지 못했습니다. 권력을 장악한 장관 기구는 타이완인이 노예화 교육으로 우민愚民이 되었다고 결론 짓고 '낡은 노예 의식을 뿌리 뽑고 혁명 정신을 건설'할 것을 요구했으며, 일본식 언어 습관을 버려야 한다고 지적했습니다. 그리고 노예화 교육의 잔재를 씻어낼 때까지는 반드시 피지배자의 지위를 견뎌야 한다고 주장했습니다.

시부야 사건

제2차 세계대전 직후의 타이완인은 어느 나라 사람일까? 중화민국은 일본의 식민지였던 타이완과 펑후섬을 점령했다고 밝혔다. 말하자면 패전국에 속해 있던 타이완인은 전쟁이 끝난 후 승전국 국민이 된 것이다. 국민정부도 1946년 타이완동포국적회복령과 재외타이완교포국적처리방법을 발표하여 해외에 체류 중인 타이완인에 대한 관리 의지를 밝혔다. 그러나 일본 정부는 아직 평화조약이 체결되지 않았으니 옛 식민지 시민은 여전히 일본의 관리를 받아야 한다고 주장했다.
이 문제로 양측이 갈등을 빚고 있을 당시 일본은 주일駐日 연합국 최고사령부GHQ의 지휘 아래 있었으므로 GHQ의 입장이 매우 중요했다. 그러나 GHQ가 이 사안에 대한 해답을 제대로 제시하지 못하면서 삼자 간에 아슬아슬한 균형 관계가 이어지고 있었다. 그러던 중 일본 시부야에서 타이완인과 일본인 간의 계약 분쟁에 일본 경찰이 개입하여 타이완인 1명이 사망하고 14명이 부상을 당하는 사건이 발생했다. 일본에 거주 중인 타이완인의 열악한 법적 지위를 말해주는 이 사건이 타이완에 알려지자 수천 명의 학생이 항의 시위에 나섰으나 국민정부는 해외에 체류하는 타이완인을 보호하는 데 관심을 보이지 않았다. 때마침 국민정부가 일본산 제품을 받아들인 것에 관한 여러 의혹이 제기되면서 타이완인의 실망과 의심이 증폭되었다. 얼마 지나지 않아 2·28 사건이 터지면서 해외에서 발생한 시부야 사건은 관심 밖으로 밀려났다.

1 광복을 경축하고 장관을 환영하기 위해 학생들이 행진하고 있다는 내용의 기사(『민보』, 1945. 11. 2.)
2 회사마다 타이완의 광복을 축하하는 광고를 실었다.(『민보』, 1945. 11. 2.)

이제 막 식민지 역사를 끝낸 타이완인들에게 해방과 자유를 되찾아줄 것으로 기대했던 조국의 행정 능력은 형편없었으며 횡령과 부패까지 극심했습니다. 타이완인에 대한 차별적 태도는 일본 식민 정부보다 더해서 전쟁 종식의 기쁨은 2년도 못 되어 사라졌습니다. 민간에서는 일본과 중국을 짐승에 빗대어 '개가 지나가니 돼지가 왔다'는 말이 유행할 정도였습니다. 개는 사나워도 대문은 지키는데 돼지는 먹기만 좋아할 뿐 게으르다는 비판입니다. 갈수록 심각해지던 갈등과 간극은 결국 1947년 2월 28일 2·28 사건으로 폭발했습니다.

2·28 사건은 담배 한 개비의 문제가 아니다

2월 27일 타이베이시 난징시로南京西路 톈마天馬 찻집 앞에서 담배를 판매하던 여성 린장마이林江邁를 폭력적으로 단속한 사건이 바로 2·28 사건의 도화선이었습니다. 단속원은 타이완성 전매국 타이베이 지국 소속의 푸쉐퉁傅學通, 예더건葉得根, 성테푸盛鐵夫, 중엔저우鍾延洲, 자오쯔젠趙子健, 리우차오췬劉超群 여섯 명이었고, 그중 예더건이 린장마이를 구타하자 이 모습을 본 몇몇 시민이 달려들어 단속원에게 항의했습니다. 단속원 푸쉐퉁이 달아나면서 총을 발사했고 시민 천원시陳文溪가 총에 맞아 쓰러지자 사람들은 격분했습니다. 전매국 단속원이 시민을 구타하거나 죽음에 이르게 한 일이 한두 번이 아니었기 때문에 시민의 분노는 쉽게 사그라지지 않았습니다. 더욱이 이 사건에 정부가 미적지근한 대응을 보이자 타이베이 시민은 파업을 선언하고 나섰습니다. 또한 전매국에 뛰어들어 기물을 파손하고 불을 지르고 전매국 직원을 구타하여 직원 2명이 사망하고 4명이 부상을 당하는 일이 벌어졌습니다.

시민의 분노는 여기서 멈추지 않았습니다. 그들은 장관 관공서 앞까지 시위 행진을 벌이면서 '범인 총살' '전매국 해체' 등의 구호를 외쳤습니다. 관공서 경비병은 시위자들을 향해 총을 발포했고, 많은 사상자가 발생한 데 분노한 시민(본성인本省人)은 외성인을 색출하여 구타하기 시작했습니다. 사태가 심각해지자 타이베이시에 휴업 · 휴교령이 떨어졌습니다. 시민들은 얼마 뒤 중산공원(지금의 2 · 28 평화기념공원)에 모여 군중 집회를 열었으며 공원 내에 있는 타이완 라디오 방송국을 점거해 타이완 전역에 이 사건을 알렸습니다. 소식을 접한 타이완 각지의 시민들은 이튿날부터 항의 시위에 동참했습니다. 더 이상 시위를 통제할 수 없는 상황에 이르자 경비총사령부는 타이베이에 임시 계엄령을 선포했고, 무장한 군대와 경찰을 동원하여 거리를 순찰했습니다. 그러나 군대와 경찰이 시민을 향해 발포하기 시작하자 사태는 더욱 심각해졌습니다.

3월 1일 지방의 사신 계층과 의원들은 중산당中山堂에서 담배 단속 유혈사건 조사위원회를 결성하고 정부와 교섭에 나섰습니다. 황차오친黃朝琴, 왕톈덩王添灯, 저우옌서우周延壽, 린중林忠을 만난 자리에서 천이는 그들이 조직한 위원회를 2 · 28 사건 처리위원회로 확대할 것을 제안했고, 서로 평화롭게 문

1 2 · 28 사건의 도화선이 된 톈마 찻집 자리
2 충칭난로重慶南路에 위치한 전매국 타이베이 지국(지금은 장화은행彰化銀行)

타이베이 2·28기념관 내에 담배 밀매 사건   2·28국가기념관(저자 촬영)
단속 보도자료가 전시되어 있다.

제를 해결하기로 합의함으로써 상황은 진정 국면으로 접어드는 듯했습니다.
그러나 3월 2일 천이는 장제스에게 군대 지원을 요청하고 정보기관을 통해
이 사건을 '반란'으로 조작한 뒤 이를 빌미로 계속해서 시민들을 잡아들이고
진압했습니다. 또한 전면적인 정치 개혁을 요구하는 2·28 사건 처리위원회에
동조하는 척하다가 중국에서 군대가 도착하자 처리위원회가 공공연히 반란
을 부추기고 있다면서 가혹한 진압에 나섰습니다.

　장제스가 보낸 부대는 연안에 닿기도 전에 시민을 향해 총격을 가했습니
다. 이와 동시에 정부는 지방 사신들과 타이완 국적의 지식인들을 끔찍하고
잔인한 방법으로 체포하거나 모살했습니다. 한 예로 타이완성 참의원인 왕텐
덩은 자택에서 헌병대에게 체포된 후 장무타오張慕陶의 지시에 의해 휘발유를
뒤집어쓴 채 불에 타 죽었습니다. 진압이 끝난 후 경비총사령부는 군대와 경
찰을 동원하여 전국 각지의 마을을 토벌했고, 지역마다 마을 토벌에 관한 법
(청향법淸鄕法)을 제정하도록 했습니다.

　사건 발생 후 장제스는 담화를 통해 중국공산당의 선동이 있었다고 발표했

습니다. 그리고 사건을 마무리짓기 위해 바이충시白崇禧 국방부장을 타이완에 파견하여 현지를 시찰하고 시민을 위로하도록 했으나 별 성과를 거두지 못했습니다. 사실 장제스는 그에 앞선 3월 8일, 천리푸陳立夫 중국국민당 중앙조직 부부장, 리이중李翼中 타이완성 당부 주임위원에게 '타이완 2·28사건 처리방법 요점'을 입안하도록 지시했습니다. 또 성 정부 주석이 경비총사령부 사령관을 겸임하지 못하도록 관공서를 성 정부로 개편했으며, 타이완 출신 인사를 기용하고 현장縣長과 시장은 국민투표로 선출하는 내용의 정치 개혁을 제시했습니다. 그 후 중국국민당 중앙집행위원회는 천이를 해임하고 처벌했으며, 행정장관 기구를 성 정부로 개편하는 절차를 밟았습니다. 성 정부 초대 주석은 입법원 부원장 웨이다오밍魏道明이 임명되었습니다.

5월 15일 성 정부가 설립되자 타이베이와 지룽基隆 지역의 계엄령이 해제되고 마을 토벌도 일단락됐지만 사건에 대한 공개적인 조사와 반성은 실행되지 않았습니다. 오히려 가오슝에서 가혹한 진압을 지시한 펑멍지彭孟緝는 경비총사령부 사령관으로 승진했으며 사건의 원흉인 천이는 이듬해 6월 저장성의 주석으로 임명됐습니다. 이렇듯 정부는 잘못을 인정하지 않았고 아무런 책임도 지지 않았습니다. 타이완 역사에서 2·28 사건은 뼈아픈 상처의 역사로 남았습니다. 더군다나 1949년 국민정부가 타이완으로 거점을 옮긴 후 계엄 통치가 시작되자 2·28 사건은 38년이라는 긴 세월 동안 금기의 사건으로 덮여 있었습니다. 이후 계엄이 해제된 1980년대 말에야 현지화, 민주화를 외치는 목소리가 드높아지는 가운데 비로소 재조명될 수 있었습니다.

2·28 사건은 시민의 원망이 쌓이고 쌓여서 터진 사건이었습니다. 즉 정치적 불평등, 문화 차별, 경제적 착취, 심지어 공공위생의 퇴보 등 다양한 불만이 누적된 결과입니다. 사건의 도화선이 된 담배 밀매도 그러한 불만 요인 중

화가 황룽찬黃榮燦이 2·28 사건을 모티브로 제작한 목각 판화 「공포의 검열」은 이 사건을 대표하는 작품으로 인정받고 있다. 이 판화를 동판 부조로 재현한 작품이 타이베이 2·28기념관 내에 전시되어 있다.

하나였습니다. 전매 제도는 원래 일본의 타이완인에 대한 착취를 상징하는 것으로, 이 제도를 없애지 않고 유지한 국민정부 역시 식민 정부와 다를 바 없었습니다. 국민정부는 문제가 되는 제도를 개선하지 않았을 뿐만 아니라 국민과 정부, 본성과 외성 간에 보이지 않는 상처를 낳게 만들었습니다. 또한 타이완 국적의 엘리트들을 학살하여 일반 대중으로 하여금 정치에 대해 냉소와 불신을 품게 했습니다. 사람들은 '국민이 주인이다'를 외치는 민주 국가로부터 화를 당할 것이 두려워 대중적으로 유명한 사건에 관한 논의 자체를 꺼려하게 됐습니다.

1 민족 융합을 상징하는 2·28 평화기념비
2 2·28 평화기념비 아래에 조성된 원형 연못

국민당 정권의 토지개혁은
'덕치'였을까?

전후 초기 타이완에서 실시된 토지개혁은 외부에서 들어온 정권인 국민당의 역사 경험과 현지의 통치적 요구에서 비롯된 것이었다. 다른 한편으로는 타이완 농촌 지주와 소작인 사이의 갈등을 해소하기 위한 수단이기도 했다. 특정 문제에 직면해서는 각각 그에 맞는 정책을 제시했는데, 이렇듯 목적이 서로 다른 정책들이 뭉뚱그려져 훗날 토지개혁으로 통칭되었다.

농민에게 봄이 찾아왔을까?

전쟁 중 적대 관계였던 국민당과 공산당은 1945년 2차 세계대전 이후 중국 각지에서 내전을 벌였고, 1949년 내전에 패배한 국민당 정권은 타이완으로 후퇴했습니다. 전쟁 후 국민당이 어떻게 타이완에서 안정적이고 굳건한 통치체제를 세울 수 있었을까 하는 문제는 오늘날 타이완 역사 연구계의 관심 주제로, 1949~1953년까지 실시한 토지개혁 정책과 깊은 연관이 있습니다.

정부의 설명에 따르면, 국민당 정부는 중국에서 농민의 지지 기반이 취약했던 점을 교훈 삼아 타이완에서 3단계 토지개혁 정책을 펼쳤습니다. 특히 1949년의 37.5임대료 감축[경작지 임대료가 1년치 작물 수확량의 37.5퍼센트를 초과해서는 안 된다는 정책], 1951년의 공유지 매각[농민에게 임대했던 공유지를 농민에게 매각하는 정책], 1953년의 경자유기전耕者有其田[경작하는 자가 토지를 소유하는 정책]을 실시하여 농민의 부담을 덜어주되 지주의 이익을 보장하고, 지주의 자산을 산업

1 1943년 타이베이의 농민훈련단. 농민훈련단은 일본이 전쟁 당시 양성한 '남부 개척 농업전사'로, 농업 기술자를 각지에 파견하여 군수 식량 생산을 돕도록 했다.

2 "국군이 타이난에 상륙하기로 하다."(『중앙일보』, 1945. 11. 22.)

자본으로 전환하는 목표를 달성했습니다.

　이러한 설명은 국민당 정부가 계획적으로 토지개혁을 실시해 농민을 행복하게 하고 지주도 기꺼이 협조한 것처럼 들립니다. 그러나 토지개혁의 세 가지 정책이 정말 계획적이고 연속적이었는지, 과연 국민당 정부가 농민에게 행복한 삶을 안겨주기 위해 덕치를 펼친 것이었는지는 정부의 설명만큼 단순명쾌하지 않습니다.

전후 타이완 토지개혁의 배경

먼저 타이완에서 토지개혁을 시행한 역사적 배경을 살펴볼 필요가 있습니다. 대략적으로 전쟁 직후 타이완에서 시행된 토지개혁은 외부에서 들어온 국민당 정권의 역사적 경험 그리고 현지 통치의 요구에서 비롯됐습니다. 다른 한

총통이 명문화한 경자유기전耕者有其田 조례(토지
개혁 기념관 전시)

편으로는 타이완 농촌 지주와 소작인 사이의 갈등을 해소하기 위한 수단이기도 했습니다. 그러면서 특정 문제에 직면해서는 각각 그에 맞는 정책을 제시했는데, 이렇듯 목적이 서로 달랐던 정책들이 뭉뚱그려져 훗날 토지개혁으로 통칭되었습니다.

그에 앞서 1920~1930년대 국민당 정권의 중국에서는 농촌 실업과 빈곤 문제가 빈번하게 발생했습니다. 국민당 정부는 농업 생산량을 늘리고 항일전쟁에 대한 농민의 지지를 이끌어내기 위해 저장, 후베이 등지에서 25감세 정책을 실시했습니다.(원래 소작농은 지주에게 작물 수확량의 50퍼센트를 소작료로 지불해야 하는데, 소작료를 25퍼센트 감면하는 '25감세' 정책을 도입하여 최대 수확량의 37.5퍼센트를 지불하게 했다.) 그러나 지주들의 강력한 반발과 정책 계획의 일관성 부재로 인해 성공적으로 추진되지 못했습니다. 이후 1945년 국공내전의 시작과 동시에 국민당 정권은 타이완을 통치하기 시작했고, 1949년 토지개혁으로 농민의 지지를 얻은 공산당에 패한 뒤 타이완으로 후퇴했습니다. 국민당으로서는 정권을 유지하는 데 따르는 식량 수요를 충족시키고 타이완으로 건너온 수많은 중국 병사와 민간인(1949년 타이완으로 후퇴할 당시 약 120여만 명이 건너왔다)도 안정시켜야 했기 때문에 식량을 최대치로 거둬들일 방안을 마련해야 했습니다. 이에 따라 앞서 중국에서 시행한 25감세 정책을 참고하여 새로운 토지개혁을 추진하기로 결정했습니다.

타이완 농촌은 일본 시대에 품종 개량과 비료 사용 및 기술 혁신으로 농업 생산량을 대폭 증가시켰으나 수확량의 50퍼센트나 되는 경작지 임대료 때문에 농민의 수입은 오히려 줄어들었고 생활 형편도 나아지지 못했습니다. 반면 지주는 맘에 드는 소작인을 직접 고를 수 있고 비싼 임대료를 미리 받았습니다. 당시 임대 계약은 대개 구두로 이루어졌기 때문에 소작인이 권리를 보장받지 못하는 경우가 많다 보니 지주와 소작인 사이에 갈등도 자주 발생했습니다.

종합해볼 때 당시 국민당 정권이 타이완에서 토지개혁을 실시하게 된 데는 대내외적인 배경이 있었습니다. 첫째 내전 중인 상황에서 반격에 나서기 위해선 반드시 식량을 비축해야 했고, 둘째 외래 정권으로서 토지에 대한 부담이 비교적 적었고(중국에서는 당원 대부분이 지주였기 때문에 개혁을 시행하기에 어려움이 많았다), 셋째 타이완 농촌의 지주와 소작인 간 갈등을 해소해야 했습니다. 결과적으로 인구의 대다수를 차지

총 5장 33조로 구성된 경자유기전 조례의 시행 초안을 신문에 게재했다.(1952년 12월 3일자 『중앙일보』)

하는 농민이 토지개혁을 지지했기 때문에 개혁은 성공적으로 추진되었고, 그로 인해 국민정부는 안정적인 통치 기반을 이룰 수 있었습니다. 그 밖에 1947년 2·28 사건으로 군대가 지식인, 지방 사신, 상인을 탄압한 뒤 이어진 백색 테러로 인해 타이완 사회의 저항력이 크게 약화된 점도 토지개혁이 순조롭게 추진될 수 있었던 배경입니다.

토지개혁＝정치적 도구

토지개혁의 몇몇 주요 정책에는 통치자의 의도가 담겨 있습니다. 당시에 토지개혁은 1949년의 37.5감세, 1951년의 공유지 매각, 1953년의 경자유기전 정책에 집중되어 있었으며, 정부는 이러한 3대 정책을 계획적이고 일관되게

공유지 임대에 관한 모형(토지개혁
기념관 전시)

37.5감세 제도에 관한 모형(토지개혁
기념관 전시)

검토했다고 밝혔습니다. 그러나 앞서 설명했듯이 국공 내전에 패하고 타이완으로 피신한 국민당 정권으로서는 우선적으로 안정적인 통치 체제를 구축해야 했기 때문에 토지개혁은 순전히 토지 분배에 관한 개혁이라기보다는 시시때때로 변화하는 정치 상황에 대처하는 측면이 강했습니다.

학자들의 연구에 따르면, 전쟁이 끝난 뒤부터 1949년까지 토지 정책의 핵심은 내전 상황에 대비하여 많은 식량을 거둬들이는 데 있었습니다. 국민당 정권은 이러한 요구를 토지개혁과 연계하여 1947년에 식량 매입을 위한 대호여량大戸餘糧 제도를 실시했습니다. 한 해 동안 세금으로 내는 곡식이 1000킬로그램 이상인 농가를 '대호大戸'로 규정하고 대호 농민의 자급용 식량을 제외한 나머지 식량을 통일된 공시가로 사들이는 제도입니다. 그러나 식량 매입가는 낮은 반면 세금 부과액이 높아서 지주의 권익이 침해되었고, 린셴탕을 비롯한 사신 계층이 나서서 이러한 문제를 지적했지만 별 성과를 거두지 못했습니다. 지주들은 착취에 저항하다가 경찰에 체포되지 않으려면 사법 체계의 압력에 순순히 굴복하는 수밖에 없었습니다.

지방의 사회적 경제적 능력이 약화된 점도 토지개혁 정책의 순탄한 환경에 일조했다고 볼 수 있습니다. 예컨대 같은 해 연구와 토론을 거쳐 사유지 조세 감축 정책(소작인이 지주에게 납부하는 소작료 최고 비율을 37.5퍼센트로 규정)을 시행하기 시작했고, 1948년에는 공유지 매각 정책(경작지를 이용하는 소작인이 공유지를 구입하도록 함)을 시행했습니다. 두 정책은 각각 1949년과 1951년에 제도화되었으며 자작농 비율을 높이고 식량 생산량을 증진시키려는 목적으로 추진되었습니다.

오랜 기간 자금 대출과 토지 임대를 통해 세력 기반을 구축한 현지의 지주층은 1950년 말 지방자치 선거에서 많은 의석을 차지할 수 있었습니다. 이러한 결과는 외래 정권인 국민당에게 큰 위협이 되었습니다. 이때부터 정부는 37.5 감세, 경자유기전 등 토지개혁 정책의 방향을 바꾸어 식량을 거둬들이기보다는 농민을 끌어들이고 지주 세력을 약화시키는 데 역점을 두기 시작했습니다. 예컨대 정부는 소작료 연체 규정을 완화하거나 소지주들이 자경自耕 권리를 되찾기 어렵게 만들었습니다. 다만 1955년 37.5 감세 정책의 첫 번째 임대차 계약 만기일을 맞은 소지주에게는 본인이 토지를 회수하여 직접 농사를 지을 수 있도록 허가했습니다. 이렇게 정책을 바꾼 이유는 소지주의 생계를 돕기 위한 것이 아니라 정치적인 필요에 의한 것으로, 토지 정책으로 지주와 농민 간 세력 균형을 조율하여 어부지리를 얻으려는 전략이었습니다. 또한

타이완을 방문한 아이젠하워 미국 대통령은 1960년 6월 19일 연설하는 자리에서 토지개혁을 찬사했다.(1960년 7월 1일자 『평넨』)

국민당은 필요에 따라 지주 계급인 대지주와 소지주에 대해 각기 다른 전략을 취함으로써 통치에 위협이 될 만한 지방 세력은 억압하고 그렇지 않은 세력은 끌어들여 통치에 힘을 보탰습니다. 이처럼 37.5감세 정책부터 경자유기전 정책에 이르기까지 정부의 입장은 전혀 일관되지 않았고, 소지주의 고충도 고려되지 않았습니다. 결국 토지개혁의 3단계 계획은 통치의 이용 도구였을 뿐 결코 계획적이고 일관성 있는 '정책'이 아니었습니다.

토지개혁에 대한 농민과 지주의 반응

국민정부는 토지개혁이 지주의 이익을 보호하고 농민의 세금 부담을 줄인 동시에 사회 빈부격차를 줄여주었다고 주장했습니다. 그 예로 농민은 과거 소작제의 조세 부담에서 벗어나 자작농이 되었고, 대부분 삶의 질이 개선되고 심리적 안정을 얻었으며 지위 상승의 혜택까지 누릴 수 있게 되었다는 것입니다. 그런 이유로 어떤 이들은 토지개혁을 '덕치'로 평가하기도 합니다. 학자들은 정치·경제의 관점에서 국가가 토지개혁을 통해 농업 잉여 생산량을 장악하는 메커니즘을 확보했다고 평가했습니다. 물론 이러한 국가 시스템으로 인해 인구 폭발에 대처할 수 있었으며 농민의 생산에 대한 의지를 높이고 전반적인 농업 생산량도 증가했습니다. 또 지주에게는 공기업의 주식으로 보상하여 지주의 토지 자본을 산업 자본으로 전환하고, 사회의 일반 구매력을 높여 공산품의 내수 시장이 형성되었습니다. 결과적으로 이 모든 작용은 '타이완의 경제 기적'으로 이어졌습니다.

그러나 토지개혁이 농민들의 실생활에 긍정적인 효과만 안겨준 것은 아닙니다. 농민이 토지를 보유하고 생산력과 구매력이 향상된 측면만 보자면 농민이 주요 수혜자인 것 같지만 사실 그들이 보유한 토지는 생계에 보탬이 되지 못했습니다. 시간이 지날수록 농민은 농업만으로는 생활하기 힘들어졌고, 타지로 나가 일자리를 구하는 농민이 많아지면서 농촌에서는 노동력 부족 현상이 나타났습니다. 더욱이 타이완의 인구는 급격히 증가하는데 경작지 단위당 수확량이 인구 증가 속도에 따르지 못하는 상황이 전개되어 농민은 배불리 먹을 수 없었고 삶의 질은 저하되었습니다.

토지개혁 정책의 개혁 대상이었던 대지주와 소지주 또한 큰 충격에 직면했습니다. 대호여량 정책에 따라 정부는 지주의 잉여 식량 수매 단가를 평균 시장가보다 낮게 책정하고 1갑당 수확량을 높게 책정하여 대량 매입했습니다. 자연재해로 인한 농작물 피해를 당한 경우에도 예외 없이 책정된 양을 납품해야 했습니다. 가능한 한 정부에 협력하려는 입장이었던 린셴탕과 같은 대지주(린 씨 개인이 받는 소작료의 농지 규모는 300여 갑이었다)도 정부가 "사람을 두 번 죽인다"고 탄식

1 타이완에서 시행한 경자유기전 정책의 10년 성과 전시회가 지금의 국립역사박물관에서 열렸다.(사진은 국립타이완대학 농업전시관에 전시된 모습)
2 1954년 8월, 정부는 도시 평균 토지권리 조례를 발표했다. 주요 내용은 토지 가격에 따라 세금을 부과하고 가격이 오를 경우 공공소유로 전환한다는 것이다.(사진은 토지개혁기념관 내부에 도시 평균 토지권리 조례의 실시 과정을 전시한 모습)

했습니다. 37.5감세 정책은 토지 가격을 크게 하락시키는 바람에 토지 소유주
의 자산 가치에도 악영향을 끼쳤습니다.

또 다른 예로 핑둥의 쩡위전曾裕振 제사공업祭祀公業〔조상을 모시기 위해 세워
진 특수한 성격의 사회단체로, 송대宋代의 제전祭田에서 유래했다〕이 있습니다. 이들은
건륭 연간에 타이완으로 넘어왔으며 핑둥에 증자曾子 기념사원과 제전〔상전嘗
田, 조상을 모시는 사당이나 묘지를 위한 토지〕 산업을 보유하고 있었고, 부수적으로
투룽젠土礱間(타이완 농촌 지역에서 정미, 농업 대출, 쌀 유통 업무를 담당하는 민간업체)
을 운영하고 있었습니다. 1939년 제사공업은 쩡위전 주식회사를 설립했고,
전쟁이 끝난 뒤 쩡위전 유한주식회사로 개명했습니다. 그런데 지주의 식량을
징수하는 토지개혁 정책으로 회사의 자산 규모가 절반으로 줄었고, 경자유기
전 제도가 시행된 후 토지 가격이 떨어져 더 큰 자산 손실을 당한 상황에서 정
부의 식량 징수에 따라야 했습니다. 그런 한편 고객이 맡긴 쌀을 돌려주기 위
해 토지를 싼 값에 팔아넘겨야 했습니다. 두 제도가 시행되기 전인 1949년 이
회사가 보유한 곡식과 현미는 총 85만3000킬로그램이었으나 토지개혁 실시
후인 1951년 창고에 남아 있는 쌀은 15만 킬로그램뿐이었습니다. 이전 자산
의 17퍼센트밖에 안 되는 수준으로 감소한 것입니다. 토지개혁을 추진한 주
요 인물인 천청陳誠 타이완성 주석은 농민들 사이에서 '주궁청祖公誠'〔'주궁'이
란 명나라 때 지방관리를 지칭하는 말〕이라 불리며 존경받았지만 지주들 사이에선
'제이즈청賊仔誠(도둑놈)'이라 불렸습니다. 일본의 식민 차별 통치에 계속 저항
하던 린센탕은 국민당 정부가 집권했을 때 최대한 정책을 따르려 했으나 토지
개혁에 절망한 나머지 병을 얻었으며, 일본으로 건너갔다가 객사하고 말았습
니다. 이렇듯 지주들에게 토지개혁은 노골적인 경제 약탈이었습니다.

과거에 정부가 즐겨 내세운 주장, 즉 공기업 주식으로 지주에게 보상하고

농업 자본을 산업 자본으로 전환하는 방식에도 문제가 있습니다. 당시 정부
가 지주에게 제공한 토지 수용 배상금 중 70퍼센트는 10년 균등 상환이었고,
여기에 연간 이자율이 4퍼센트인 실물 토지 채권의 경우 일본으로부터 돌려
받은 4개의 공공사업 주식(타이완 시멘트, 타이완 제지, 타이완 공업 및 광업, 타이완
농업 및 임업)으로 일부 지불했습니다. 즉 토지 가격의 30퍼센트를 쌀과 설탕
의 평균 시장가격으로 환산하고 이와 동일한 가치의 공기업 주식을 지급한 것
입니다. 그러나 이들 공기업의 자산은 과대평가됐기 때문에 지주들이 받은
주식은 표면적으로만 징수된 토지 가격과 동등했을 뿐 사실은 그보다 훨씬 낮
은 금액이었습니다. 이 금액 격차에 따라 발생한 거액의 돈은 모두 국민당 정
부의 수중으로 들어갔습니다.

　1954년 4대 기업이 민영화되었을 때 중간층 이하의 지주들은 주식과 채권
의 가치를 믿지 않았으며 공기업을 신뢰하지도 않았습니다. 더욱이 주식을

장제스 국민당 총재가 중앙임시전회에서 국민당 부총통 후보인 천청을 지명했다. 천청은 30표를
얻어 당선됐다.(『중앙일보』중화민국 43년 2월 17일자)

토지개혁기념관 내 경자유기전 전시자료

거래할 수 있는 변변한 플랫폼도 없었기 때문에 보유하고 있던 주식을 헐값에 팔아야 했습니다. 이들의 주식을 매수한 대상은 주로 정보에 밝고 비즈니스에 활발한 중국 관료와 자본가들이었습니다. 결국 4대 기업이 현지 지주들의 재투자처가 될 것이라던 정부의 계획은 이루어지지 못했습니다. 오직 루강구鹿港辜 가문과 가오슝천高雄陳 가문이 일정 지분을 보유하고 있는 타이완시멘트 기업만이 타이완인이 직영할 수 있었고, 나머지 3개 기업은 모두 외성인의 자본이 됐습니다. 대부분의 지주들은 주요 생계유지 수단이었던 토지를 잃고 업종을 전환해야 했으며, 장사에 나섰다가 재산을 탕진한 채 몰락한 경우가 적지 않았습니다.

토지개혁의 본질

여기까지 살펴본 내용만으로도 글 첫머리에 제기한 질문에 대한 답은 분명해 보입니다. 국민당 정부가 시행한 토지개혁은 국공내전에 따른 식량 수요를 충당하고 타이완으로 넘어온 군인과 민간인을 지원하는 동시에 공산당과의 분리를 위한 것이었습니다. 이 정책의 주된 방식은 통치 수요에 따라 식량을 징수하고 지방 세력의 확장을 통제하는 것이었습니다. 세부적으로도 당시 집권층의 필요에 따라 농민이나 지주를 끌어들여 식량을 걷거나 실업 문제를 해결하는 등의 방식을 채택했을 뿐 처음부터 체계적인 계획 아래 추진된 것이 아니었습니다.

토지개혁기념관

　단계적 토지개혁의 성과 역시 정부가 발표한 것과는 달리 지주의 이익을 보호하고 농민의 조세 부담을 낮추지 못했습니다. 오히려 지주와 농민은 정책의 순조로운 집행을 위해 큰 희생을 치러야 했으므로 이를 '덕치'라 평가하기는 어렵습니다. 결국 국민당 정부만 방대한 토지와 산업 자금을 확보하여 안정적인 통치 기반을 확립했으며 지금까지도 그 세력을 떨치고 있습니다.

계엄령 시대,
그리워할 만한 가치가 있을까?

타이완에는 지금도 여전히 계엄 시절을 그리워하는 사람들이 있다. 당시에
는 치안이 좋았고 지금처럼 삶이 복잡하지 않았다고 생각하는 것이다. 계엄
이란 도대체 무엇이고, 어째서 계엄을 선포했을까? 과연 그때가 살기 좋은
시대였을까? 계엄 당시 타이완인의 삶은 어떠했을까?

어둑한 밤이 되자 모습을 드러낸 계엄 체제

계엄이란 전쟁 또는 그에 준하는 긴급 상황에 처하여 군사 기구가 군법으로
써 국민을 관리·통제하고, 시민의 자유로운 행동이나 집회 및 언론에 관한 모
든 권리를 금지하는 체제입니다. 타이완은 1949년 5월 20일 계엄 체제에 돌입
하여 1987년 7월 15일에 비로소 계엄이 해제된, 세계적으로 가장 긴 계엄 기
간을 기록한 국가입니다. 이토록 오랫동안 계엄 체제가 유지된 이유를 알려면
먼저 국공내전 이후 양안兩岸 대립이 형성된 시기를 살펴봐야 합니다.

1949년 국공내전에서 패한 국민당은 타이완으로 퇴각했지만 언젠가 대륙
을 반격하겠다는 의지를 품고 있었으며, 그런 이유로 공산당이 세운 중화인
민공화국과 항상 적대 관계를 유지했습니다. 따라서 타이완은 줄곧 전시 상
태였습니다. 정부는 계엄령을 통해 국민의 행동과 언론의 자유를 통제했고,
간접적으로는 공산주의의 침투와 확산을 방어했습니다.

타이완에서 계엄이 실시되는 38년 동안 사회 분위기는 '초목개병草木皆兵'

臺灣警備總司令部戒嚴佈告

二月二十八日起北臺徒眾乘機搗亂本部爲安定社會宣佈武戒三月一日因省參

議員等及各校員等要求解除戒嚴可鑒於政情非自動緩和之一旦各項違反法紀

件橫被發生且省人公然過激叛亂等情法紀非常通政治更求已極顯諸客凡地此

行動其目的政治已達臺市自三月九日六時政戒進政軍徒經恢企業佔領行此見

警惟護覽常交電工廠勿受脅追追防除亂希乘左各點須切實意行事依法嚴辦

決不稍寬察及通信工商店照常開業務徒乘亂須依法保障人民安

（五）所有規定軍整及食庫之槍械照日耳順違否則膽等究辦

（四）違禁止此鼓搗應即向武戒嚴司令部申請登記否則一經查出按辦

（六）凡我同胞對不法匪徒一起協助政府剿余并予重賞

中華民國三十六年三月

兼總司令 陳

儀

타이베이 2·28기념관에 타이완 경비총
사령부가 계엄령을 선포한다는 소식을
개재한 신문이 전시되어 있다.

의 두려움으로 가득했으며, 국민은 전쟁이 언제 닥칠지 알 수 없는 긴장 속에서 살아가야 했습니다. 야간 통행금지 제도로 인해 국민은 활동의 제약을 받았을 뿐만 아니라 자유롭게 해외에 나갈 수도 없었습니다. 정부는 집회, 출판, 뉴스 등의 활동을 엄격히 심사하고 감독하여 행여나 사회주의, 공산주의라는 용어가 사회에 퍼지지 못하게 했습니다. 이런 체제는 많은 웃음거리가 되었습니다. 예컨대 정부는 마르크스(마크)와 같은 이름을 쓰는 미국 작가 마크 트웨인Mark Twain이 공산주의를 창시한 카를 마르크스Karl Marx에 동조하는 인물로 인식될 것을 우려하여 그의 작품 출판을 금지시켰습니다.

타이완이 계엄을 해제한 지 30년 가까이 되었지만 지금도 타이완 사회에는 계엄 시절의 잔재가 남아 있습니다. 예컨대 대학 사회의 교관은 계엄 시기에 군이 학교에 개입하던 유습으로, 여러 대체 방안이 있음에도 불구하고 교관 존폐 문제가 언급될 때마다 학교 안전을 위해 교관 제도의 존속을 원하는 이들이 많습니다. 1987년 계엄령에서 벗어났음에도 불구하고 기나긴 계엄 체제를 살았던 사람들의 마음은 여전히 계엄 시절에 있는 듯합니다.

백색 테러:
모두의 마음속에 작은 '경총'이 있었다

1949년 타이완에 들어온 국민당은 중국공산당과의 전쟁에 대비하는 한편 공산주의가 타이완 사회에 퍼지지 못하게 하기 위해 정보기관을 통해 국민의 말과 행동을 감시했습니다. 특히 타이완에 침투한 공산당 스파이가 사회 전복을 꾀하지 못하게 하는 데 집중한 결과 계엄 시기 공산당 활동에 참여한 많은 이들을 적발했습니다. 그러나 수많은 무고한 시민이 모함을 얻어 투옥되었으며, 심지어 비밀재판을 받거나 총살당하는 경우도 적지 않았습니다. 당시 총살당한 수많은 정치범의 사체는 화장 처리되어 타이베이 류장리六張犁 뒷산에 대충 매장되었습니다. 1993년이 되어서야 '타이완지구 정치수난인 상조회'에 의해 유골이 발견되어 유족의 품에 돌아갈 수 있었습니다.

계엄 시절 국민당 정부는 모든 정부 기구와 민간단체에 정보통을 심어두고 그들의 일거수일투족을 감시했으며, 국민에게는 서로 감시하고 고발할 것을 권장했습니다. 당시 분위기는 "공산당 앞잡이가 네 곁에 있으니 조심하라"는 표현보다는 "고발자가 네 곁에 있으니 조심하라"는 말이 더 어울리는 상황

타이완경비총사령부

과거 타이완인들이 두려워하던 '경총警總'의 정식 명칭은 '타이완경비총사령부'로, 1945년 충칭에서 설립됐다. 처음에는 타이완을 접수하고 치안을 유지하기 위해 만들어진 조직이었으나 이후 1958년부터는 계엄 업무를 책임지고 정보 수집, 출입국 관리 통제, 우편 및 전신 조사 등 방대하고 복잡한 치안·보안의 임무를 맡았다. 계엄 시기 정부의 중요한 정보 치안 기구 중 하나였던 경총은 당시 '100명의 목숨이 희생되더라도 한 명을 놓치지 않겠다'는 원칙 아래 수많은 이에게 누명을 씌웠고, 개중에는 경총에 끌려가 심문을 받은 뒤 행방불명된 이들도 있었다. 사람들은 의심과 두려움 속에서 자기도 실종되거나 죽음을 당하지 않을까 걱정했다. 그리고 마음속에 작은 경총이 들어앉은 듯 자기의 언행을 스스로 검열하는 버릇이 생겼다.

옛 군사법정(현 징메이景美 인권문화단지 안)의 담장에 새겨진 표어 '공정염명公正廉明'

계엄 시절. 징메이구치소에는 수많은 정치 수난자가 수감되어 있었다. 현재 구치소에는 옛 수난자들의 이름이 새겨져 있다.

이었습니다. 사람들은 점점 동료나 친구와 정치 이야기를 나누기를 꺼려했으며 자신의 언행을 검열하기 시작했습니다. 정치 수난자의 가족 중에는 이제 노년이 되어 과거 시절의 기억을 대부분 잃었으나 경총에게 사찰 당한 기억은 또렷이 간직한 경우를 볼 수 있습니다. 이렇듯 백색 테러는 수많은 가정을 파탄에 이르게 했을 뿐만 아니라 이들을 사회의 감시 속에 고립시켜버렸습니다. 그보다 더 중요한 것은 사람과 사람 사이에 불신하는 경향이 생겨났으며 모두의 마음속에 두려움이 뿌리를 내리게 되었다는 점입니다.

당근과 채찍 중 당근

국민당은 타이완에서 집권하는 동안 2·28 사건, 백색 테러 등 심각한 인권 침해 사건들이 발생했음에도 불구하고 오랫동안 무너지지 않고 합법적으로 정권을 유지할 수 있었습니다. 이는 엄격히 언론을 통제했기 때문이기도 하지만 국민당에 동조하는 사람들을 끌어들이는 제도적 뒷받침이 있었기 때문입니다. 타이완의 여러 민족과 단체에 대한 격려·통제·동원 시스템을 체계적으로 구축하여 충실한 지지자들을 길러냈습니다. 예컨대 국민당은 2·28 사건 당시 일본 시대에 활동했던 엘리트들을 제거하고 본성인 가운데 부유한 지방 인사들을 입당하도록 했습니다. 또한 농회農會 또는 수리회水利會 인사들을 장악하고 이 단체들을 민중 동원 조직으로 양성했습니다. 이 단체 조직원들은 선거를 치를 때 표를 매수하거나 득표수를 조작하거나 전기를 차단하는 방법을 동원해 친 국민당 후보를 당선시켰습니다.

또한 국민당은 '중산中山 장학금'이란 제도를 통해 가난하지만 성적이 우수한 학생의 입당을 독려했습니다. 중산 장학금을 신청한 학생에게는 해외 유학의 기회를 주었고, 학업을 마치고 돌아오면 국민당 내부인사로 발탁하거나 정계와 학계에 자리를 제공했습니다. 그러나 이 제도는 나라 밖에서 국민당에 반대하는 인사들을 공격하는 도구로 전락했습니다. 즉 장학금을 받은 일부 유학생들은 국민당 정부를 비판하는 동료들을 감시하는 스파이 활동을 했고, 이분자로 고발당한 사람은 블랙리스트에 올라 오랫동안 고국으로 돌아올 수 없었습니다.

이 밖에도 외성인들이 거주하던 쥐안촌眷村[1949~1960년대까지 중국 대륙 각지에서 타이완으로 넘어온 중화민국 군대와 군부가 조성한 마을]도 국민당의 주요 동원 대상이었습니다. 전후 국민당은 특별한 방식으로 쥐안촌 주민들을 관리했으며, 군대와 당의 제약을 받으며 생활한 이곳 주민들은 한동안 타이완 사회에서 격리됐습니다. 국민당의 관리에 의존하여 살 수밖에 없었던 이들은 외부와 교류하기도 어려웠습니다.

진마金馬 지역은 무려 43년간 군사계엄 상태였다. 해변에 중국군의 상륙을 방지하기 위한 궤이타오자이軌條砦가 설치되어 있는 샤오진먼小金門 솽커우雙口 해변.

미소 냉전은
왜 타이완에 영향을 끼쳤을까?

타이완의 제도와 문화는 미국과 비슷한 면이 많다. 예컨대 보행 방향, 도로 표지판, 회계 시스템이 같다. 또 지금은 별것 아닌 밀가루 제품, 우유, 코카콜라도 미국의 원조를 받던 시절에 유행하기 시작했다. 미국의 원조를 받은 이유, 미국 문화가 타이완에 유입된 경로, 전후 미국이 타이완 정치에 끼친 영향 등이 모두 제2차 세계대전 이후 미소 냉전에서부터 시작한다.

냉전 체제:
엉클 샘과 전투 민족 간의 각축전

나치 독일에 맞서 동맹을 맺고 싸웠던 미국과 소련은 제2차 세계대전 이후 적대하는 관계로 돌아섰습니다. 그리고 이 두 국가를 중심으로 세계는 자본주의와 공산주의로 대립하는 양상이 전개되었습니다. 1947년부터 시작된 이 대립 구도는 1991년까지 이어졌으며, 그동안 양국 사이에 전쟁이 일어나지 않았기 때문에 이 기간을 '냉전冷戰'이라 합니다.

냉전 체제 아래 공산주의 국가로는 소련을 비롯한 중국과 북한 등이었고, 자본주의 시스템을 대표하는 국가로는 미국을 비롯하여 북대서양 조약을 체결한 서유럽 국가가 이에 포함됐습니다. 그 밖에도 미국은 경제적 군사적 원조의 방식으로 아시아 지역의 국가(중국 주변 국가인 한국, 일본, 타이완, 필리핀, 인도, 파키스탄 등)를 적극적으로 끌어들여 중국·북한·베트남의 공산주의가 외부로 확산되지 못하도록 둘러쌌습니다. 1991년 소련의 붕괴로 냉전 체제가 종식되자 이후 국제 정세는 새로운 국면으로 들어서게 됩니다.

냉전 시기, 미국의 원조

2차 세계대전 이후 소련과 대립 구도에 들어선 미국은 전쟁의 여파로 경제 침체를 겪고 있는 유럽에 공산주의가 퍼질 것을 우려하여 1947년 유럽 부흥 계획을 제시했습니다. 1년 뒤 미국 의회는 대외원조 안건을 통과시킴으로써 유럽 부흥 계획의 실행 근거를 마련했습니다. 그리고 미국은 중화민국이 중국의 공산주의 세력에 대항하기를 바라는 뜻에서 중화민국을 대외원조 수혜국에 포함시키는 법안(4조)을 마련했습니다. 사실 미국은 1948년 중화민국에 대한 원조 계획을 중지했다가 1950년 한국전쟁이 발발하자 중화민국에 대한 입장을 다시 바꾼 것입니다.

　미국의 대외원조 프로젝트는 상당히 복잡해서 경제협력 본부를 만들어 이에 관한 포괄적인 계획을 세워야 했습니다. 중화민국 역시 행정원 아래

1960년 6월 18일 아이젠하워 미국 대통령이 타이베이를 방문하자 신문은 양국의 우정을 대대적으로 보도했으며, 이 기회를 틈타 광고를 게재한 업체도 있었다.(1960년 6월 18일자 『중앙일보』)

미국 원조 운영위원회를 설치하여 원조 업무를 맡겼습니다. 1950~1965년까지 미국은 총 15억 달러를 중화민국에 지원했으며 농업 및 공업 간 기술 교류·군사·식량·교육·문화·의료 등의 분야에 대한 실질적 지원 프로젝트가 전개되었습니다.

냉전 시기 아이젠하워 미국 대통령이 타이완을 방문하여 중·미 공동방위조약의 중
요성을 재차 강조했다.(『중앙일보』, 1960.6.18)

미국이 타이완을 원조한 배경에는 타이완을 반공反共 동맹으로 만들기 위
한 정치적 계산이 있었습니다. 사실 미국은 타이완이 문화, 교육, 일상생활에
서 미국식 삶의 가치를 받아들여 모든 영역에서 미국을 추종하고 미국이 제
공하는 자원에 의존하게 되기를 바랐습니다. 따라서 원조 사업이 본격적으로
시행되자 매우 다양한 방법이 구체적으로 동원되었습니다. 예컨대 미국의 밀
을 타이완에 대량 지원하여 타이완을 충성스러운 미국 농산품 소비자로 만들
었으며, 전문 인력을 현지에 파견하여 다양한 밀가루 음식 요리법과 이점을
적극적으로 알렸습니다.

미국은 타이완뿐만 아니라 일본과 한국에도 비슷한 전략을 구사했습니
다. 전쟁 후 동아시아 지역에서 밀가루, 소고기, 우유를 먹게 된 것은 사실
1950~1960년대 미국의 의도적인 원조 지침과 밀접한 관련이 있었습니다.

1 한국전쟁 발발 후 보도된 뉴스. 타이완도 최종 결정을 기다리며 한국에 병력을 보낼 준비를 하고 있다.(『중앙일보』, 1950.7.3)

2 여러 나라가 한국에 대한 지원을 지지하다.(『중앙일보』, 1950.7.4)

한국전쟁

한반도는 1945년 제2차 세계대전이 끝날 때까지 일본의 식민 통치를 받았고, 이후 미국과 소련이 북위 38도를 경계로 각각 남한과 북한을 점령했다. 1948년 남·북한에 각각 정권이 수립된 후에도 양측은 한반도 통일을 원했기 때문에 갈등이 끊이지 않았다. 1950년 6월, 북한은 소련과 중화인민공화국의 지지 아래 남한을 공격했고, 남한은 유엔군의 지원을 받아 반격을 시작했다. 1953년 7월 휴전 협정을 체결할 때까지 양측의 팽팽한 대치가 이어졌다. 한반도는 현재까지도 분단 상태를 유지하고 있다.

이 전쟁은 당시 동아시아의 상황을 변화시켰다. 미국은 원래 중국의 국공 분쟁에서 손을 떼기로 결정했지만, 한국전쟁이 벌어진 틈을 타 중화인민공화국이 타이완을 공격할 것을 우려하여 제7함대로 타이완해협을 봉쇄했다. 미국이 중화민국(타이완)에 대한 원조를 재개함으로써 국민당은 오늘날까지 정치 생명을 유지할 수 있었다.

타이완 농업전시관은 미국의 원조로 지어진 학교 건물이다.

둥하이東海대학 캠퍼스 내 보행자 전용로인 문리대도文理大道. 닉슨 미국 부통령은 타이완을 방문했을 때 중미 교육 협력을 상징하는 둥하이대학 착공식에 참석했다.

이 기간에 미국은 군사 지원 프로젝트로 타이완에 군대를 파견하기도 했습니다. 이는 주변 지역의 풍경까지 바꿔놓았습니다. 타이베이의 톈무天母와 가오슝의 치셴로七賢路에는 미국 스타일의 상점과 바가 많이 들어섰고, 두 곳 모두 지금까지도 이국적인 문화를 지닌 장소로 알려져 있습니다.

타이완 학생들의 미국 유학을 장려하는 차원에서 교육 보조금을 제공하는 것 또한 미국 원조 사업의 하나였습니다. 당시 대학 졸업 후 장학금을 신청해 미국으로 유학을 떠나는 학생들이 많아서 "타이완 대학에 와서 미국으로 간다來來來 來台大, 去去去 去美國"는 말이 생겨날 정도였습니다. 학생들 중 일부는 미국에 남아 취업했고 일부는 학업을 마친 뒤 돌아와 정계와 학계에서 중요한 역할을 맡게 됐습니다. 사실 오늘날 타이완의 사회, 교육, 문화 시스템과 발전은 당시 미국이 시행한 교육 원조 사업과 밀접한 관계가 있습니다.

타이완의 경제 발전은 기적일까?:
전후 타이완 경제 발전의 원인과 성찰

전쟁이 끝난 뒤 타이완은 매년 8퍼센트 이상의 경제 성장률을 달성했다. 국
민소득도 100달러에서 1만 달러로 증가하여 '아시아의 네 마리 용'(한국·싱가
포르·타이완·홍콩) 반열에 오르면서 모범적인 개발도상국으로 평가되었다. 그
러나 급속한 경제 성장 이면에는 반성해야 할 부분도 있다.

전후, 타이완의 경제 성장 단계

1950~1990년대에 정부는 재정 및 경제 정책 개혁을 강력히 주도해 타이완
경제의 고속 성장을 이뤄냈습니다. 통계에 따르면 1990년까지 타이완은 매년
평균 8퍼센트 이상의 경제 성장률을 기록했고 100달러 수준이던 국민소득은
1만 달러까지 증가했습니다. 게다가 타이완에서는 소득분배 불균형, 높은 실
업률, 해외 채무의 축적, 인플레이션 등 경제 고속 성장에 수반되는 부정적인
영향도 발생하지 않았습니다. 그러자 해외에서는 타이완의 성장을 모범 사례
로 꼽으면서 '경제 성장의 기적'이라고 했습니다.

　실제로 1970년대 말 경제협력개발기구OECD는 아시아, 라틴아메리카와 남
부 유럽의 수십 개 국가를 신흥공업국으로 지정했습니다. 이들 신흥공업국은
선진국이 노동집약형 산업을 개발도상국으로 이전하는 기회를 이용해 막대
한 해외 자금과 기술을 유치했으며, 경제협력개발기구는 신흥공업국들이 선
진국 경제에 끼치는 파급 현상을 주시했습니다. 그러나 두 차례의 석유 파동

을 겪은 후 라틴아메리카와 남부 유럽의 신흥공업국들은 막대한 외채를 떠안고 경제 침체기를 벗어나지 못한 반면 아시아의 한국, 홍콩, 싱가포르, 타이완은 적절한 경제 정책을 통해 불황을 극복하고 성장을 이어 나갔습니다.

일반적으로 학자들은 전쟁 후 타이완의 경제 성장을 4단계로 구분합니다. 초기의 발전 단계는 1950~1960년대로, 정부는 토지 개혁을 통해 농업 생산에 대한 농

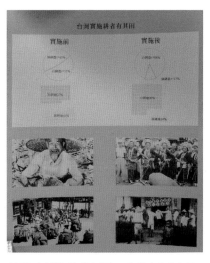

1952년 11월, 경자유기전 조례 실시 초안이 통과되자 정부는 임대 초과 경지를 지주로부터 강제 회수해 일반 농민들에게 싼값에 넘겼다.

민들의 의지를 고취하고 비료 환곡 제도를 도입하여 잉여 농산물을 거둬들였습니다. 그 덕분에 농업은 매년 평균 4~5퍼센트 비율로 성장했고, 타이완 경제 성장을 지탱하는 원동력으로 작동했습니다. 당시의 산업은 타이완 현지 시장 활성화에 목표를 둔 수입대체형 공업화 중심이었습니다. 그러나 미국이 배합 원료를 보호하는 세이프가드(긴급수입제한 조치)를 취하자 타이완 국내 시장은 급속히 포화 상태에 이르렀고 실업과 무역 적자가 발생했습니다. 두 번째 단계는 1960년대부터 1973년까지의 고속 성장 시기입니다. 타이완 정부는 세금 제도와 금융 규제를 점차적으로 철폐하고 수출 인센티브 정책을 도입하여 저임금으로 외자를 유치했으며, 수출가공 구역을 조성하여 경쟁 우위를 확보했습니다. 즉 외국인 투자, 저렴한 노동력, 수출이라는 세 가지 무기가 고속 경제 성장을 이끌어냈습니다.

2차 석유 파동 이후 타이완은 다시금 경제 전환의 단계로 들어섰습니다. 주된 원인은 저임금 노동집약형 수출가공업의 성장과 함께 국민소득이 증가하고 임금 수준도 향상됨에 따라 수출가공업의 국제적 경쟁력이 저하된 데다 동남아시아의 추격과 중국 본토의 개방 정책이 전개되었기 때문입니다. 이에 타이완은 기술 집약형 고부가가치 산업 전략을 세우고 과학기술 단지 건설에 착수했습니다.

경제 성장을 위해 국제 정세의 변화에 잘 적응하는 것도 중요하지만 그러한 변화에 즉각 대응할 수 있는 전략을 마련하는 것도 무척 중요합니다. 타이완의 고속 성장의 원인에 대해서는 다양한 해석이 있는데, 몇 가지 견해로 요약해볼 수 있습니다.

비교적 안정적인 정치 상황

1949년 중앙정부가 타이완으로 옮겨지고 인구가 늘어나자 당국은 효율적인 통치를 위해 강권 정치로써 타이완 사회를 안정시켰습니다. 또한 장제스 총통은 관직에서 물러나기 전 비밀리에 위훙쥔俞鴻鈞 중앙은행 총재에게 대량의 금을 타이완으로 운송하도록 지시했는데, 이후 이 금은 경제 붕괴를 막을 수 있는 통화준비금으로 사용되었습니다. 그리고 인중룽尹仲容, 쉬바이위안徐柏園, 옌자간嚴家淦, 리궈딩李國鼎 등 정부 내부의 엘리트 경제 관료들은 일련의 경제 건설 계획을 추진했습니다.

타이완뿐만 아니라 동아시아의 신흥공업국인 한국, 홍콩, 싱가포르에서도 강권 체제의 경제 개발이 이루어졌습니다. 일부 학자들은 이러한 명령 하달식의 수직적 경제 발전 방식에 대해 독재형 개발 모델 또는 개발형 국가라는 용어를 써서 정부가 정책적으로 경제 발전에 개입하는 형태를 설명하고 있습니다. 이러한 경우 경제의 안정적인 발전을 위해 반체제 세력을 억압하여 사회 안정을 도모하는 등 모든 에너지를 경제 발전에 집중시키는 경향을 드러냅니다.

미국 원조 자금의 효과적인 사용

1950년 6월 한국전쟁이 발발하자 미국은 냉전 상황을 재검토하면서 공산주의를 봉쇄하는 주요 동맹국에 중화민국을 포함시키고, 1951~1965년까지 실질적인 물자 원조와 군사와 경제 원조 방식으로 매년 약 1억 달러를 제공했습니다. 정부는 이 자금을 이용해 시기별 4개년 경제 건설 계획을 수행하고 전력망·철도망·도로망 등의 인프라를 개선함으로써, 생산력을 전쟁 전 수준으로 회복시키고자 노력했습니다. 그런 다음 인플레이션을 억제하고 비료와 식량과 같은 민생 자원을 공급했으며 안정된 사회 환경을 조성했습니다. 또한 석유화학 산업과 같은 민간 분야의 기업 발전을 지원하기 위해 다양한 계획을 세우고 소규모 대출을 제공했습니다.

경제 성장을 이끄는 중소기업

학자들의 분석에 따르면, 전후 타이완의 경제는 공기업과 민간 중소기업이 공존하는 구조를 이루고 있었으며 공기업이 국내 시장을 장악하고 있었기 때문에 중소기업은 수출 시장으로 눈을 돌릴 수밖에 없었습니다. 정부의 경제 정책 조정에 따라 수입대체형 성장 전략에서 수출주도형 성장 전략으로 전환되던 때 국영 기업의 적응 속도를 뛰어넘는 것이 바로 민간기업이었습니다. 따라서 타이완 경제 성장을 이끄는 원동력은 중소기업이라는 게 학자들의 일반적인 시각입니다. 특히 제조업 중심의 기업들은 규모는 작지만 다양한 상품과 서비스를 제공하는 방식으로 세계 동향에 적절히 대응하여 규모를 키워 나갔습니다. 또한 국민에게 다양한 취업 기회를 제공하여 국민소득과 가계 수입을 증가시켰으며, 무엇보다도 외자 유치를 통해 타이완 경제 성장에 크게 기여했습니다. 이와 같이 기계·기술·원료 또는 반제품을 수입해 값싼 노동력으로 조립한 제품을 미국 시장에 재판매하는 방식으로 외화를 벌어들인 중소기업은 타이완 경제 기적의 주체로 평가받고 있습니다.

효과적인 인적 자원의 활용

1950년대 후반 타이완에 산업화가 진행되면서 비농업 취업 인구가 크게 증가했으며 많은 사람들이 농촌에서 도시로 이주했습니다. 1968년부터 시행된 중등 의무교육으로 양질의 교육을 받은 노동자들이 늘었으며, 일본 기술을 도입한 많은 중소기업이 값싼 인적 자원을 발판으로 삼아 수출 위주의 섬유, 플라스틱, 시멘트, 합판, 가전 및 전자제품 등 노동집약형 산업을 발전시켜 세계 각국으로 수출했습니다.

1966년 12월, 타이완 경제부는 가오슝을 수출가공구export processing zone(EPZ)로 지정했습니다. 정부는 이 지역에 많은 제조업체를 입주시키기 위해 세금 면제 또는 저금리 수출 대출 등의 혜택과 저렴한 노동력을 제공하는 조건으로 기술 협력이나 전략적 제휴를 유도했습니다. 그 결과 타이완은 노동집약형 가공 수출 산업 부문에서 국제적으로 중요한 지위를 획득했습니다.

미국, 일본, 타이완의 트라이앵글 무역 네트워크

타이완은 국내 시장 규모가 작기 때문에 정부는 수출 무역을 지향하는 중소 기업들이 해외 시장에 진출할 수 있도록 배려했습니다. 그러나 대외 무역을 추진하는 과정에서 무역 적자, 인플레이션, 실업, 재정 적자, 통화가치 하락, 해외 부채 축적 등의 문제가 빈번하게 발생했습니다. 전쟁 직후 타이완은 외환 및 재정 부족에 시달린 데다 정치적 환경도 불안정했기 때문에 정부는 수입 제한과 외환 배정 제도를 시행하는 수입대체 정책을 펼쳤습니다. 1950년 대 미국의 원조를 받기 시작하면서부터는 원조금의 일부를 군사비로 책정하고 나머지는 경제 건설 계획, 인프라 건설, 기업 발전 지원에 투입했습니다. 미국의 원조가 끝날 무렵에 이르러 정부는 지금까지의 산업 보호 정책을 두고 고심할 수밖에 없었습니다. 타이완의 국내 시장 규모는 작고 자금은 부족한 데 세금 부담이 높은 편이어서 제때에 정책 수정을 하지 않으면 경제 침체에 빠질 수 있었기 때문입니다.

1960년대부터 타이완 정부는 환율을 단순화하고 수출 투자를 지원했으며, 값싼 노동력을 필요로 하는 노동집약형 산업을 육성하여 산업 전환에 성공했습니다. 이 시기 일본은 타이완 경제 성장에 중요한 역할을 담당했습니다. 일본이 자체 기술을 이웃 국가인 한국과 타이완으로 이전함에 따라 타이완은 노동력 기반 수출 위주의 산업 발전을 꾀할 수 있었습니다. 이렇게 생산한 완제품을 미국 시장으로 수

최초로 회사 캐릭터 인형을 이용해 전자제품 마케팅을 진행한 다퉁 기업. '다퉁 바오바오寶寶'는 다퉁 기업의 대표 이미지다.(후원 칭 촬영)

출함으로써 미국, 일본, 타이완 간 트라이앵글 무역 순환 네트워크가 형성되었습니다. 전후의 가전 산업을 예로 들자면, 일본 자본을 끌어들여 타이완에 협력 공장을 설립한 뒤 일본에서 들어온 부품을 조립하여 해외로 수출하는 방식입니다. 거린歌林, 다퉁大同 등의 기업이 당시 이런 방식으로 성장했습니다.

요컨대 타이완 경제 발전의 핵심 요인은 미국, 일본, 타이완의 트라이앵글 무역 순환 네트워크를 통해 외자를 유치하고 세계 시장을 개방한 것입니다. 사실 타이완 내의 수많은 중소 수출기업은 정부로부터 충분한 지원과 보호를 얻기 힘들었기 때문에 공기업이나 대기업보다 유연한 경쟁력과 조직 능력을 향상시킴으로써 수출 위주의 대외 무역에서 더 많은 기회를 얻을 수 있었습니다.

외국인 투자

정부는 타이완으로 이주한 직후 외국인 투자 조례와 화교 귀국 투자 조례를 제정해 화교와 외국인 자본을 타이완으로 끌어들였습니다. 그러나 일부 품목은 수입이 규제되었고 투자 규정도 완비되지 않아 외국인 투자는 민간기업까지 이어지지 못하고 거의 공기업에 쏠렸습니다. 1960년대부터 정부는 기존의 규제를 철폐하는 것 외에 투자 인센티브 제도를 만들었으며, 1962년 기술협력 조례를 마련하고 환율을 단순화해 해외 자본 기업이 국내에서 기업 활동을 할 수 있도록 허가했습니다.

타이완의 외국인 투자 유형은 화교 투자와 외국인 투자로 나눌 수 있습니다. 화교 투자는 상대적으로 규모가 작고 첨단 기술이 투입되지 않는 시멘트, 섬유, 건축 그리고 금융 관련 산업에 치중되었습니다. 반대로 외국인 투자는 규모가 큰 전자산업, 화학, 기계 분야에 집중되었으며 주요 투자국은 미국과 일본이었습니다. 타이완의 경제는 미국·일본 간의 국제 분업 시스템 속에서 성장했습니다. 일본으로부터 부품을 수입해 완제품으로 가공한 뒤 미국으로 수출하는 방식의 순환 시스템이 성장 동력이 되었던 것입니다. 타이완의 기술과 자본은 모두 이 트라이앵글 무역 네트워크가 있었기에 발전할 수 있었습니다.

타이완 경제 성장에 대한 반성

이와 같은 몇 가지 기회를 잡아 타이완 경제는 빠르게 성장해 매년 8퍼센트 이상의 경제 성장률을 달성했습니다. 국민소득도 100달러에서 1만 달러로 증가하여 '아시아의 네 마리 용' 반열에 오르면서 모범적인 개발도상국으로 평가됐습니다. 그러나 이러한 고속 성장의 이면에 정치와 환경이라는 의제는 숙고할 점으로 남겨졌습니다. 안정적인 정치는 경제 발전의 필수 조건이었기 때문에 1950년대 전시 체제가 시작되자 국민의 정치 참여권을 비롯한 집회·언론·출판 및 정당 조직의 권리가 엄격히 제한되었습니다. 당시 타이완 경비 총사령부는 재판을 거치지 않고 시민을 체포하거나 투옥시키는 등 공포 정치를 자행했습니다. 결국 국민은 높은 수준의 경제 성장이 가져온 혜택을 누릴 수는 있었지만 헌법이 부여한 정치 권리는 포기해야 했습니다.

또한 꽤 오랫동안 국민당과 외성 출신의 정치 엘리트들이 국가 권력을 장악하고 있었습니다. 예를 들어 입법위원은 재선거가 불가능한 '만년 국회'였습니다. 지식인들은 정부의 비민주적인 정치 행태를 비판하는 가운데 『쯔유중귀自由中國』를 시작으로 『원싱文星잡지』『메이리다오美麗島』잡지를 잇따라 발간했지만, 이 잡지들은 정부를 비판했다는 이유로 출판이 금지되었습니다.

그런 가운데 캉닝샹康寧祥이 주도한 당외黨外 운동은 민주주의 쟁취를 위한 운동으로 발전했습니다. 이렇듯 경제 발전의 이면에는 헌법이 국민에게 부여한 각종 권한에 대한 희생이 있었습니다.

또한 초기에 정부는 산업 발전에 따르는 환경오염 문제에 관심을 기울이지 않았으며, 환경보호 기관이나 관련 법령을 무시한 채 산업 개발로 인한 오염을 제한하지 않았습니다. 그러나 국민소득이 증가하면서 점차 삶의 질에 관심을 갖기 시작하는 사람이 늘어나기 시작했습니다. 1979년 장화현 시후溪湖 마을의 쌀겨 기름 중독 사건, 1982년 타오위안桃園현 관인觀音마을에서 가장 처음 일어난 카드뮴 쌀 오염 사건, 뿐만 아니라 공장 폐기물 배출로 인한 오염 현상이 잇따르자 비로소 정부와 국민은 고도 경제 성장이 야기한 환경 문제에 관심을 보이고 삶의 질에 대한 인식을 갖기 시작했습니다. 1986년 환경 문제에 목소리를 내는 사람들이 늘어나던 중 미국 듀폰 기업의 투자를 받아 건설하기로 예정된 장빈彰濱 공업단지 계획이 언론에 보도되자 루강鹿港 주민들이 집단 저지에 나섰습니다. 이는 시민의 항의로 취소된 첫 번째 투자 계획이었습니다. 이 밖에도 이란宜蘭 지역 류칭六輕 정유공장 건설 계획 역시 그 지역 현장인 천딩난陳定南의 반대로 건설 지역을 윈린雲林으로 변경했습니다.

타이완 행정원은 개발 과정에서 발생한 오염 문제를 해결하고 점차 높아지는 환경 의식에 대응하기 위해 1987년 8월 정식으로 환경보호청을 설립하여 중앙정부 차원에서 환경 관련 문제를 다루기 시작했습니다. 요컨대 경제 개발과 환경 보호는 저울대의 양 끝과 같아서, 어느 쪽에 비중을 둘지는 정부와 국민의 선택에 달려 있습니다.

1 다거우打狗공장의 굴뚝에서 벽돌 굽는 매연을 내뿜고 있다. 일본 시대 총독부는 각지의 건설 수요에 호응하고자 투자금을 걷어 타이완 롄와煉瓦주식회사를 설립했고, 이곳에서 TR마크가 새겨진 벽돌을 대량 생산했다.

2 윈린마이라오雲林麥寮 리우칭 정유공장. 최근 대기오염으로 환경에 심각한 영향을 미치고 있다.

전후 타이완의 문학은
어땠을까?

국민당이 타이완으로 이주하던 1945~1947년 무렵 타이완 문학계는 매우 활기찬 양상을 보이고 있었다. 그러나 '노예화 교육'을 받은 타이완인들을 '교정'하고자 하는 행정장관공서의 계획은 타이완 국민과 일부 외성인 작가들의 반감을 사게 되었다.

전후 타이완 문학:
언어를 초월한 것일까, 언어로 인해 초월한 것일까?

타이완은 전쟁이 끝난 후 짧은 기간, 즉 일본이 항복을 선언한 1945년부터 국민당 정부가 타이완으로 넘어온 1949년까지 4년 동안 '중화민국'의 영역에 포함되어 있었습니다. 여기서 흥미로운 점은 4년이라는 길지 않은 시간이 1947년에 발생한 2·28사건을 기준으로 희망이 넘쳐흐르는 전기와 절망이 가득한 후기로 다시 나뉜다는 것입니다.

국민당이 타이완으로 이주하던 1945~1947년 시기에 인쇄용지의 공급이 불안정한 상황에서도 타이완 문학계는 간행물을 연이어 발행하는 등 활기찬 양상을 보이고 있었습니다. 당시 타이완 국적의 지식인들이 주도적으로 출판한 간행물로는 양쿠이楊逵의 『이양주보壹陽週報』, 천이쑹陳逸松의 『정징보政經報』, 왕톈王添의 『런민도보人民導報』, 린마오성林茂生의 『민보民報』, 리춘칭李純青의 『타이완평론臺灣評論』, 룽잉쭝龍瑛宗이 책임 편집을 맡은 『중화일보中華日報』

의 일본어판 문예 코너가 있습니다. 이들은 작품을 발표하면서 중국 대륙에서 온 작가들과 교류하며 '중국화'에 힘썼습니다. 그러나 좋은 시절은 오래가지 못했습니다. 타이완 사람들이 일본의 노예화 교육을 받았다고 여긴 장관 기구가 '교정'에 나섰고, 이러한 시도가 타이완인과 외성인 작가들의 반감을 불러일으킨 것입니다. 그럼에도 불구하고 장관 기구는 1946년 10월 독단적으로 일본어판 신

양쿠이의 「평화 선언」. 현재 양쿠이 묘비에 새겨져 있다.

문을 폐지한다는 발표를 했습니다. 일제 말기부터 일본어 의무교육이 실시되었던 터라 당시에는 일본어로 소식을 접하는 타이완인이 많았기 때문에 이 조치는 사람들을 다시 문맹의 삶으로 돌아가게 하는 것과 마찬가지였습니다.

식민 시대를 돌아보면, 일본은 50년이란 시간을 투자했음에도 1937년이 되어서야 한문 사용을 전면적으로 금지할 수 있었습니다. 그런데 국민정부는 고작 1년 만에 일본어 사용을 금지하는 명령을 내렸으니 그 엄격함의 정도는 식민지 정부보다 더 심한 것이었습니다. 일본 시대 말기 타이완 작가의 일본어 수준은 이미 일본어를 모국어로 사용하는 사람들과 어깨를 견줄 정도였습니다. 이미 일본어로 글을 쓰고 사고해온 일본어 세대 작가들에게 국민정부의 정책은 치명적인 충격을 안겼습니다.

이와 같은 상황에서도 힘겹게 언어의 장벽을 뛰어넘은 작가들도 있었습니다. 양쿠이, 뤼허뤄 등 작가는 치열하게 중국어를 배워 중문中文을 글쓰기 언어로 바꿔보려 노력했습니다. 아이러니하게도 누구보다 열심히 중국어를 배우던 양쿠이는 1947년 2·28 사건에 연루되어 아내 예타오葉陶와 함께 체포되

었고, 그로부터 1년이 지나 평화 선언 초안을 작성했다는 혐의로 군사법 재판에서 12년형을 선고받았습니다. 뤼허뤄는 2·28 사건 후 좌익 지하조직에 들어가 루쿠무장기지鹿窟武裝基地 사건에 얽혀 갑자기 실종되었습니다. 사실상 일본 시대에 글을 쓰기 시작한 거의 모든 타이완 작가는 2·28 사건 후 붓을 꺾어야 했습니다.

중국 본토 출신 작가들의 활동도 그리 순탄하지 못했습니다. 1946년 명망 있는 학자인 쉬서우상許壽裳은 천청陳誠의 초빙으로 타이완에 와서 타이완성 편집번역관 관장 직을 맡았습니다. 그가 맡은 임무는 타이완인의 '중국화'였습니다. 이 목표를 이루려면 타이완 문화를 재정립할 필요가 있다고 판단한 그는 절친한 벗 루쉰魯迅을 비롯하여 중국 좌익 작가들의 작품을 소개하기 시작했습니다. 본인 또한 타이완 신문에 루쉰에 관한 많은 글을 발표했습니다.

전후 초기만 해도 루쉰에 대한 존경은 언어가 통하지 않는 외성外省 문인들

국립타이완사범대학(저자 촬영)

과 본성本省 문인들 사이에 우정의 다리가 되어주었습니다. 그러나 국공내전이 고조되면서 국민정부가 좌익 사상을 탄압하자 리지예李霽野 등 중국 본토에서 건너온 좌익 작가들은 2·28 사건 이후 중국으로 밀입국했습니다. 타이완에 남기로 한 쉬서우상은 1948년 2월 자택에 침입한 강도에게 살해당했습니다. 의혹이 많은 이 사건에 대해 사람들은 국민당 정부의 스파이가 저지른 짓이라고 여겼습니다. 루쉰과의 우정이 리지예의 죽음을 부른 것입니다. 이 사건은 사회에 큰 충격을 주었고 타이징눙臺靜農, 리례원黎烈文 등 일본 시대 이후 타이완에 남은 문인들 그리고 좌익 세력과 관련 있는 외성인 문인들은 입을 다물 수밖에 없었습니다.

다행히 시대는 단절되지 않고 이어졌습니다. 2·28 사건 이후 한동안 침묵을 지키던 예스타오葉石濤 작가가 다시 일본어로 집필을 시작했습니다. 또 양쿠이의 독려를 받은 장옌쉰이 30∼40명의 젊은 작가들을 모아 '은방울회'를 조직하고 문학 창작활동을 시작했습니다. 이 작가들의 작품은 2·28 사건 이후 가장 중요한 발표 무대인 『타이완신성보臺灣新生報』의 「차오부간橋副刊」〔부간副刊: 북 섹션〕에 실렸습니다. 거레이歌雷 편집장은 타이완 신문학을 재건하기 위해 내성인 작가와 외성인 작가들에게 교류의 장을 제공하기 시작했으며, 이런 취지를 받아들인 주요 작품들이 「차오부간」에 실리면서 타이완 문학 문제에 관한 논의의 장이 형성되었습니다.

허신何欣 전 편집장은 「문학의 시대를 맞이하다」라는 글에서 타이완은 앞으로 일본의 잔재를 뿌리 뽑고 조국의 새 문화를 받아들인 뒤에야 신문학 운동이 시작될 수 있다고 주장했습니다. 얼마 뒤 허신의 주장에 호응하여 「타이완 문예운동을 펼치다」라는 글이 천밍沈明이라는 필명으로 실렸습니다. 그러나 일본 시대 타이완 문학을 일제의 잔재로 보는 시선을 못마땅하게 여긴 작가 왕스랑王詩琅은 「타이완 신문학 운동 사료」를 발표했고, 그와 같은 입장의 랴오위원廖毓文도 「침묵을 깨고 '문예운동'을 논하다」를 게재해 반박했습니다. 또 얼마 뒤 외성인 작가 어우양밍歐陽明이 「타이완 신문학의 건설」을 발표하면서 타이완 문학 논쟁에 불이 붙기 시작했습니다. 대략적인 논쟁의 핵심은 일본 시대의 타이완 문학을 어떻게 평가할 것인가, '타이완 문학'이라는 명칭이 계속 존재할 필요가 있는가 하는 것이었습니다.

논쟁에서 알 수 있듯이 외성인 작가들은 일본 시대의 타이완 문학이 기여한 바를 제한적으로 인정하면서도 특별히 '타이완 문학'이라는 용어로 구분짓지 말고 중국문학 안으로 수렴되어야 한다고 보았습니다. 반대로 타이완 작가들은 타이완이 중국과 다른 역사를 간직하고 있기 때문에 반드시 독립적으로 '타이완 문학'이 존재해야 한다면서 일본 시대 타이완 문학의 가치를 지키려 했습니다.

이 논쟁 과정을 살펴보면 당시 외성인 작가들은 타이완의 독특한 문학 전통에 대해 잘 알지 못한 채 거리낌 없이 그들의 모국어인 중국어로 중국문학의 우월론과 중국문학 지도론을 펼쳤다는 사실을 확인할 수 있습니다. 한편 타이완 작가들은 새로운 '국어'와 사투를 벌이는 가운데 정치적인 선을 넘지 않기 위해 신중을 기해야 했기 때문에 논쟁을 펼치기가 쉽지 않았습니다. 그러나 이런 토론을 바탕으로 점차 타이완 신문학의 핵심을 잡아 나가던 중 유감스럽게도 1949년 4월 4·6 사건으로 「차오부간」의 거레이 편집장이 체포되면서 문학 논쟁은 중단되고 말았습니다. 전후 타이완 문학은 또 다시 심각한 타격을 받게 됐습니다.

내전과 냉전:
전투 문예와 반공 문학

1949년 5월, 국민당이 국공내전에서 계속 패배하여 후퇴하는 가운데 타이완 경비총사령부는 계엄령을 선포했습니다. 그리고 그해 말 국민정부는 타이완으로 '피란'했습니다. 미국은 국민당 정부에 대한 지지를 포기하기로 결정했으나, 1950년 한국전쟁이 발발하자 타이완의 전략적 중요성을 깨닫고 공산당을 봉쇄하기 위해 장제스가 이끄는 국민정부를 다시 지원하기로 했습니다. 미국의 제7함대가 타이완 해협에 도착하고 경제원조 물자가 타이완에 수송되기 시작했습니다. 타이완은 내전이 채 마무리되기도 전에 더 큰 힘겨루기(자본주의와 공산주의 간의 냉전)에 휩쓸리게 되었습니다.

4·6 사건으로 대대적인 체포가 전개되기 전, 경찰과 마찰을 빚은 학생 두 명이 지금의 다안편쥐大安分局에 감금됐다.(저자 촬영)

타이완까지 후퇴한 국민정부는 중국 본토를 잃게 된 결정적인 원인은 '선전'이 부족했기 때문이라고 판단했으며, 타이완에서는 이와 같은 상황을 결코 반복하지 않기로 다짐했습니다. 이에 대대적으로 언론을 통제하고 심사를 강화했으며, '반공반소反共反蘇(공산당 반대, 소련 반대)'를 주제로 한 문화 운동을 제시했습니다. 이로써 정치 권력은 합법적으로 문예 활동에 개입했고 문단 스스로 정치 권력에 호응해야 함을 주장했습니다. 그러한 가운데 '전투 문예'와 '반공 문학'이 탄생했습니다. '문화 청결' 운동이 전개됨에 따라 정부 권력이 문화 영역 곳곳에 침투했으며 '반공' 이 문예 활동의 핵심으로 자리를 잡으면서 대부분의 작품 제재는 중국 본토에 서의 저항 경험이나 '공산당 스파이'에게 공격받은 경험의 범주를 벗어나지 못했습니다. 이런 경험은 타이완 국적 작가들에게 없는 것들이었습니다. 그 결과 중국어 문장을 잘 구사하지 못하는 데다 '스파이 경험'도 없는 타이완 작 가들은 노예화 교육을 받은 작가라는 낙인이 찍혀 점차 문단에서 자취를 감추 게 되었습니다. 당시 문단은 외성인 작가들의 독무대였습니다.

반공 문학은 정치 지도 아래 발생했기 때문에 모든 글들은 정치적 올바름 을 추구했습니다. 다시 말하자면, 서사적으로 새로운 돌파구를 찾지 못했기 에 5년도 못 되어 침체기에 빠져버린 것입니다. 한편 반공 문학이 주류를 이 룬 시기에 글을 쓰기 시작한 여성 작가들은 유랑 후의 정착 생활에 대한 이야 기로 눈을 돌렸고, 이러한 여성 작가의 산문은 타이완 문학사의 새로운 장을 열었습니다. 린하이인林海音과 그녀가 편집을 맡은 『롄허부간聯合副刊』도 문학 사에 새바람을 일으켰습니다. 린하이인은 일본에서 태어난 타이완인으로, 어 릴 적 아버지를 따라 베이징으로 건너갔다가 27년 뒤인 1948년에 남편과 함 께 타이완으로 돌아왔습니다. 이런 특별한 이력 덕분에 그녀는 중국어·타이 완어·객가어를 유창하게 구사할 수 있었고, 성籍과 국적의 경계를 뛰어넘어 여러 작가들과 친분을 맺을 수 있었습니다. 그 결과 『롄허부간』에 타이완 국 적 작가, 여성 작가, 군인 작가, 현대주의 작가의 작품을 실을 수 있었습니다. 그녀의 이런 독창적인 시도를 계기로 타이완 문학은 정부가 설정한 반공의 성 역에서 벗어나 자유로운 글쓰기에 대한 희망을 모색하기 시작했습니다.

향토 문학 논쟁

1950~1960년대 문학의 주류는 항상 반공 문학이었지만 정부의 이데올로기를 건드리지 않으면서 개인의 내면 심리를 묘사하는 현대주의 문학 풍조가 독자적인 영역을 확보하고 있었습니다. 그러나 1960년대 중반 들어 '문학은 현실과 연결되어야 한다'는 주장이 제기되었고, 1977년 왕젠좡王健壯이 책임 편집을 맡은 『선인장仙人掌 잡지』에 왕튀王拓, 인정슝銀正雄과 주시닝朱西寧의 글 세 편이 실리면서 향토 문학 논쟁의 장이 펼쳐졌습니다. 이 논쟁은 원래 문학과 사회 현실의 관계에 대한 토론이었습니다. 그런데 위광중余光中이 「늑대가 왔다狼來了」라는 글을 통해 타이완의 향토 문학은 중국의 공농병工農兵(노동자, 농민, 군인)을 대표하는 문학이라고 비판하자 향토 문학 작가들은 정부가 주도하는 공격에 직면했습니다. 이후 1978년 타이베이에서 열린 국군문예대회에서 국방부 총정전부總政戰部 주임 왕성王昇 상장上將이 "향토에 대한 사랑이 확대된 것이 곧 국가에 대한 사랑이며 민족에 대한 사랑이다"라는 입장을 내놓으면서 향토 문학 비판에 쉼표를 찍었고, 이것으로 논쟁도 일단락되었습니다.

논쟁은 끝이 났지만 향토 문학 논쟁으로 인해 수면 아래 있던 여러 문제가 하나씩 노출되기 시작했습니다. 표면적으로는 현대주의와 향토 문학

1 『선인장잡지』 창간호(왕젠좡 책임 편집)
2 왕튀王拓의 작품 『진슈이 아줌마金水嬸』
　『뉴두강 이야기牛肚港的故事』

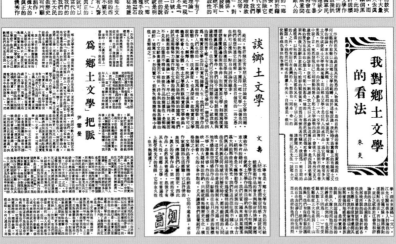

향토 문학에 대한 논쟁이 이어질 무렵 신문에 각계의 의견이 소개되었다. 1978년 국군문예대회에서 공식적으로 향토 문학에 대한 비판 논쟁을 정리하는 글이 발표되었다.(『중앙일보』 북섹션 향토 문학에 관한 담론 지면)

논쟁이었지만 사실상 좌익 중국 민족주의와 타이완 토착주의가 손을 잡고 우익 중국 민족주의와 현대주의에 맞선 큰 싸움이었습니다. 1980년에 들어서자 중국 본토와 타이완의 간극과 충돌은 더욱 두드러졌습니다. 결국 1983년 '타이완 의식 논쟁'이 전개되면서 문인들은 중국에 대한 타이완의 종속 관계를 정식으로 비판하고 나섰으며, 이 논쟁에 자극을 받은 예스타오는 타이완 문학사를 집필하기 시작했습니다. 그리고 1987년 타이완 문학 역사를 체계적으로 소개한 첫 전문서 『타이완문학사강臺灣文學史綱』이 탄생했습니다.

그 후 경제가 빠르게 발전하면서 타이완은 정치적으로는 국제 사회에서 배제되었으나 경제적으로는 세계 경제 시스템에 진입하기 시작했고, 정치에서

타이중 신서우新手서점에 진열된 21세기의 다양한 서적들(신서우서점 제공)

잃은 발언권을 얻어냈습니다. 당과 국가는 타이완 경제의 경쟁력을 높이기 위해 권력을 자유 무역에 넘길 수밖에 없었습니다. 자유 무역이 발전하자 정치적 자유에 대한 갈망이 싹트기 시작했고, 이런 흐름에 떠밀려 국민당 정부는 어쩔 수 없이 현지화와 자유화를 병행하는 정책을 펼쳤으나 이미 정부의 권위는 흔들리기 시작했습니다. 1987년 계엄령 해제는 민주주의 타이완의 시작을 알리는 첫 번째 희소식이었습니다. 이때부터 젠더, 정치, 국가와 민족, 자연, 기록문학, 로맨스, 공상과학, 추리, 오컬트 등 다채로운 주제의 문학작품이 쏟아졌습니다.

계엄령 해제와
민주화를 추진한 장본인은 장징궈였을까?

타이완은 1991년 '동원·반란 진압 시기' 임시조례가 폐지된 후에도 여전히 임시계엄을 실시하다가 1992년 11월 7일에서야 임시계엄과 전시 체제를 해제했다. 이로써 43년이라는 군사계엄 기간은 세계적인 기록으로 남았다. 이는 자유는 쉽게 얻을 수 없음을 일깨워주는 교훈이다.

초기의 작은 불씨

1987년 군사계엄령을 해제하여 세계에서 가장 긴 계엄 기간을 끝낸 타이완은 이후 30년 동안 총통 직선, 정당 교체, 국민 정치를 거치면서 어느 정도 민주화의 성과를 거두었습니다. 그런 이유로 타이완의 민주화 과정에 관한 토론에서는 계엄령을 해제하고 정당 조직이나 보도 금지에 관한 법을 폐지한 장징궈蔣經國 총통이 항상 언급되고 있으며, 그가 바로 타이완 민주화를 이끈 핵심 인물이라고 평가하는 사람이 많습니다. 물론 장징궈는 당시 총통으로서 가장 강력한 권력을 쥐고 있었기 때문에 그의 동의를 거치지 않고서는 이러한 정책이 실현될 수 없었을 것입니다. 그러나 최종적으로 계엄령을 해제한 인물보다는 그러한 사회 분위기를 조성하여 의사 결정권자가 결정(계엄 해제)을 내리도록 한 사람들이야말로 민주화 과정의 핵심 인물이라 할 수 있습니다. 그렇다면 1970년 이후 '당외黨外' 운동을 전개한 이들이 그 주인공일 것입니다.

'당외 운동'이란 국민당 소속 외의 사람들이 정치에 참여하는 활동을 일컫습니다. 권위 체제 당시 타이완은 국민당이 행정, 입법, 사법 관련 국가 권력을 장악하고 있는 일당 독재의 시절이었습니다. 국민은 정당 조직, 집회 조직, 출판의 자유가 제한되었으며 의원 선거에 참여 가능한 계층도 제한적이었기 때문에 입법 기구를 대표한 민심의 반영은 불가능했습니다. 1950년대에 레이전雷震은 잡지 『자유중국』을 발행하여 이러한 정치 현실에 대해 일침을 가했고, 타이완성 의회에서는 '우룽이펑五龍一鳳〔다섯 명의 남성과 한 명의 여성으로 이루어진 타이완 의회의원을 가리킴〕'으로 불리는 궈궈지郭國基, 우싼롄吳三連, 리위안잔李源棧, 궈위신郭雨新, 리완쥐李萬居, 쉬스셴許世賢 등의 비국민당 소속의 정치인이 등장했습니다. 그러나 이런 반대의 목소리는 권위 체제를 흔들지 못했으며 1960년 레이전이 체포되면서 분위기는 가라앉았습니다. 이후 1964년 타이완대학 펑밍민彭明敏 교수와 학생 웨이팅차오魏廷朝, 셰충민謝聰敏이 『타이완자구선언臺灣自救宣言』을 발표해 잠시 불꽃이 타올랐으나 이들이 도피하거나 체포되면서 또 다시 불씨는 사그라들었습니다.

1960년대 후반, 국민당 정부는 타계한 중앙의원들의 빈자리를 채워야 하는 상황을 맞았습니다. 이에 국민대회國民大會는 1966년에서야 '동원·반란 진압 시기' 임시조례 수정안을 통과시키고 중앙 공무원을 보충했습니다. 이후 1969년 12월, 국민당 정권이 타이완으로 이주한 이래 최초로 중앙의원 보궐선거가 실시되었습니다. 이 선거에서 국민대표 15명, 입법위원 11명이 선출되었는데 입법위원 중 황신제黃信介, 궈궈지, 홍옌추洪炎秋 3명이 무소속 출신이었습니다. 처음으로 타이완인이 중앙의원 기구에 진입해 미약하게나마 영향력을 행사할 수 있는 계기가 마련된 것입니다. 그보다 더 중요한 것은 선거를 통해 타이완 각지의 국민이 정치에 참여하게 되었으며 민주주의 정신이 널리 전파되었다는 사실입니다. 이후 '당외' 세력은 점차 덩치를 키워 나갔습니다.

권위의 약화와 당외 세력의 집결

1970년대 들어 국민당의 권위 체제는 타이완 사회에서 끊임없이 도전을 받았습니다. 1971년 유엔총회에서 유엔총회 결의 제2758호가 통과됨으로써 중화인민공화국이 중국을 대표하는 지위를 인정받았고, 이에 중화민국은 유엔에서 탈퇴할 수밖에 없었습니다. 이때부터 국민당 정권의 정당성은 흔들리기 시작했으며 대내외적 문제에 직면하게 되면서 체제 권력이 약화되었습니다. 반대 세력인 '당외' 인사들도 해결책을 모색하는 와중에 1972년부터 노동자 출신의 황신제와 캉닝샹康寧祥이 입법위원 선거에서 두각을 드러냈습니다. 그들은 『타이완정론臺灣政論』 잡지를 창간하고 장쥔훙張俊宏, 야오자원姚嘉文 등과 협력하여 '당외'를 정치의 장으로 삼았습니다. 이후 잡지는 발행 금지를 당했지만 장쥔훙과 야오자원은 선거에서 대중의 지지를 얻어 1977년 11월 현시縣市장, 성시省市 의원 선거 등 다섯 차례의 선거에서 대거 선출되는 기염을 토했습니다. 한편 국민당 탈당 후 선거에 나선 쉬신량許信良이 많은 표를 얻어 타오위안 현장으로 당선됐으나 중리中壢 득표 조작 사건에 연루된 사실이 밝혀졌습니다. 이에 시민들은 자발적으로 '거리 시위'를 벌였습니다.

1977년 선거에서 당외 인사들이 큰 승리를 거두면서 타이완 권위 체제에 맞서는 운동에도 힘이 실렸습니다. 1978년 중앙의원 선거에 더 많은 인사들이 선거에 나설 준비를 하고 있을 무렵, 12월 15일 미국은 중화인민공화국과 수교를 맺었고, 1979년 1월 1일부터 국민당 정부를 중화인민공화국으로 간주하여 국민당 정권과 단교하겠다는 발표를 했습니다. 엄청난 소식에 충격을 받은 국민당 정부는 통치의 정당성을 잃게 될까 두려워 타이완 사회의 내부 관리와 통제를 더욱 강화했습니다. 반면 황신제를 비롯한 당외 인사들은 잡지 『메이리다오』를 출판하고 12월 10일 세계 인권의 날에 인권대회를 열기로

메이리다오 사건을 기념해 명명된 메이리다오 지하철역 내부에는 공공예술 작품 「빛의 돔」이 설치되어 있다.

하는 등 더욱 적극적인 활동에 나서기로 했습니다. 그러자 경비총사령부는 인권대회 이튿날 실시되는 군사 훈련을 핑계로 모든 집회를 금지하겠다고 발표했습니다. 10일 당일, 정부는 집회에 참여한 민중을 폭력적으로 진압하여 유혈 충돌 사건을 초래했습니다.

전례 없는 메이리다오 군법 대심

1979년 12월 10일 메이리다오 사건이 터지자 12월 13일부터 군인과 경찰, 정보요원은 시위 참여자인 뤼슈롄呂秀蓮, 천쥐陳菊, 스밍더施明德, 야오자원, 장쥔훙 등 당외 인사들을 대거 잡아들이기 시작했습니다. '범인' 중 한 명인 스밍더

는 장로교회 가오쥔밍高俊明 목사와 린윈전 장로 등 지인의 도움으로 몸을 숨겼

으나 1980년 1월 9일 체포됐습니다. 결과적으로 많은 당외 인사들이 체포되고

『메이리다오』잡지사는 차압을 당하는 등 위기에 처했으나, 그 덕분에 당외 세

력은 세계적인 주목을 받게 됐습니다. 국제 사회의 시선이 쏠리면서 더 이상

폭압적으로 처리할 수 없게 된 국민당 정부는 전례를 깨고 공개적인 군사 대심

大審을 열었습니다. 국민은 보도를 통해 처음으로 '정치범'이 소리 높여 이념을

외치는 장면 그리고 심문 과정에서 있었던 가학적인 폭력과 비인도적인 능멸

에 대해 고발하는 모습을 목격했습니다. 이는 온 국민에게 큰 충격을 안겨주었

습니다. 더욱이 대심 전날인 2월 28일 피고인 린이슝林義雄의 어머니와 쌍둥이

두 딸이 집 안에서 살해당한 사실이 세상에 알려지자 정부에 분노하고 당외 인

사들을 지지하는 민심이 고조되었습니다.

메이리다오 사건에 참여한 당외 인사들이 대심에서 중형을 선고받으면서

한때 당외 운동은 단절되었으나, 정치 수난자 가족들이 "남편 또는 형을 대신

해서 출마한다"는 구호를 외치며 선거에 참여했습니다. 이에 야오자원의 아

내 저우칭위周淸玉와 황신제의 아우 황톈푸黃天福가 국민대회 대표로 당선되

었습니다. 메이리다오 대심에서 피고인을 변호했던 여우칭尤淸, 쑤전창蘇貞昌,

세창팅謝長廷, 천수이볜陳水扁 변호사도 정치에 뛰어들었습니다. 후에 쑤전창

은 성省 의원에 당선됐고 세창팅과 천수이볜은 타이베이 시의원에 당선되어

당외 운동에 새로운 바람을 일으켰습니다.

민진당의 성립과 시대의 변화

1980년대 초반 공직자로 선출된 당외 인사들은 이후 세력을 결집해나갔습니

1980年3月18日美麗島軍法大審，張俊宏、黃信介、陳菊、姚嘉文、施明德、呂秀蓮、林弘宣七名被告均到庭(由左至右)。林義雄因家中慘遭滅門血案，申請保外至宣判時才出庭。

資料來源：中央社/劉偉勳攝

1　1979년 12월 10일 메이리다오 사건 당시 가오슝시 중산이로에 위치한 메이리다오 잡지사 가오슝 사무소 자리(황자오위안黃沼元 제공)

2　메이리다오 대심이 열린 제1법정으로, 징메이 인권문화단지 제1법정 내부를 복원한 공간이다.

3　1980년 3월 18일부터 7일간 메이리다오 사건 군법 대심이 경비총사령부 군법처 법정에서 진행됐다. (왼쪽부터 뒤로) 피고 장쥔훙(안경 착용), 황신제(팔에 외투), 천쥐(치마 차림), 야오자원(가운데 흰 서츠), 스밍더(오른쪽 세 번째 수염 기름), 뤼슈렌(오른쪽 두 번째 치마 차림), 린훙쉬안林弘宣(오른쪽 첫 번째)이 법정에서 재판을 받는 모습. 이 사진은 징메이景美 인권문화단지 제1법정 내부를 복원한 공간에 걸려 있다.

다. 한편 미국 카네기멜론대학의 교수로 활동하던 타이완 국적의 수학자 천원

청陳文成은 오랫동안 민주화 운동에 관심을 보여 온 인물로, 그가 친척을 만나

기 위해 타이완에 귀국했을 때 원인을 알 수 없는 사고로 사망하는 사건이 발

생했습니다. 또 1984년에는 『장징궈전蔣經國傳』의 저자 류이량劉宜良(필명 장난江

南)이 미국에서 사망한 '장난 사건'이 발생했습니다. 그가 국민당 정부 정보원

의 지시로 암살되었다는 사실이 밝혀지자 정부는 거센 비판에 직면했으며 미

국과도 긴장 국면을 맞았습니다. 국민당의 권위적인 통치는 더 이상 대중의 비

판을 통제할 수 없었을 뿐만 아니라 국제 사회에서도 지지를 잃어 갔습니다.

1986년 당외 신분의 공무원이 설립한 '당외 공무원 공공정책 연구회'는 정

부의 금지 조치에도 불구하고 전국 각지에 지부를 세우기 시작했습니다. 같

'장난 사건'의 주모자 중 한 명인 왕시링汪希苓 국방부 정보국 국장이 징메이 구치소 내 주택에 구금
됐다.(징메이 인권문화단지 내에 있는 왕시링 자택구금 구역)

은 해 9월 28일, 당외 중앙후원회는 타이베이시 위안샨호텔에서 연말에 실시되는 국민대표·입법위원 선거에 당외 후보자를 추천하는 회의를 열었습니다. 이 자리에서 주가오정朱高正이 정당 창설을 즉석 제안했고, 당명은 회의에 참석한 인사들의 호응 속에서 셰창팅이 제시한 '민주진보당民主進步黨' (이하 민진당)으로 결정되었습니다.

당외 인사들이 자체적으로 민진당을 창설했지만 당시는 여전히 계엄 시기였기 때문에 정당 조직이 금지되어 있었습니다. 따라서 민진당 초기의 활동은 불법으로 간주됐습니다. 국민당 정부는 이 행위를 추궁하겠다고 재차 으름장을 놓았으나 얼마 후 장징궈 국민당 주석이 "시대와 환경이 변하고 있고 흐름도 변하고 있다"고 밝히면서 민진당의 설립을 묵인했습니다. 이 발언이 나오자마자 오랫동안 누적되었던 노동자 운동, 환경보호 운동, 여성 운동이 잇따라 전개됐고, 민진당 역시 1986년 말 선거에서 큰 성과를 거두면서 타이완 정치계와 사회에 변화의 바람이 일었습니다. 이에 따라 해외에서 민주화 운동에 참여하거나 프락치들로부터 고발당해 오랫동안 타이완에 돌아올 수 없었던 블랙리스트 인사들도 하나둘씩 입국심사 검문을 뚫고 귀국했습니다. 이와 관련된 사건으로 '타오위안 공항 사건'이 있습니다. 11월 30일 쉬신량許信良, 셰충민謝聰敏 등이 검문을 뚫고 입국하려다 실패하자 공항에 마중 나온 시민과 군경 사이에 충돌이 발생했습니다.

계엄령은 끝났지만 여전했던 탄압

1986년 민진당이 정당 조직 금지법을 뚫고 창당한 것을 계기로 시민들이 자발적으로 거리에 나와 항의 시위를 벌이거나 반체제 정치 인사들이 공항 입국

1990년 3월 16일부터 3월 22일까지 전국 대학생 약 6000명이 중정기념당中正紀念堂 광장(현 자유광장)에 모여 '들백합 학생운동'을 벌였다.(사진은 중정기념당 자유광장)

심사를 뚫는 등 계엄령에 도전하는 흐름이 일어났습니다. 당시 정권을 쥐고 있던 장징궈는 시대의 흐름을 파악하고 1987년 7월 14일, 7월 15일 0시부로 타이완섬과 펑후 지역의 계엄령을 해제한다고 선포했습니다. 이로써 38년간의 군사계엄이 마침내 막을 내렸습니다.

군사계엄은 해제되었으나 1948년부터 헌법을 동결하여 총통 연임을 제한하고 국민대표 권력을 확대하여 '만년 국회'를 만든 '동원·반란 진압 시기' 임시조례는 여전히 존재했기 때문에 국민당 정부의 정치적 통제에서 완전히 벗어난 것은 아니었습니다. 이에 1988년 장징궈가 지병으로 사망한 후 총통 직을 승계한 리덩후이李登輝는 1990년 2월 개헌을 추진하려 했습니다. 그러나 국민당 내 수구파의 반발에 부딪쳤고 주류와 비주류 간의 줄다리기가 이어지던 중 국민대회가 스스로 임기를 연장하는 어이 없는 사건이 터졌습니다. 정치 개혁을 원하는 이들은 더 이상 국민당의 정쟁을 두고볼 수 없어 거리로 나섰습니다. 3월 16일부터 대학생들이 들고일어나 임시조례 폐지와 국시國是회의 개최를 요구하는 들백합野百合 학생운동을 전개했습니다. 5월 리덩후이는 '동원·반란 진압 시기' 임시조례를 폐지하겠다고 공식적으로 발표했고, 이듬해인 1991년 4월 22일 임시조례를 폐지하는 헌법 개정안이 정식으로 통과됐습니다. 그리고 4월 30일 리덩후이는 총통 자격으로 동원·반란 시기가 5월 1일 0시부로 끝났음을 선포했습니다.

난룽의 죽음, 마지막 1마일

타이완의 민주화 과정에서 사람들은 끊임없이 투쟁하고 정부는 시대 흐름에 따라 한 걸음 양보한 것처럼 보이나 실제 과정은 그다지 순탄치 않았습니다. 1980년대 말 현재 국민당은 40년 이상 권위주의적인 통치를 이어온 상태였고, 정치·문화·경제 분야뿐만 아니라 개인의 내면 깊숙한 곳까지 통제가 작동하고 있었기 때문입니다. 예컨대 오랫동안 정보원의 감시를 받아온 사람들은 저마다 마음속에 작은 경총(경비총사령부)이 자리하고 있었습니다. 사람들은 사적으로 대화할 때조차 자유롭게 말하지 못하고 스스로를 검열해야 했습니다. 장징궈를 민주화 추진자로 여기는 시각도 있지만 사실 장징궈는 정보원이나 스파이를 이용해 사회를 감시하는 데 능한 사람이었습니다. 국민당 또한 군인·경찰·외교 분야에 촘촘한 망을 형성하고 스파이 정치를 통해 안정적인 통치를 유지해왔기 때문에 철저한 감시와 통제에 대항한다는 것은 엄청난 용기가 필요한 일이었습니다.

민주주의는 법령의 반포나 폐지로 쉽게 얻을 수 있는 게 아니며, 조금만 방심하면 쟁취한 권리마저 놓치기 마련입니다. 최근 있었던 '양안兩岸 서비스 무역'이나 '과강미조課綱微調〔교수요목미세조정〕'가 그러한 예입니다. 1980년대 후반부터 1990년대 초반까지 타이완의 정치는 대폭 개방되었지만 정부가 기본적인 절차 없이 반대파 인사를 처리할 수 있는 법이 존재하는 한 타이완의 민주화는 보장할 수 없는 것이었습니다. 예컨대 1935년 중화민국이 대일항전을 시작하기 전 다급히 발표한 '중화민국 형법 제100조(내란죄)' 규정은 이러합니다. "의도적으로 국가를 위태롭게 하고 국토를 참절하거나 불법적인 방법으로 국헌을 문란하게 하고 정부를 전복시킨 경우, 모의에 참여하고 이를 실행한 자는 7년 이상의 유기징역에 처하며 수괴는 무기징역에 처한다(제1항). 이를 준비한 자는 6개월 이상 5년 이하의 징역에 처한다(제2항)." 이 법의 약칭은 '형법100조'로, 1949년 국민당 정권이 들어선 이후 친 공산주의자와 타

1 블랙리스트에 오른 미국 유학생 천원청陳文成 박사가 1981년 친척을 만나기 위해 귀국했다가 의문의 죽음을 당했다. 장소는 옛 타이완대학 대학원도서관(현 도서정보학과관) 옆 잔디밭. 2015년 타이완대학 교무회의에서 도서정보학과관과 제1활동센터 사이에 있는 광장을 '천원청 사건 기념 광장'으로 명명하는 안건을 통과시키고 설계공모를 추진했다.
2 옛 타이완대학 대학원도서관으로, 지금은 도서정보학과관이 되었다.

이완 독립을 주장하는 자들을 처벌하는 수단이었습니다. 즉 형법 100조가 존재하는 한 언론의 자유는 없으며 사람들은 늘 입단속을 해야 했습니다.

1980년대 당외 운동에 참여한 지식인 정난룽鄭南榕은 언론이 법률의 제제를 받는 불평등한 상황을 신랄하게 비판했습니다. 그는 1981년부터 당외 운동 잡지에 글을 투고하기 시작했고, 1984년에는 지인과 함께 『자유시대주간自由時代周刊』이라는 운동 잡지를 창간했습니다. 당시 그는 정부의 단속을 피하기 위해 미리 18개의 다른 이름으로 영업 허가증을 신청해놓고, 하나의 면허가 취소되면 다른 면허로 대체하는 식으로 잡지를 발행했습니다. 정치 권력을 강력히 비판하는 『자유시대주간』의 목소리가 열렬한 호응을 얻게 되자 정난룽은 한 걸음 더 나아가 민주화 개혁, 2·28 사건의 진상 규명을 요구하는 글을 실었으며, 계엄 해제 후에도 사상과 자유를 억압하는 국민당 정권의 실태를 맹렬히 비판했습니다. 그는 선거 지원 연설 중 공개적으로 "나는 정난룽이다. 나는 타이완 독립을 주장한다"고 밝혔습니다.

1988년 타이완독립건국연맹의 쉬스카이許世楷가 쓴 「타이완 새헌법 초안」을 『자유시대주간』에 게재하자 국가 분열을 조장하는 글이라는 이유로 잡지 발행이 금지되었고 정난룽은 반란 혐의로 고발당했습니다. 1989년 1월 27일 정난룽은 정부가 타이완 독립을 주장하는 언론의 자유를 탄압했다는 주장과 함께 자신은 저항권을 행사할 것이며 법정에 출두하지 않겠다고 선언했습니다. 이후에도 "국민당은 나를 절대 체포하지 못할 것이며 나의 시신만 가져갈 수 있을 것"이라고 밝혔습니다. 자신의 잡지사 사무실에서 두 달간 칩거하던 그는 4월 7일 새벽 건물 안으로 경찰이 급습하자 분신자살을 택함으로써 체포를 거부했습니다.

정난룽의 죽음은 이제 막 계엄령이 해제된 타이완 사회에서 개혁 개방을 요구하는 원동력이 되었으며, 당외 개혁 운동을 대표하는 민진당은 여론의 지지를 얻어 선거에서 승리를 거두었습니다. 한편 리덩후이는 사상과 언론의 자유를 추진하기 위해 지속적으로 법 개정을 진행했으며 장쉐량張學良, 쑨리런孫立人 등 자택에 구금당한 이들을 석방했습니다. 앞서 소개한바 들백합 학생운동을 비롯한 여러 사회 운동을 통해 국민은 정부에게 '동원·반란 진압 시기' 임시조례를 폐지하고 국민대회 재선거를 치를 것을 촉구했습니다. 이제 타이완의 진정한 자유가 마지막 1마일을 남겨 둔 시점에서 1991년 5월 9일, 칭화대학교 학생 등 5명이 타이완 독립회에 가입했다는 이유로 체포되었습니다. 속칭 '2조 1'의 반란 처벌 조례, 제2조 제1항('형법 제100조 제1항, 제101조 제1항, 제103조 제1항, 제104조 제1항을 위반한 자는 사형에 처한다')을 위반했을 가능성이 있고, 형법 100조의 내란죄로 사형에 처할 수 있다고 발표했습니다. 그러자 시민들은 언론의 자유를 침해한 조치라며 항의했습니다. 이것이 바로 '타이완 독립회' 사건입니다. 문제가 된 형법 100조는 5월 17일 입법원이 '반란 처벌

정난룽이 분신한 사무실 공간(현재 정난룽재단 소유). 기관 관계자의 말에 따르면 현재 유형有形의 백색 테러 유적은 이곳뿐이다.(2013년 12월 24일 저자 촬영)

정난룽이 창간한 『시대』 시리즈 잡지. 제목이 『XX시대』 『OO시대』로 계속 바뀌었지만 '시대'라는 두 글자는 눈에 띈다. 이는 정난룽 잡지의 표기 방식이 되었다.(2013년 12월 24일 저자 촬영)

조례' 폐지 안건을 통과시킴으로써 큰 주목을 받았습니다. 이후 정난룽의 분신자살 사건의 영향을 받아 처음으로 타이완 입국심사 관문을 뚫는 데 성공한 천완전陳婉真이 항쟁에 나섰고, 9월에는 국제 뱀독 전문가이자 중앙연구원 원사이며 전 타이완대학 의과대학원장인 리전위안李鎭源이 형법 100조 폐지를 요구하는 '100행동 연맹'을 결성해 연좌농성을 벌이는 등 사회적으로 악법 폐지를 외치는 함성이 드높아졌습니다. 결국 1992년 5월 16일, 정치 협상을 거쳐 형법 100조는 "폭력이나 협박의 방식으로 반란을 일으킨 경우에 한해 처벌 받는다"로 규정으로 수정되었습니다.

이후 타이완 사회의 사상·학술 및 언론의 자유는 더 이상 법의 간섭을 받지 않게 되었고 민주화 과정은 다음 단계에 진입했습니다. 그러나 중화민국 푸젠성인 진먼현金門縣과 롄장현連江縣은 중화민국 정부의 최전방 지역이라는 이유로 1991년 '동원·반란 진압 시기' 임시조례가 폐지된 후에도 임시계엄 상태가 유지되었으며, 1992년 11월 7일이 되어서야 임시 계엄과 전쟁 관련 업무가 해제됐습니다. 결국 진마金馬 지역은 43년에 달하는 기간 동안 정치·경제·생활·사상의 간섭을 받으며 군사 계엄을 치렀으니 엄밀한 의미에서 38년간의 계엄이라는 세계 기록은 재고되어야 할 것입니다. 타이완의 군사계엄은 자유가 쟁취하기 어려운 것이며 소중히 유지하고 지켜야 하는 것임을 일깨워주는 기록으로 남았습니다.

Last but not least:
장징궈 '신화'의 베일을 벗다

다시 처음의 질문으로 돌아가서, 장징궈가 과연 계엄을 해제하고 민주화를 추진한 장본인인지 결론을 내릴 필요가 있습니다. 이제까지 과정을 살펴본바 타이완의 민주화를 달성한 이들은 이름을 남겼거나 남기지 못한 수많은 사람입니다. 그들은 용기 있게 선거에 뛰어들거나 글로써 비판하거나 뒤에서 조용히 자금을 후원하는 식으로 당외 운동을 지지했습니다. 계엄 해제와 민주화는 이들의 피와 땀으로 얻어낸 것이며, 오히려 민주주의에 폐를 끼친 인물은 다름 아닌 장징궈였습니다.

흔히 국민당의 권위주의적 통치를 평가할 때 장제스가 군사·행정·입법기관을 장악해 총통의 무기한 연임을 허용하고 '만년 국회'를 만들어낸 것 등 헌정 혼란을 야기한 부분이 자주 언급되곤 합니다. 반면 장징궈는 말년에 친민 정책으로 방향을 바꾸고 임기 중 정치 자유화를 실현했다는 점 때문에 그의 아버지보다 더 민주적이라는 평가를 받습니다. 하지만 이런 평가는 장징궈가 사회를 통제하여 권위적인 체제 기반을 굳건하게 만든 정보기관을 장악한 사실과 밀접한 관련이 있습니다.

장징궈는 젊은 시절에 소련 군사정보국 부설 학교를 다녔고, 1950년대부터는 정치 공작 시스템을 구축해 군대에까지 영향력을 끼쳤습니다. 또한 중국청년반공구국단으로 활동하며 청년 학생들을 통제하는 데 관여하여 쑨리런孫立人과 우궈전吳國楨 등 후계 경쟁자들과 투쟁하는 기초로 삼았습니다. 1969년부터는 옌자간嚴家淦 내각에서 행정원 부원장을 맡아 행정 시스템을 관리하는 실력을 키우다가 1972년 행정원장 자리에 오르자 본격적으로 행정 체계를 주도해 나갔습니다. 1975년 장제스가 세상을 떠난 뒤 국민당 주석 자리를 이어받은 그는 정부 시스템의 지도권을 거머쥐고 1978년 공식적으로 총통에 선출되어 명실상부 국민당 정부의 행정·군사·안보·당정黨政의 최고 지도자 자리에 올랐습니다.

징메이 인권문화단지 입구에 정치 수난자들의 이름을 새겨 넣은 기념물이 있다.

오랜 기간 정보기관을 통제한 채 실질적으로 백색 테러를 지휘한 장징궈는 앞서 소개했듯이 대내외적 압박에 의해 계엄령 해제를 선언했습니다. 그러나 이는 그동안 권위주의적 통치에 대한 반성에서 비롯된 조치가 아니라 오히려 정치·경제·사회 개혁에 맞닥뜨려 막대한 자원에 대한 통제권을 유지하기 위한 결정이었습니다. 결국 국민당은 계엄령 해제 후에도 여전히 실질적인 정치 영향력을 행사했으며, 계엄령 해제 후에 실시된 첫 총통 선거에서 승리를 거둠으로써 세계적으로 보기 드문 사례를 남겼습니다. 이것이 바로 장징궈의 '대大를 위해 소小를 희생'한 결정이었습니다. 계엄령 해제 당시 상황을 좀더 살펴보면 1987년 장징궈가 계엄 해제를 선포함과 동시에 국민당은 곧바로 '동원·반란 진압 시기 국가 안전법'을 실시하여 국민의 집회 결사와 출입국 자유 및 법률 권리를 제한했습니다. 그로 인해 '계엄을 해제했더니 통제가 더욱 엄격해졌다'는 비판이 따랐습니다.

오늘날 정보기관이 사회를 통제하고 감시하던 장징궈 정권 초기를 참혹한 시절로 기억하는 사람은 많지 않습니다. 오히려 장징궈는 국민에게 우호적이며 가난한 아이들을 보살피고 개방의 정치를 실현한 인물로 인식되고 있습니다. 이 역시 정보기관이 뛰어난 지도자 신화를 만들어낸 결과

수많은 정치 수난자가 투옥됐던 징메이 인권문화단지 내 복원된 런아이仁愛 건물 감방. 현재 뤼다오 감옥과 함께 원형 그대로 보존되어 인권 교육 장소로 이용되고 있다.

입니다. 또 장징궈 재임 기간 중의 경제 성장과 그의 정치적 청렴성을 높게 평가하는 시각도 있지만, 학자들은 권위적 통치와 경제 성장은 직접적인 관련이 없으며 그러한 통치가 경제 성장의 요인이 되어서도 안 된다고 지적합니다. 예컨대 "당시 상황에서는 부득이한 조치였다"는 발언으로 장징궈의 통치 방식을 옹호하는 이들도 있으나, 단순히 생각해도 '당시 여건'이란 장징궈 집권 체제의 국민당 시대였습니다. 미화된 통치 신화일 뿐 자세한 연구는 생략된 것입니다. 솔직히 말하자면 장징궈에게는 계엄령을 해제하고 민주화를 견인한 '추진자'라는 칭호보다 '방해자'라는 이름이 더 걸맞습니다.

입법원 본회의장을 점거한 까닭은 무엇일까?:

1990~2016년 타이완의 민주화와 현지화

1990년대 여덟 번째 총통 임기 기간에 리덩후이는 헌법 개정을 추진하여 기존 국민대회를 통해 치러지던 총통 선출 방식을 직선제로 바뀌었다. 이에 따라 1996년 마침내 최초의 직접 선거에 의한 총통이 선출되었다.

민주화 물결

"사회 운동에 참여하는 자는 모두 폭도다!"

타이완에 계엄령이 해제된 지 30년이 다 되어가지만 아직도 이런 발언을 하는 사람들을 종종 볼 수 있습니다. 민주 사회에서는 누구나 자신의 생각을 주장할 자유가 있으나 과연 이러한 표현 방식이 합리적일까요? 또 계엄 시기 침묵하던 타이완 사회가 현재 시끌시끌하게 변화한 계기는 무엇일까요?

계엄 기간의 타이완은 국민당의 통치 아래 수많은 문제를 안고 있었습니다. 법치와 인권이 보장되지 않았고 경제 개발로 인해 환경이 오염됐으며 현실과 동떨어진 민족 주체성 문제까지 제기되면서 정부에 대한 의혹과 불만의 목소리가 점차 커져갔습니다. 이런 여론에 힘입어 1980년대 후반에는 계엄령 해제를 비롯하여 정당 조직 및 신문 발행 금지 해제 등 정치 자유화 정책들이 시행됐습니다. 그러나 계엄 체제 기간이 길었던 탓에 곧바로 사회와 정치가 정상화되지는 못했습니다. 따라서 1990년대 이후 또다시 민주화를 요구하는 물결이 일기 시작했습니다.

민주화:
들백합 학생운동

"국민대회를 해산하라! 임시조례를 폐지하라!"

1990년 3월 차가운 봄비가 내리던 날 중정기념당 광장에 수천 명의 학생이 모여 큰소리로 구호를 외쳤습니다. 이것이 바로 전후 타이완에서 일어난 최대 규모의 '들백합 학생운동'입니다.

1980년대 말 계엄령이 해제된 후 정당 조직 및 신문 발행 금지법이 폐지되고 장징궈도 사망하자 타이완의 권위적인 정치 체제는 점차 흔들리기 시작했습니다. 그러나 '동원·반란 진압 시기' 임시조례가 폐지되지 않았기 때문에 이미 종신제로 선출된 국민대표와 입법위원들은 여전히 그 자리를 차지하고 있었습니다. 결국 해마다 재선거를 거쳐 민주 세력을 확보해 나가는 수밖에 없었습니다. 이렇듯 민심을 얻지 못한 국회가 요지부동인 정치 현실에 대해 국민의 불만이 한껏 고조된 1990년 초반, 국민대회는 멋대로 임시조례 수정안을 통과시켜 1986년 보궐 선출된 국민대표의 임기를 9년으로 연장했습니다. 국민대회가 권력을 무제한적으로 확장한 이 조치는 타이완 국민을 분노하게 만들었으며 결국 들백합 학생운동의 단초가 되었습니다.

3월 16일 타이완대학교 학생 9명이 중정기념당 광장에 모여 연좌 농성을 벌인 것이 들백합 학생운동의 시작으로, 이 작은 농성은 며칠 사이에 전국의 대학생이 동참하는 대규모 시위로 번졌습니다. 이들이 정부에 요구한 것은 3월 18일 국민대회 해산, '동원·반란 진압 시기' 임시조례 폐지, 국시회의 개최, 민주 개혁에 관한 일정표 제시라는 네 가지 사항이었습니다. 이제 막 제8대 총통으로 당선된 리덩후이는 3월 21일 총통부에서 53명의 학생 대표와 면담을 했고, 학생들의 요구를 수렴하는 조건으로 22일 시위를 끝내기로 합의했습니다.

1 들백합 학생운동의 영향으로 천수이벤 총통은 중정기념당의 입구 명칭을 '다중즈정 大中쪼正'에서 '자유광장'으로 수정했다.
2 중정기념당 자유광장 아치문

'동원·반란 진압 시기' 임시조례

1947년 당시 입헌 정치 시행 후 초대 총통이 된 장제스는 국공 내전에 대응하기 위해 국민대회에게 헌법 수정을 요구했고, 전시 기간 총통이 임시 처분권을 가질 수 있는 임시 법률을 제정했다. 이것이 바로 '동원·반란 진압 시기' 임시조례로, 1948년 5월 공포되어 원래 2년의 유효 기간을 두었으나, 양안의 대립 상황이 연장되면서 법의 내용이 여러 번 수정되었다. 이에 따라 총통의 임기를 무제한으로 연장할 수 있게 되었고 국민대표 및 입법위원의 임기도 종신제로 바뀌었다. 이 임시조례는 1991년 5월 1일이 되어서야 당시 총통인 리덩후이에 의해 폐지됐다.

이 학생운동으로 '동원·반란 진압 시기' 임시조례를 폐지하고, 만년국회 전면 개선, 양안의 정치적 입지를 확정하는 개혁을 이루었습니다. 이로써 타이완에서 진정한 헌법 제도와 대의代議 제도가 실현되고 민주정치 문화가 뿌리 내릴 수 있는 토대가 마련되었습니다. 뿐만 아니라 학생운동이 축적한 경험과 문화가 시민에게 계승되어 이후 새로운 사회 운동의 원동력이 되었습니다.

현지화

1980년대 초반 또는 그보다 먼저 출생한 사람들이라면 어렸을 적 지리 교과서에 실린 베고니아 모양의 중국 지도를 기억하고 있을 것입니다. 그리고 중국의 역사 인물과 문학으로 가득했던 역사와 국어 교과서 내용도 기억할 수 있을 것입니다. 그러나 교육 체제의 혁신으로 인해 1980년대 후반에 출생한 사람들에게는 이러한 기억들이 존재하지 않습니다. 1997년 9월 1일부터 교육부가 '타이완 바로 알기' 교과서 시리즈를 제작해 학생들에게 타이완의 역사와 지리를 중심으로 한 내용을 가르쳤기 때문입니다.

그 전까지 우리는 과연 타이완의 역사에 대해 얼마나 알고 있었을까요? 전쟁이 끝난 후에도 장제스와 장징궈는 중화민국이 중국 영토에 속한다는 인식을 가지고 있었으며, 오랫동안 대륙에 반격할 준비를 하면서 국민에게 '하나의 중국'이라는 정치 이데올로기를 주입했습니다. 문화와 교육 분야에서도 중화 사상을 주장하면서 타이완 현지의 전통 언어와 문화를 비방하고 억압했습니다. 예를 들어 학교에서 방언을 쓰면 벌금을 내야 했고 텔레비전에서도 방언으로 된 드라마나 노래는 금지되었습니다. 국민은 오랫동안 허상의 문화 정체성을 간직한 채 살아온 셈입니다. 상상 속에 존재하는 중국에 대해서는 훤히 알고 있었지만 정작 우리가 발 딛고 사는 땅에 대해서는 아는 것이 없었습니다. 중국어는 유창하게 구사하지만 윗세대와 모국어로 소통하는 것은 불가능했습니다.

1990년대 리덩후이 정부는 다문화 교육을 실시하고 현지화와 관련된 학술 연구를 독려하는 등 문화·교육·학술 분야에서부터 현지화 정책을 추진하기 시작했습니다. 앞서 말한 '타이완 바로 알기' 교과서를 출판하는 것 외에도 국립 초·중·고등학교에서 일정 기간 모국어 교육을 진행하도록 법으로 규정했습니다. 또한 1993년 중앙연구원은 타이완 역사연구소 준비처를 설립했습니다. 이는 국가가 타이완에 대한 연구를 공인했음을 상징하는 것으로, 국가의 지원 아래 타이완의 역사를 심층적으로 연구할 수 있게 되었습니다. 타이완의 민족 정체성 문제는 여전히 결론이 나지 않았으나 현지화 정책이 꾸준히 이어지고 있는 오늘날 많은 이들은 타이완을 자신들의 삶의 기반으로 인정하고 있습니다.

첫 번째 정당 교체

'천수이볜 당선! 천수이볜 당선! 천수이볜 당선!'

2000년 3월 타이완에서 두 번째 직선제 총통 선거가 실시됐습니다. 타이완 사람들은 야심찬 기세를 보이는 야당이 과연 성공적으로 정권을 거머쥘 수 있을까 하는 심정으로 주시했습니다.

1990년대 초, 타이완은 연이은 헌정 개혁을 거쳐 만년국회 시대를 끝내고 재선거를 전면적으로 실시했습니다. 또 총통 직선제를 실시해 정치 개혁의 중요한 이정표를 남겼습니다. '동원·반란 진압 시기' 임시조례가 폐지되기

전까지 총통 임기는 헌법의 제한을 받지 않고 국민대회의 제청으로 연임이 가능했기 때문에 '위유런(余又任, 내가 또 취임했다), 우싼롄(吾三連, 내가 세 번 연임했다)' 현상이 이어지거나 죽은 아버지의 자리를 아들이 물려받는 등의 난상이 이어지곤 했습니다.

1990년대 리덩후이는 자신의 임기 내에 헌법 수정을 추진하여 국민대표가 총통을 임명·선출하던 기존의 방식을 국민 직선제로 바꾸었습니다. 그리하여 1996년 첫 번째 직선제에 의해 선출된 총통이 등장했으며, 2000년에 두 번째 직선제 총통 선거가 실시됐습니다. 국민은 국민당의 일당 독재 정권에 오랫동안 불만을 품어온 터라 평화로운 선거 과정을 거쳐 민진당이 배출한 천수이볜, 뤼슈롄 후보가 순조롭게 정권을 획득할 수 있었습니다. 그리고 이 선거로써 타이완은 마침내 진정한 정당 정치를 실현해냈습니다.

바나나? 해바라기? 입법원을 점거한 해바라기 시위

"입법원 본회의장을 점거한다! 입법원 본회의장을 점거한다! 입법원 본회의장을 점거한다!"

"밀실 협정에 반대한다! 서비스무역 협정을 철회하라!"

2014년 3월, 국민당의 장칭중張慶忠 입법위원이 논란 많은 양안 서비스무역 협정안을 통과시키자 이 사안에 큰 관심을 두고 있던 대중은 크게 분노했습니다. 3월 18일 늦은 밤, 장칭중의 결정에 불만을 품은 학생과 시민들은 입법원으로 몰려들어 24일간 국회 점거 농성을 벌임으로써 타이완 시민 운동 역사에 새로운 장을 열었습니다.

이번 대규모 집회는 갑작스럽게 시작된 것이 아니었습니다. 이미 마잉주馬英

1 민주화를 상징하는 해바라기 **2** 해바라기 운동의 슬로건과 경찰 **3** 해바라기 운동의 슬로건

九 총통 집권 시기에 논란이 될 만한 문제들이 누적되어 있었습니다. 예컨대 천윈린陳雲林 타이완 방문 사건, 다푸大埔 사건〔2008년 정부가 다푸 지역에 과학공원을 건설하기 위해 토지 수용 계획을 발표한 후 2010년 주민 반발을 무시한 채 갑작스럽게 마을을 철거시킨 사건〕, 린이스林益世 부패 추문 사건, 솽쯔싱雙子星 부패 추문 사건, 공업용 전분을 식용으로 유통시킨 사건, 저질 식용유 파문, 마왕馬王 전쟁〔마잉주가 입법원장 왕진핑王金平의 국민당 당적을 박탈한 사건〕, 왕중안旺中案〔식품·제과업체인 '왕왕旺旺'이 타이완 최대 미디어 그룹인 중국시보(차이나타임스)그룹 산하 6개 매체를 모두 사들인 사건〕, 훙중추洪仲丘 상병 사망 사건〔부대 내에서 스마트폰을 소지한 죄로 훙중추 상병이 군기 교육을 받다가 사망한 사건〕 등으로 인해 2013년 9월 마잉주 총통의 지지율은 한때 9.2퍼센트까지 떨어졌습니다. 이렇듯 국민의 분노가 끓어오르고 있었으나 마잉주 정부는 여론이 제기한 의혹이나 요구를 회피했으며, 오히려 경찰 병력을 동원하여 시위에 나선 시민을 무력 진압했습니다.

마잉주 정부는 해바라기 운동에도 무성의한 태도로 시간만 끌면서 시민의 요구를 무시했습니다. 정부의 불성실한 대응에 불만을 품은 일부 해바라기 운동 시위자들은 강력한 항의를 표명하기 위해 3월 23일 행정원을 점거하기

양안 서비스무역 협정

흔히 '양안 서비스무역 협정'을 줄여서 '서비스무역 협정'이라 한다. 이 협정은 2009년 체결한 '경협력기본협정(ECFA)'을 바탕으로 하되 그 의미를 좀더 확장한 것으로, 중국과 타이완 정부는 이 협정의 목적이 서비스무역의 규제 조치를 점차 줄이거나 철폐하고 양측이 협력 관계를 증진시키는 데 있다고 했다. 구체적인 협의 내용을 보면, 중국은 타이완에 푸젠성과 광둥성 두 지역의 80개 항목의 서비스 산업을 개방하고, 타이완은 중국 전역에 총 64개 항목의 서비스 산업을 개방하기로 되어 있다. 그러나 타이완 국민은 협의 과정이 불투명하고 서비스무역 개방 항목 비율이 동등하지 않다는 점, 중국과 타이완의 경제·사회·법률 체제의 차이가 여전히 크다는 점, 국민당 정부가 멋대로 협의를 강행했다는 이유로 들어 이 협의에 강력히 반대했다.

1 해바라기 운동의 현장
2 해바라기 운동 현장의 치안경찰
3 해바라기 운동 야외 강연장
4 해바라기 운동 현장에서 응원 문구를 작성하는 모습

로 했습니다. 그리고 3월 24일 이른 새벽, 경찰이 물 대포를 쏘아 시위자들을 강제해산시키는 과정에서 수백 명이 다쳤습니다. 이 사건은 전국 민심을 요동치게 했고, 3월 30일 시민 50만 명이 카이다거란 대로에 집결해 시위를 벌였습니다. 마침내 4월 6일 왕진핑 입법원장이 시위자들과 만나 '양안협정감독조례' 법안을 만들고 협정에 관한 정당 간 협상회의를 진행하기로 협의함으로써 4월 7일 운동이 종결됐습니다.

주목할 만한 점은 통신과학의 발달에 힘입어 해바라기 운동에 참가한 시민들이 이 상황에 관한 뉴스를 직접 번역하여 SNS로 퍼트렸으며, 스마트 장비를 갖춘 취재진에 의해 시위 과정과 농성자들의 요구가 담긴 영상과 글이 해외 뉴스 사이트에 실시간으로 공개되면서 국제 사회의 큰 관심을 불러일으켰다는 점입니다. 해바라기 운동은 홍콩의 민주주의에 관심이 많은 사회 운동 단체에게 영향을 끼치기도 했습니다. 그해 9월 홍콩에서 '우산 혁명'이 발생했을 때 시위자들은 중환中環 지역을 점거한 채 홍콩 정부의 행정과 입법에 간섭하는 중국에 저항했습니다. 1년여 뒤에는 타이완 고등학생들도 해바라기 운동에 영감을 얻어 '과강미조課綱微調 반대' 시위를 전개했습니다.

세 번째 정당 교체:
우리는 정말 폭정을 물리친 걸까?

계엄령이 해제된 타이완 사회는 점차 민주화와 법치화 체제의 길로 나아갔지만, 과거 국민당 장기 집권 당시 권위주의적 체제의 그림자는 완전히 사라지지 않았습니다. 2008년부터 2016년까지 국민당 소속인 마잉주 총통이 집권하는 동안 타이완 정부는 친중 성향으로 기울면서 스스로를 낮게 평가했으며, 비밀 활동을 벌이고 국가부채를 대폭 늘려놓았습니다. 또 중대한 사안을 처리하는 경우 여론을 무시했으며 시위를 벌이는 시민을 폭력적인 방법으로 진압하는 등 민주주의에 역행하는 길을 걸었습니다.

2016년 1월, 대중의 지지 속에서 민진당 소속 차이잉원蔡英文 총통 후보가 6,894,744표를 얻어 국민당과 친민당 후보자를 제치고 중화민국의 제14대 총통으로 당선됐습니다. 이번 총통 및 입법위원 선거는 세 번째 정당 교체로, 국회의석 또한 처음으로 민진당이 다수를 차지했습니다. 사람들은 '국민당이 무너지지 않는 한 타이완은 발전할 수 없다'고 여겼습니다. 그런데 악명 높은 국민당이 정권을 잃은 것이 과연 폭정의 패배를 의미할까요?

차이잉원 총통이 취임한 후 국민은 과거 청산, 국민당의 부당한 재산 몰수, 국가 지위 확립, 빈부격차 및 인구 고령화 문제 해결 등에 기대를 걸었습니다. 차이잉원 총통이 앞으로 4년 동안 이 사안에 정면으로 응답하고 해결할 수 있을지, 이전의 경우와 같이 권력을 남용하지 않을지가 앞으로 타이완 시민들의 주요 관심사가 될 것입니다.

1996년 직선제를 실시한 지 이미 20년이 흘렀습니다. 정당이 세 번 교체됐고, 네 명의 집권자를 거치는 동안 기대와 실망이 반복되었습니다. 그러나 그러한 기대와 실망의 반복 속에서도 반드시 우리 스스로 점검해야 할 점이 있습니다. 민주주의는 단순히 선거 투표로 이루어지지 않으며, 정치 스타 또는 특정 정당에게 자신의 신념을 맡기는 식으로도 이루어질 수 없습니다. 우리 모두 다양한 공공 의제에 관심을 가지고 오랫동안 지켜보는 노력을 기울여야 민주주의에 한 걸음 더 다가갈 수 있습니다.

도해 타이완사

1판 1쇄   2021년 9월 28일
1판 2쇄   2021년 12월 23일

지은이   궈팅위 왕핀한 쉬야링 창젠화
옮긴이   신효정
펴낸이   강성민
편집장   이은혜
편집   이승은 신상하
마케팅   정민호 김도윤
홍보   김희숙 함유지 이소정 이미희

펴낸곳   (주)글항아리 | 출판등록 2009년 1월 19일 제406-2009-000002호

주소   10881 경기도 파주시 회동길 210
전자우편 bookpot@hanmail.net
전화번호 031-955-2696(마케팅) 031-955-2682(편집부)

ISBN   978-89-6735-946-1 03910

www.geulhangari.com